I0041527

1848. D.

Sur.

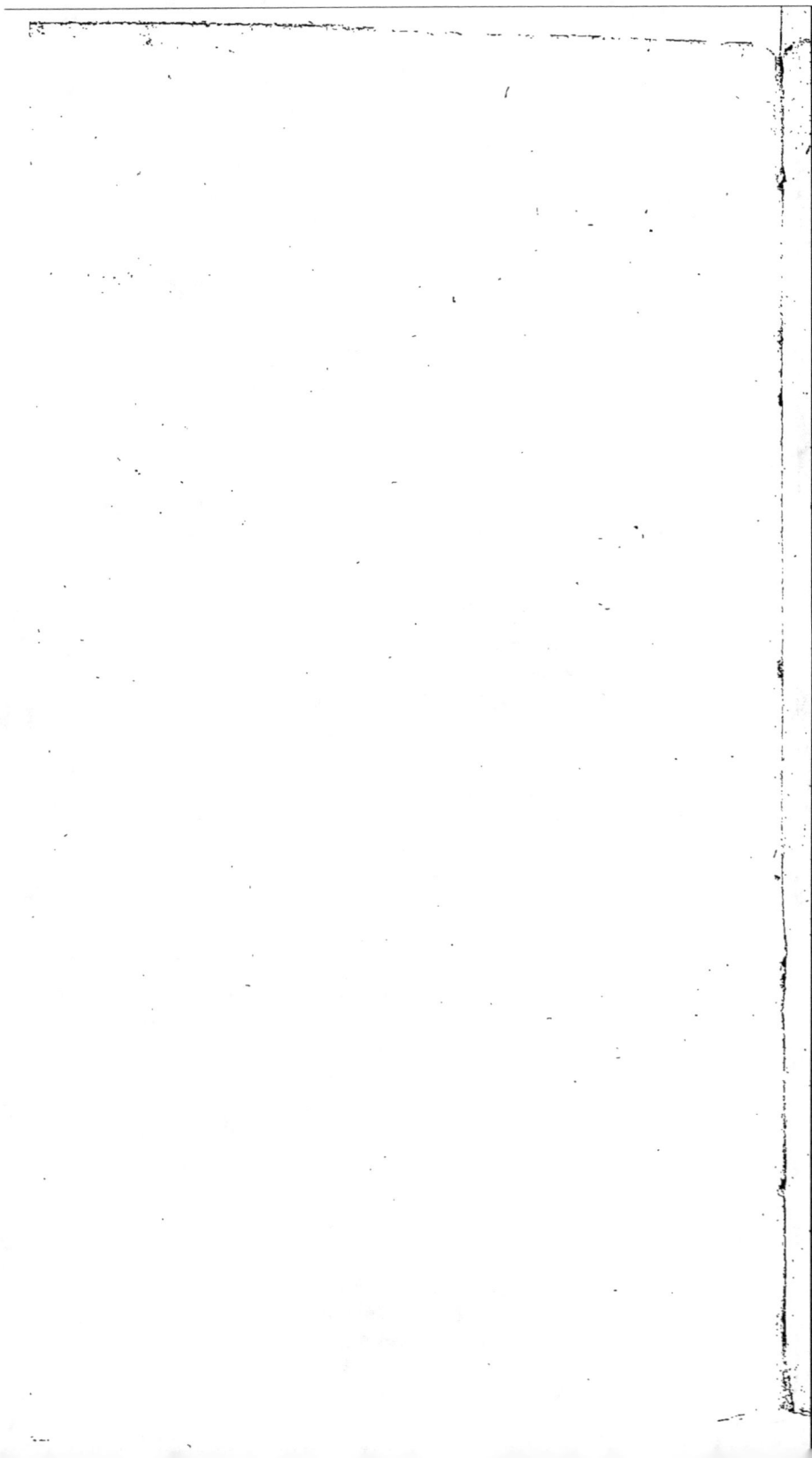

DROIT PUBLIC
D'ALLEMAGNE,

CONTENANT

La forme de ſon Gouvernement, ſes différentes Loix; l'Election, le Couronnement &c de l'Empereur & du Roi des Romains, leur Origine, Titres, Droits &c. ainſi que ceux des Electeurs, Princes & autres États de l'Empire; y compris ceux de la Nobleſſe immédiate.

On y a ajouté

Les Droits de la Nobleſſe Equeſtre de la Baſſe-Alſace, ſon origine, & autres matieres intéreſſantes, avec ce qui eſt analogue à la France.

Le tout enrichi d'une compilation de Loix fondamentales de l'Empire.

PAR M. JACQUET,

Licencié-ès-Loix.

TOME IV.

à STRASBOURG,

De l'Imprimerie de JEAN HENRI HEITZ.

M DCC LXXXII.

Avec Approbation.

8° J 5754⁴

TABLE

Des Livres & Chapitres contenus dans ce quatrieme Tome.

Fin de la Table.

APPROBATION.

J'ai lû le quatrieme Tome du Droit Public, *dans lequel je n'ai rien trouvé qui m'ait paru devoir en empêcher l'impreſſion.*

Signé, REISSEISSEN,
Doyen de la Faculté de Droit.

Vu l'approbation ci-deſſus, je conſens au nom du Magiſtrat de cette Ville à l'impreſſion du préſent Tome.

Fait à Strasbourg, ce 8. Novembre 1781. WENCKER, XV.

Permis d'imprimer ce 3. Décembre 1781, GERARD.

CHAPITRE V.

De la succession aux territoires.

I.

Lorsque nous parlâmes de la supériorité territoriale, nous rapportâmes la succession entre les manieres de l'acquérir. Dans ce chapitre nous allons dévélopper les ressorts & l'étendue de la succession.

II.

La succession est une subrogation des biens, droits & charges d'un défunt en la personne d'un autre nommé héritier. Il faut avertir mon Lecteur, qu'il ne s'agit point ici de la succession en général, mais de la succession aux territoires des États de l'Empire. Or cette succession se défere ou selon la proximité du sang, conformément aux loix féodales & l'ordre de l'investiture (*a*), ou selon

(*a*) Les territoires des Etats de l'Empire, étant (généralement parlant) des

les loix & privileges des Empereurs, ou ſelon les pactes de familles autoriſés par eux, ou enfin par la voie teſtamentaire dont quelques territoires ſont ſuſceptibles.

III.

Du tems de Charlemagne les territoires, de la ſucceſſion deſquels nous traitons dans ce chapitre, commencerent en partie à être connus ſous le nom de *fiefs* (c. à d. de biens donnés à charge de foi & hommage & de faire des ſervices de guerre ou de Cour). La ſucceſſion n'y étoit pas encore héréditaire: elle ne ſe déféroit non plus au premier né des mâles du vaſſal défunt, mais à celui, ſur qui tomboit le choix du Prince (*a*).

---

fiefs de l'Empire, on ſuit, quant à la ſucceſſion dans iceux, le droit ou les loix féodales, en tant qu'on n'y a point dérogé par des loix ou des coutumes, ou par des conventions, ou par des actes de derniere volonté.

(*a*) V. *Schilter*, *Comment. ad J. F. Allem. cap.* 42. & *ſeq.* Maſcov, Geſchichte der Teutſchen, *lib. XVI.* 39.

Cependant déja du tems de Henri IV, vers la fin du onzieme ſiecle, la ſucceſſion des fiefs devint héréditaire aux enfants (*b*). Il eſt même conſtant, que déja dans le douzieme ſiecle le droit de primogéniture fut établi dans la Germanie ſeptentrionale appellée la *Saxe*; de même que dans la Germanie méridionale, nommée proprement l'*Allemagne* & vulgairement l'*Empire* (*c*); de même conformément

(*b*) *Lambertus Schaffnab. ad an.* 1073.

(*c*) *Jus Feud. Saxon. cap.* 2. §. 8. & *Jus Provinc. Allem. lib. I. art.* 20. §. 3. où nous liſons . . . "Man mag da kein „ Fürſten = Amt zweien Mannen gleichen."

Obſ. Conformément à ces droits l'Empereur *Frédéric I.* fit une conſtitution à la Diete dans les *plaines de Roncale* en Italie en 1158, que rapporte *Radevicus*, *de Geſtis Frider. I. lib. II. cap.* 7. par laquelle il défendit le partage ou la diviſion des fiefs majeurs de l'Empire. On en tira une loi féodale, qui ſe trouve *II. Feud.* §. 1. *v. præterea*, de laquelle pluſieurs Publiciſtes concluent, que l'Empereur *Frédéric I.* avoit établi par une loi générale le droit de primogéniture dans les fiefs majeurs. Quoi qu'il en ſoit, elle ne fut guéres reſpectée.

au droit des Francs, l'ainé succédoit pour lors à l'exclusion de ses puînés au château ou principal manoir, qui resta toujours indivisible (*d*) ; & ce qui plus est, de fameux historiens attestent, que l'ainesse ou la primogéniture avoit en ces tems là par toute l'Allemagne une certaine prérogative (*e*). Cependant on s'éloignit quelquefois de ces loix (*f*) & à peine le

(*d*) *Petrus de Vineis*, *lib. VI. Epistol. num* 25.

(*e*) *Goldast*, *in Seniore*, *lib. III. cap.* 18. *Schilter*, *loco cit. cap.* 60. §. 6.

(*f*) Ainsi nous voyons que *Conrad*, *Marggrave de Misnie*, partagea en 1156 ses terres entre ses enfans, de façon cependant qu'il donna à Otton, son ainé, la principale Seigneurie, savoir le *Marggraviat de Misnie*. V. *Menkenius*, *Tom. II. p.* 185. Ce partage se faisoit ou par le pere de son vivant par maniere d'héritage, ou après sa mort; de maniere cependant, que l'ainé eut d'ordinaire une portion distinguée, p. e. le *principal Duché* ou *Comté*, & que les terres appartenantes à une même Seigneurie, avec les droits, appartenances & dépendances, ne se divisoient point. *Struv. Corp. J. publ. cap.* 31. §. 2. & 3.

droit de primogéniture paroissoit-il avoir jetté de solides fondements, que le droit Romain transplanté au treizieme siecle dans l'Empire, le culbuta. Conformément à ce nouveau droit les partages devinrent plus fréquens que jamais: tantôt on partageoit seulement les revenus, les terres restant dans une espece de communauté de bien parmi les freres, dont l'ainé ou celui dont on étoit convenu tenoit les rênes du gouvernement, qui étoit aussi quelquefois alternatif (g); tantôt on partageoit les terres mêmes soit par portions égales; delà naissoient autant de Principautés ou Seigneuries, qu'il y avoit de Résidences; les duchés de Saxe, de Baviere, de Brunswick & autres nous en font garans (h); soit par portions inégales,

(g) Reinhard, neue Anmerkungen von der Lehnsfolge aus der Gemeinschaft, *edit. Francf.* 1762. *Senkenberg*, *prima Linea Condominii pro indiviso*, *edit. Gœtting.* 1736. *Conring ad Lampadium*, *P. III. cap.* 5. §. 28.

(h) Un pareil partage s'appelloit Grund-

accordant un certain préciput à l'ainé ou au plus fort. Ces différens partages trop souvent réitérés, affoiblissoient les Maisons, leur ôtoient leur ancien lustre & y firent naître des discordes perpétuelles : la décadence de plusieurs ouvrit enfin les yeux sur ces inconvéniens ; on s'étudia pour y rémédier. Le gouvernement alternatif des freres, en laissant les biens en commun à jouissance égale, déduction faite des frais du gouvernement, fut le premier moyen agréé des familles *(i)* ; mais ne l'ayant point trouvé suffisant, on eut de nouveau recours au droit de primogénitu-

---

ou Todt - Theilung. *Estor, de terrarum partitionibus illustrium Germaniæ inter se, præsertim ea quæ vocatur* Todt-Theilung, *earumque effectibus quoad successionem*, edit. *Marburg.* 1746.

(*i*) Ce *Gouvernement alternatif* s'appelloit en Allemagne Muth-Schierung, mot composé de deux anciens mots Allemands, savoir muyten, *mutare*, *changer*, & schieren, *scindere*, *partager*. V. *Slevogt*, *Tract. de Alternatione vulgo* Muth-Schierung, *edit. Jen.* 1691.

re, *qui eſt un droit de ſucceſſion légitime, héréditaire, univerſel & par indivis, accordé à celui qui dans l'ordre de la naiſſance précéde les autres.* Il fut d'abord introduit par *Charles IV.* pour les Electorats laïques (*k*).

IV.

Ce droit de primogéniture fut enſuite établi dans pluſieurs Maiſons illuſtres de l'Empire, tantôt par un privilege ſpécial obtenu

(*k*) V. la *Bulle d'or*, *chap. VII.* Il y a cependant des Publiciſtes, qui prétendent qu'un pere Electeur, ayant de fortes raiſons concernant le bien public de ſon État, peut faire d'autres diſpoſitions entre ſes enfans. Leurs prétentions s'appuyent ſur l'exemple de *Frédéric I*, *Electeur de Brandebourg*, que l'on trouve dans *Springsfeld*, *de Apanagio*, *cap.* 1.

Obſ. La Maiſon d'Autriche avoit longtems auparavant obtenu le privilege du droit de primogéniture, que *Frédéric I.* lui accorda à la Diete de *Ratisbonne* en 1156; il porte que les terres d'Autriche ne ſeront jamais diviſées. Il eſt vrai que cela ne fut pas toujours ſtrictement obſervé. P.E. *Ferdinand I.* partagea l'Autriche entre ſes fils. Ce privilege ſe trouve dans *Goldaſt*, *Conſt. Imper. Tom. I. pag.* 302.

des Empereurs (*a*); tantôt par des pactes de familles (*b*), ou par

(*a*) Un tel privilege fut accordé à la Maison de *Mecklenbourg* par *Charles IV.* le 10. des kal. de Juillet (le 20 Juin) 1375. Voyez-en le Diplôme dans *Stryck*, *de Cautelis Testam. in Appendice*, *n. VII. p.* 108. *Maximilien I*, en érigeant le Comté de *Würtemberg* en Duché le 21. Juillet 1495, y introduisit en même tems le droit de primogéniture. V. *Desing*, *Aux. Hist. P. III. pag.* 689. & 695. Ainsi de nos jours *Charles VI.* accorda le même privilege à *Léopold*, *Prince d'Anhalt-Dessau*, en 1728, & à *Ernest Auguste*, *Duc de Saxe-Weimar*, en 1730. V. Moser, Reichs-Fama, *Tom. III. p.* 413. & *Tom. XVII. cap. X. p.* 263. & *parte VI. cap. IV. pag.* 24.

Obs. Si quelqu'un demande le privilege du droit de primogéniture pour sa Maison, l'Empereur a coutume d'en informer les Agnats de la famille, pour qu'ils examinent l'affaire, & qu'ils s'arrangent avec le suppliant touchant leur intérêt, & qu'ensuite ils fassent part à l'Empereur, tant de leur agrément que des conventions faites entr'eux.

(*b*) Un tel pacte existe dans la Maison de *Brandebourg*, fait à *Onolde* en 1598, par lequel il fut convenu, qu'outre l'Electorat il n'y aura que deux Principautés dans la Franconie, savoir celles de *Bareuth* & d'*Onold*, & que dans chacune

des teſtamens autoriſés par l'Empe-

---

le droit de primogéniture ſeroit obſervé. Ce pacte ſe trouve dans Lunig, Fortſ. der *II. Contin. IV.* Abth. *p.* 45. Un autre fait en 1535 entre *Henri* & *Guillaume*, freres, touchant le Duché de *Brunswic-Lunebourg*, confirmé par *Charles V*, & enſuite par *Rodolphe II*, le 13. Septembre 1582. *Erneſte Auguſte*, *premier Electeur de Brunswic-Hannovre*, le rétablit de nouveau avec l'agrément des Etats provinciaux, ſuivi de la confirmation de l'Empereur *Léopold V. Springsfeld*, *de Apanagio*, *cap.* 11. *n.* 66. *ſeq.* & *Europ. Herold. P. I. p.* 323. Un troiſieme ſe trouve dans la *Maiſon de Heſſe*, fait en 1606 entre *Louis*, *Philippe* & *Frédéric*, freres de la branche de *Darmſtadt*, confirmé de *Rodolphe II*, le 13. Août 1606. V. *Lunig*, *p. ſpec. contin. II.* 13. Abſatz, *pag.* 818. Un quatrieme ſe voit dans la Maiſon de Bade, fait & conclu vers le ſeizieme ſiecle entre *Erneſte*, auteur de la branche cadette Luthérienne de *Bade-Durlac*, & ſes neveux, les fils de *Bernard*, auteur de la branche ainée Catholique de *Bade-Bade*. V. *Ludolf*, *de Jure Primogenituræ*, *p. gen. aph. XIII. n.* 13. En 1765, le 28. Janvier, *Auguſte George*, *Marggrave de Bade-Bade*, fit un pacte ſucceſſoire avec *Charles Frédéric*, *Marggrave de Bade-Durlac*, en vertu duquel les deux branches devoient ſe ſuccéder mutuellement au défaut d'hoirs

A 5

mâles de l'une ou de l'autre, à l'exception des terres & Seigneuries, que la ligne de *Bade-Bade* possédoit en Boheme comme allodiales, savoir *Schlackenwerd*, *Lobositz* & *Teysing*, *Podersen*, *Töpelsgrün*, *Purles*, *Hauenstein* & *Kupferberg*. Conformément à cette transaction *Charles Fréderic*, aujourd'hui regnant, succéda lors de la mort d'*Auguste George*, dernier mâle de la branche de *Bade-Bade*, arrivée le 20. Octobre 1771, dans toutes les terres, droits & prérogatives d'icelle. V. *Schoepflin*, *Histor. Bad. Tom. III. p.* 303. & *la harangue de Breyer*, *tenue le* 30. *Oct.* 1772 dans l'Université. Un pareil pacte se trouve dans les Maisons Princieres de *Holstein-Gottorp*, de *Holstein-Sleswic*, d'*Anhalt* & autres. Plusieurs Maisons des Comtes d'Empire jouissent du droit d'ainesse, en vertu d'un même pacte; telles sont p. e. celles des *Comtes de Linange*, de *Waldeck*, de *Hohenlohe-Weikersheim*, d'*Isenbourg*, de *Montfort*, d'*Oettingue*, de *Ruthen*, de *Stolberg*. V. *Struv. Corp. J. publ. cap. XXXI.* §. 8.

Obs. Pour que de pareils pactes puissent avoir lieu dans les fiefs, il faut le consentement au moins tacite des Agnats, & s'ils sont mineurs, l'agrément de leurs Curateurs, ou s'ils se trouvent sous le pouvoir de celui qui veut établir le droit de primogéniture, on doit préalablement les émanciper.

En outre il est de coutume de les faire confirmer par l'Empereur, quoique cela

reur (*c*). Ce droit paroît être plus utile & plus important depuis la sécularisation de plusieurs Evêchés & Prélatures de l'Empire, & sur-tout depuis que le goût de servir ou plutôt le devoir de faire le service militaire en personne, a cessé parmi les vassaux : vu que depuis ce tems là plusieurs Seigneurs ne pouvant se jetter avantageusement dans le sein de l'Église, & n'aimant point manier le fer, restent chez eux, multiplient leurs individus, & détacheroient les plus brillantes pierres de leurs Maisons, si la force du droit de primogéniture n'y mettoit ordre.

---

ne soit point d'une nécessité absolue ; vu que le Vassal est en droit de contracter à l'égard du domaine utile & de l'administration de ses fiefs, même à l'insçu du Seigneur direct, pourvu que cela ne porte aucun préjudice au Domaine direct. V. *Bœhmer*, *Principia Juris Feud.* §. 294. *& seq.* *Bauer*, *Dissertat. de Primogenitura sine consensu superioris ordinata. Lipf.* 1753. §. 26.

(c) P. E. Le droit de primogéniture fut introduit dans le Duché de Baviere par le Testament d'*Albert V*, seul héritier de

V.

De la naissance de deux jumeaux.

Le droit de primogéniture compéte au premier né des freres concurrens & non pas à celui, qu'on prouveroit avoir été le premier conçu; vu que les loix & l'usage ont constamment attaché ce droit à la naissance & non pas à la conception. Cela étant, l'on

---

toute la Baviere, & ce Testament fut confirmé en 1573 par l'Empereur *Maximilien II.* Par le Testament de *Wolfgang*, *Comte Palatin*, fait en 1568, confirmé par le même Empereur en 1570, le Palatinat fut divisé en deux portions, savoir celle de Neubourg, qui tomba à l'ainé, & celle des Deux-Ponts échue au cadet, à charge que dans chacune le droit de primogéniture seroit observé à l'avenir, & que les puinés seroient appanagés. V. *Imhoff, Not. procerum, lib. IV. cap.* 1. §. 11. *& seq.*

Primogéniture établie dans la Maison Palatine.

Obs. Un pareil Testament disposant des fiefs anciens exige également pour sa validité, l'agrément des Agnats nés du vivant du Testateur, & la confirmation de l'Empereur a coutume d'y accéder; & généralement parlant, le pere n'est point en droit d'introduire dans ses fiefs le droit de primogéniture, en privant ainsi ses autres enfans du droit de succession à eux acquis par les pactes & dispositions.

conçoit facilement, qu'entre deux jumeaux ce droit est dû à celui, qui seroit le premier tout entier & vivant sorti du sein de sa mere, quoique l'autre auroit par hazard le premier fait voir la tête ou une autre partie du corps; vu que ce n'est point la sortie d'un membre, mais celle du corps entier, qui fait la naissance d'un homme (*a*). Il importe d'ailleurs fort peu, que le premier né soit venu au monde par la voie ordinaire de la nature, ou qu'il ait fallu l'exséquer après la mort de sa mere (*b*). Mais s'il arrive, soit par la négligence de la sage-femme ou d'autres, qui se sont mêlé de recevoir le part, soit par un effet singulier de la nature, que les jumeaux aient eu leur membres tel-

(*a*) L'Ecriture Sainte nous en donne une preuve dans Zera & Pharès, deux enfans jumeaux de *Thamar*. Pharès, le premier venu au monde, succéda comme premier né dans le Royaume, quoique Zera eut le premier sorti une main. *Genes. cap. XXXVIII. vers. 28. & seq.*

(*b*) *Besold, lib. I. de Success. dissert. IV. n. 17.*

lement entrelacés, que sortant ensemble, il fût impossible de discerner le premier né; de tels jumeaux ayant le même droit, partageront également entr'eux les revenus de leurs Seigneuries ou Principautés & les gouverneront ensemble, ou alternativement, ou les feront administrer sous leur nom par une Régence qu'ils auront conjointement constitué à cet effet (*c*). Si aucune de ces voies n'est de leur goût, ils tireront au sort pour savoir qui d'eux aura & jouira du droit d'aînesse (*d*). Il est même fort probable, que deux jumeaux, qui par caprice ou par jalousie hésiteroient trop au préjudice de leurs sujets & de leurs territoires, à choisir entre ces voies, pourroient être contraints d'en adopter une par leur supérieur, s'ils en reconnoissent (*e*).

(*c*) Touchant le Gouvernement alternatif, v. *Springsfeld*, *de Apanagio*, *cap. II. n.* 13. & *Gerhard*, *de Rhoo*, *lib. IV. Histor. Austriæ*, *A.* 1406.

(*d*) *Besold. Thesaur. pract. lit. B. n.* 18.

(*e*) Argm. *can.* 9. *distinct. XC.* & *Cujacius*, *lib. X. observ.* 4.

VI.

C'eſt donc au premier né de ſuccéder aux fiefs & Principautés auxquels le droit de primogéniture eſt attaché ; ſans diſtinguer, ſi ces biens ont été donnés au pere avant ou après la naiſſance de ſon aîné (*a*), ou s'ils ont été donnés à lui & à ſa famille, ou à lui & à ſa poſtérité : puiſque dans tous ces cas l'intention du Seigneur direct ne paroît point avoir été d'exclure celui qui étoit né avant la conceſſion, & qu'il eſt conſtant qu'il fait membre de la famille & de la poſtérité du vaſſal comme les autres (*b*).

VII.

Le pere ne peut ôter le droit de primogéniture à ſon fils. Ce droit ne provenant point du pere, mais ayant été établi par la loi ou par des pactes de familles, il

(*a*) *Beſold, lib. I. de Succeſſ. diſſ. VIII. n. I. Grotius, de Jure B. & P. lib. II. cap. VII. n.* 28.

(*b*) *Itterus, de Feudis, cap. XII.* §. 19. *Roſenthal, de Feudis, cap. VII. concluſ.* 26. *n.* 4.

ne dépend aucunement de lui (*a*). Ainsi il n'est pas même en droit de le diminuer en faveur des puînés (*b*). Il est cependant vrai, que l'ainé puisse y renoncer, en faveur de son puîné (*c*), à moins qu'il n'ait un fils (*d*), ou qu'il ne lui en naisse un postérieurement à sa renonciation; dans tous ces cas la renonciation devient nulle & sans effet: vu que le droit de primogéniture une fois introduit dans une Maison, appartient de droit à la ligne du premier né même malgré lui. D'ailleurs dans les lettres d'investiture on n'exprime pas seulement le vassal ou son ainé, mais tous ses enfans nés &

(*a*) *Myler, de Princip. & Stat. Imp. cap. XXI. §. 11.*

(*b*) *Rhatius, in Dissert. de Transmiss. territ. Germ. in success. cap. II. n.* 30.

(*c*) V. *Friderus, Comment. ad cap.* 7. *A. B. & Mylerus l. c. cap. XII. n.* 12. & 13. *Rosenthal, de Feud. cap.* 9. *conclus.* 55.

(*d*) *Limnæus, Tom. I. addit. III. Engelbach, Dissert. de Success. in Elector. thes.* 91.

& à naître ; ainſi ce droit leur eſt déja acquis par les lettres d'inveſtiture (e).

VIII.

Dans toutes les Maiſons où le droit de primogéniture ſe trouve établi, l'ainé ſuccede dans tous les fiefs & appartenances du territoire du défunt : enſorte que les villes, fortereſſes, bourgs, villages, châteaux avec tout ce qui ſert à leur défenſe, les palais avec leurs ameublemens & bibliotheques, le tréſor, l'artillerie & munitions de guerre &c. &c. lui appartiennent (a) ; à charge cependant d'apanager ou de parager ſes freres puînés (b), d'alimenter ſes

(e) Mon ſentiment ſe prouve par un texte exprès ; *II. Feud.* 50. A l'égard des Electeurs, la Bulle d'or l'a décidé de même. V. le *chap. VII.* §. 2. *& ſuivant.*

(a) V. *Lunig*, *p. ſpecial. II. th. p.* 95. Müller, Reichstags-Theatrum unter Kayſer Friderich dem *V. Tom. I. p.* 219. & *Primitiæ Actorum compromiſſ. Francofurt. in cauſa Ducisſæ Aurelianenſis contra Electorem Palatinum.*

(b) Le mot apanage vient du mot latin *panis*, *du pain* ; donner du pain à

sœurs & de leur donner une dote, en cas qu'elles trouvent un parti sortable à se marier (c). La supériorité territoriale ainsi que le droit de suffrage à la Diete étant

---

quelqu'un, signifie l'entretenir. V. *Dufresne*, *Gloss. voce panis.*

Ainsi l'apanage (communément Deputat) accordé aux puînés pour leur subsistance, consiste dans de certains revenus, en argent comptant, ou provenant de certaines terres à eux assignées, avec le droit d'habiter les châteaux ou palais y assis, conformément au Testament du défunt, ou aux pactes de famille, ou à leur défaut, selon l'usage de chaque Principauté. V. *Springsfeld*, *de Apanagio*, *cap. VIII.* *Schilter*, §. 19.

Obs. Les *freres paragés*, que l'on appelle abgetheilte Herren, quoiqu'ils possédent leurs terres avec tous les droits y attachés, restent toujours subordonnés à l'ainé, de même que les Prélats ou Comtes médiats, ou autres Landsass investis avec les droits régaliens & la jurisdiction territoriale. V. *Gribneri duæ Dissertat. de Jure territorii subordinati.*

(c) Il est vrai qu'aujourd'hui la dot des Princesses d'Empire, sur-tout dans les Maisons où elle ne se trouve point fixée par les loix de l'État, se leve d'ordinaire sur les biens des sujets sous le nom de Fräulein-Steuer.

attachés au territoire ne peuvent convenir qu'a l'ainé qui en est seul possesseur. Les apanagés conservent cependant les mêmes dignités, titres & armes que l'ainé, à l'exception de ceux qui ont été attachés à l'ainé comme tel, p. e. le titre d'Electeur avec les droits & prérogatives y attachées. Il faut encore remarquer que le premier né succede en qualité d'héritier légitime, & que conséquemment il est chargé de toutes les dettes passives du défunt; les apanagés au contraire ne sont regardés que comme légataires alimentaires & particuliers, pour cette raison ils ne sont obligés de payer aucune dette de l'héritage (*d*).

IX.

Si dans l'héritage du défunt il y a des biens reconnus pour allodiaux, tous les enfans, même sans distinction de sexe, y succédent par tête, s'ils sont du même dégré; & par souche, si étant plus éloi-

(*d*) *Coccejus, Jus publ. cap.* 27. §. 20. & 21.

gnés en degré que les autres, ils viennent par droit de représentation à moins que par des pactes de famille ou par des testamens, on n'y ait pourvu autrement. Si (a) cependant l'on y eût fait des dispositions contraires, en faveur des mâles d'une certaine ligne ou de toute la famille en général, les femmes redeviendroient héritieres des allodiaux au décès du dernier mâle de la ligne spécifiée, ou de la famille en général (b), à moins qu'il n'y ait des pactes de confraternité entre

(a) Dans ces cas les filles venant à se marier, reçoivent une certaine somme en dot, à charge de renoncer à tout héritage paternel & maternel. *Ludolf*, *de Jure fœmin. illustrium*, *p. II. cap.* 1. §. 14. & 15. & *Ap. p. III. pag.* 13. & *seq.* & *Gundling*, *de Renunciatione filiarum illustrium.*

(b) Vu que l'objet de la faveur venant à manquer, la disposition perd sa cause & sa fin; & conséquemment elle doit perdre toute sa vigueur & être regardée comme non-existante. V. *Lunig*, *p. spec. contin. II. p.* 99. & *Struv. Tractat. de Allodiis imp. cap. IV.* §§. 1. & 3. & *seq.*

diverses Maisons, qui l'empêchent (c).

X.

Le droit de primogéniture a été successivement introduit dans la plupart des Maisons Princieres, ainsi que dans plusieurs Maisons des Comtes de l'Empire. Dans celles, où il ne se trouve point, les enfans mâles d'un même degré succedent dans les fiefs du défunt par tête (a), & ceux d'un de-

---

(c) Un tel pacte existe entre les *Maisons de Saxe & de Hesse*, fait en 1555, & un autre entre les *Maisons de Saxe, de Brandebourg & de Hesse*, cimenté en 1614, par lesquels il fut statué, que l'une ou l'autre de ces Maisons venant à manquer d'héritier mâle capable de succéder, tous les biens de la Maison défaillante, y compris les allodiaux, tomberoient aux autres contractantes, à l'exclusion des femmes de la Maison éteinte, à charge cependant de donner aux filles ou femmes survivantes la somme de vingt-quatre mille florins en guise de dot ou pension alimentaire.

(a) Succéder par tête, signifie partager la succession en autant de parts & portions égales, qu'il y a de têtes ou de personnes héritieres.

gré plus éloigné concourrants avec les autres, ſuccedent en vertu du droit de repréſentation par ſouche (*b*). Ce droit de repréſentation a lieu à l'infini dans la ligne deſcendante. Il faut cependant ſavoir, qu'il y a pluſieurs ſortes d'enfans, qui ne ſuccedent point dans les fiefs d'Empire; tels ſont 1°. les enfans adoptifs, comme n'étant point de la ſouche ni du ſang de leur pere adoptif (*c*); 2°. les enfans légitimés par lettres patentes du Prince; 3°. les enfans nés d'un mariage qu'on appelle *ad Morganaticam* (*d*), ou d'u-

---

(*b*) Succéder par ſouche, veut dire: prendre la place de la ſouche (c. à d. du pere ou de la mere que les enfans repréſentent), & toucher la même part & portion que la ſouche auroit priſe, ſi elle ne ſeroit pas prédécédée.

(*c*) Ces ſortes d'enfans ne ſuccedent pas mêmes aux fiefs en général. *II. F.* 26.

Mariage à la main gauche.

(*d*) On appelle mariage *ad morganaticam* celui qu'un Prince ou Comte d'Empire contracte avec une perſonne d'un rang très-inégal, à condition, que ni la femme, ni les enfans qui en naîtront, ne jouiront ni de la dignité, ni

ne mésalliance; 4°. les enfans qui

---

de la ſucceſſion du reſpectivement mari & pere; mais qu'ils ſe contenteront des titres & biens à eux accordés par le contrat de mariage ou par Teſtament. On donne d'ordinaire aux femmes ainſi mariées le titre de *Madame*, quelquefois de *Comteſſe*. V. Spener, Staats-*Conſilia*, *Tom. I p.* 1571.

Obſ. I. Un pareil mariage ſe nomme auſſi *Salique* ou *ad Legem Salicam*, parce qu'il étoit en uſage chez les Francs Saliens. V. *Link*, *de Matrimonio ad Legem Salicam contracto.*

II. Les Allemands l'appellent Ehe zur linken Hand, mariage à la main gauche, parce que l'illuſtre époux donne ordinairement la main gauche à ſa fiancée, lorsqu'il ſe marie avec elle. V. *Stryck*, *de Matrimonio ex ratione ſtatus*, *cap.* 11. *n.* 4.

III. On appelle mésalliance celle par laquelle un Prince ou Comte d'Empire ſe joint à une femme, qui eſt roturiere, Mésalliance. ſans faire des diſpoſitions pareilles à celles du mariage à la main gauche, touchant le douaire, les titres & la ſucceſſion de la femme & des enfans à naître. C'eſt cette mésalliance qu'on entend aujourd'hui par mariage notoirement inégal, dont la Capitulation fait mention. Dans la *Capitulation de Charles VII. l'Empereur*, *art. XXII.* §. 4. dit à l'égard des enfans nés d'un mariage notoirement &

se sont fait de l'église (e). Touchant

---

inconteſtablement inégal . . « bien moins » les déclarerons-Nous, au préjudice des » héritiers légitimes & sans leur consentement spécial, nés d'un mariage égal » & habiles à succéder; & supposé que » semblable concession ou déclaration ait » été ci-devant faite, Nous la regarderons & tiendrons pour nulle & de nulle » valeur. » Ce qui a été répété dans les *Capitulations de François I. & de Joseph II.* Depuis cette Capitulation on n'en a plus vu d'exemples.

IV. Il y a une grande dispute parmi les savans, aussi-bien que parmi les États de l'Empire, pour savoir quelles sont les autres mésalliances non-notoires, qui doivent également exclure de la succession aux fiefs les enfans en provenus. Le College des Princes en fit demander la décision à l'Empereur en 1742 & 45, mais sans effet. La plus saine partie des Publicistes prétendent, que pour que le mariage d'un Prince ou d'un Comte d'Empire puisse être regardé comme mésalliance à l'effet susdit, il faut que leurs épouses ne soient pas mêmes sorties d'une Noblesse immatriculée. V. Strubens Nebenstunden, *part. V. opusc.* 36. von ungleichen Ehen, & *part. III. opusc.* 21. §. 11.

(*e*) Aucun Ecclésiastique ne peut succéder dans les Electorats laïques. V. la

les enfans nés batards, qui ont été dans la ſuite légitimés par ſubſéquent mariage, ni l'uſage, ni aucune loi générale de l'Empire décident la queſtion, s'ils doivent être admis à la ſucceſſion ou non.

XI.

Si le défunt ne laiſſe point de deſcendans, ſa ſucceſſion féodale eſt immédiatement dévolue à ſes collatéraux, ſans avoir égard aux aſcendants; à moins qu'il ne ſoit prouvé par les lettres d'inveſtiture, que les fiefs du défunt ſont pleinement héréditaires. La raiſon

---

Bulle d'or, *chap. VII.* §. 2. Le droit féodal Longobardique exclut de même les Eccléſiaſtiques tant ſéculiers que réguliers de la ſucceſſion des fiefs en général, parce qu'ils ſont incapables de rendre les ſervices requis. *II. f.* 26. *II. F.* 21. & 30. Ce droit eſt reçu en Allemagne quant aux fiefs d'Empire régaliens; mais ſelon le *Droit Saxon* & le *Droit féodal Allemanique*, les Eccléſiaſtiques ſéculiers peuvent ſuccéder dans les autres fiefs. V. Sächſiſches Lehn-Recht, *cap.* 2. & *Jus Feud. Alleman. cap.* 3. §. 2.

Obſ. Les Eccléſiaſtiques Proteſtans, n'étant liés à leur Egliſe par aucun vœu ſolemnel, ſont capables de ſuccéder dans toutes ſortes de fiefs régaliens ou non.

doit en être tirée de la nature originaire des fiefs, que l'on ne donnoit qu'en vue des services militaires ou Palatins, auxquels le vassal prêtant foi & hommage s'obligeoit formellement, & que les ascendants du vassal décédé sont très souvent incapables de rendre.

OBSERVATION GÉNÉRALE.

La succession dans les fiefs d'Empire est restreinte aux mâles depuis plusieurs siecles (*a*), & même les fiefs en général sont censés leurs être réservés conformément à leur constitution & destination originaire; de maniere que les femmes, qui prétendent succéder aux fiefs du défunt, doivent prouver qu'ils sont féminins. Cela se prouve d'ordinaire par des privileges accordés à de certaines familles par quelque Empereur: ainsi dans la Maison d'Autriche les femmes succedent au

(*a*) *Sigebert. Gemblac ad an.* 1033. *Struv. Corp. Hist. Germ. per.* 6. *sect.* 4. §. 12. & *per.* 9. *sect.* 9. §. 31.

défaut des mâles, en vertu d'un privilege de *Frédéric I.* accordé en 1156. & par la fameuse *pragmatique-sanction de Charles VI. de* 1713. La même chose doit s'observer dans les terres de *Brunswic-Lunebourg*, selon le privilege de *Frédéric II. de* 1235. La même prérogative fut concédée aux Ducs de Brabant & de la Basse-Lorraine par *Philippe Roi des Romains en* 1204.

XII.

Dans la ligne collatérale on trouve quatre principales manieres de succéder aux fiefs d'Empire. La premiere s'appelle succession linéale; elle se fait selon la proximité des lignes, & s'observe particuliérement dans les Electorats, conformément à la *Bulle d'or* (*a*),

De la succession des Collatéraux.

(*a*) Cette regle ne souffre aucune difficulté dans la ligne descendante; & la *Bulle d'or* la fonde aussi clairement pour la collatérale. Voici ses termes: *chap. VII.* §. 3. . . " Si ledit fils aîné venoit à mourir, sans laisser d'enfans mâles légitimes " laïques, le droit, la voix & le pouvoir " d'élection susdite seront devolus, en

& dans d'autres territoires, où le droit de primogéniture est établi

---

„ vertu du présent Edit impérial, *à son* „ *frere puîné*, descendu en ligne directe „ légitime paternelle, & *ensuite au fils* „ *ainé* laïque de celui-ci."

Obs. I. Il y a des Publicistes, qui ont donné un sens controuvé à ces dernieres paroles, pour favoriser leur systême touchant la succession graduelle; lequel ils ont appuyé de quelques exemples, que la Maison Palatine & celles de Saxe & de Brandebourg nous ont fourni de tems à autres. Mais ces exemples accompagnés de circonstances tout-à-fait particulieres, ou fondés sur le consentement des Agnats de la ligne que l'on avoit passé, ne leur servent d'aucune preuve.

II. La préface de la *Bulle d'or*, ainsi que le chapitre d'icelle allégué, démontrent que *Charles IV.* étoit intentionné d'introduire une nouvelle maniere de succéder dans les Electorats, en établissant le droit de primogéniture, & sans doute la succession linéale, & non pas la succession graduelle; maniere de succéder ordinaire & très-connue dans ce tems-là. D'ailleurs une interprétation authentique de la *Bulle d'or*, faite par le Traité de Westphalie, approuvant les pactes de famille de la Maison Palatine, qui se décida pour la succession linéale en 1685, autorise assez mon sentiment aujourd'hui généralement adopté. V. *Ludwig*, *ad A.*

(*b*), enforte que les descendants de la ligne de l'ainé se succedent de suite & toujours par droit d'ainesse, jusqu'à l'entiere extinction des mâles de la même ligne. Alors le tour de succession vient à l'ainé de la ligne du second frere & ensuite à ses descendans mâles, toujours selon le droit d'ainesse jusqu'à l'entiere extinction des mâles de la même ligne. Succede alors la ligne du troisieme frere, tout de même que les deux précédentes, ainsi des autres. La seconde se nomme succession par *Majorat* ou *graduelle* ; par laquel-

---

B. Tom. I. p. 78. *&* *seq.* & *Pfeffinger, ad Vitriarium, lib. III. tit. XI.* §. 3. *not.* 1. *p.* 767. *&* *seq.*

(*b*) Le droit de primogéniture ne consiste pas en ce que l'ainé des héritiers existants succede, mais l'ainé du frere & de sa ligne ainée, & à son défaut l'ainé des descendans du second frere & de sa ligne, ainsi du reste; de façon que la succession linéale paroît être un rejetton naturel du droit de primogéniture, & doit conséquemment avoir lieu dans les Maisons où ce droit est reçu, à moins que des dispositions particulieres ou l'usage n'y dérogent.

le, conformément au droit féodal des *Lombards*, la ligne masculine du premier né étant éteinte, celui qui se trouve le plus proche en degré à l'égard du défunt, lui succéde, sans prendre garde à la proximité de la ligne (*c*), & ensuite ses déscendants mâles, jusqu'à l'extinction de sa ligne. La troisieme s'appelle succession par *Séniorat*; laquelle se défere à l'ainé ou senior de la famille, sans avoir égard à la ligne ni à la proximité du degré (*d*). La quatrieme est la

(*c*) La succession par *Majorat* differe de la succession graduelle ordinaire, en ce que celle-ci admet le plus proche degré du défunt, de façon que si le même degré contient plusieurs personnes, p. e. plusieurs cousins germains, ils succedent tous au défunt par portions égales. Le *Majorat* au contraire donne dans ce cas la succession à l'ainé (*ætate Majori*), à l'exclusion des autres: ainsi le *Majorat fait avoir égard au degré & à l'âge, de même au sexe, dans les fiefs où les femmes peuvent succéder.* v. *Differt. Ludovici de Solms, de Majoratu.*

(*d*) Le droit de succéder par *Séniorat* se fonde en Allemagne ou sur des pactes de famille, ou sur l'observance, ou sur

ſucceſſion graduelle ordinaire, par laquelle les freres ſuccedent par tête, & les enfans des freres prédécédés concourans avec leurs oncles, ſuccedent par ſouche (*e*); mais étant ſeuls, ils viennent également par tête (*f*). Si cette ſucceſſion eſt déférée à des héritiers plus éloignés, on a d'abord égard à la ligne du défunt; enſorte que s'il ſe trouve un héritier de la même ligne avec le défunt, il eſt

---

des privileges des Empereurs. Ainſi dans la *Maiſon de Brunswic-Lunebourg*, en vertu d'un privilege accordé par *Charles V.* en 1555, & confirmé par *Léopold* en 1667, le *Senior* de la famille eſt ſeul inveſti des fiefs au nom de tous les autres Agnats. La même choſe s'obſerve à l'égard des *Maiſons d'Anhalt*, *de Fürſtenberg*, *de Solms*, *d'Iſenbourg*, *d'Oettingen*, & *de Truchſeſs de Waldbourg*. *Struv. J. publ. cap.* 12. §. 36.

(*e*) *II. F.* 11. Cette maniere de ſuccéder ſe trouve confirmée par le *Récès de Worms de* 1521. § 19.

(*f*) Cette façon de ſuccéder fut approuvée par le *Récès de Spire de* 1529. §. 31. & par une conſtitution particuliere de *Charles-Quint*. V. *Hornius, cap. XVI.* §. 8.

préféré à tous les autres (*g*). Si au contraire cette ligne eſt éteinte, on défere la ſucceſſion à ceux qui ſont au même dégré avec le défunt, ou à celui qui en eſt le plus proche.

XIII.

Succeſſion par Teſtament.

Quant à la ſucceſſion teſtamentaire, il faut ſavoir 1°. qu'aucun État de l'Empire ne peut teſter, à moins qu'il n'ait l'âge requis par les loix (qui eſt de 14 ans ſelon le droit commun), & qu'il ne jouiſſe de ſes droits, au moins quant aux biens dont il veut teſter; 2°. que réguliérement les États ne peuvent point diſpoſer de leurs fiefs (*a*), ni d'un allodial chargé de fidéicommis, ni de leurs domaines au préjudice des ayants-droit

(*g*) *II. Feud.* 50. *Struv. Jurisprudentia Feud. cap. XIII.* §. 4. & 5.

(*a*) La ſucceſſion teſtamentaire paroît être contre la nature des fiefs. *I. F.* 8. *Hornius*, c. *XIV.* §. 4. D'ailleurs une pareille ſucceſſion peut être préjudiciable aux droits de l'Empereur, auquel retournent les fiefs d'Empire devenant vacans.

droit ou contre les conventions & pactes de famille ; 3°. qu'il leur est cependant permis de disposer par testament (*b*) d'un fief nouveau, ou même d'un fief ancien, si cette disposition se fait en faveur des héritiers ab intestat, ou que la faculté d'en tester en faveur d'autres personnes leur fut accordée dans les lettres d'investiture ou par un privilege spécial (*c*) ; 4°. qu'il est arrivé quelquefois, que la disposition testamentaire des fiefs, quoique illicite, ait été ratifiée & ensuite confirmée par les Empereurs (*d*).

(*b*) Un pareil Testament doit contenir les formalités ordinaires des Testamens, à moins qu'il ne soit devenu public par l'enrégistrement au Protocole des Tribunaux souverains. Il est vrai, que ce sentiment est beaucoup controversé. V. *Adamus Struv. de Testam. Principum* ; & *Gothofridus Gambs, de Testamentis Principum ordinandis.*

(c) Ainsi l'Empereur Frédéric I. accorda aux Ducs d'Autriche, lors de l'établissement du Duché, la faculté d'en tester.

(*d*) Lünig, Reichs-Archiv, *part. special. II.* zweyter Theil, *p.* 176. 201. &

XIV.

Succession pactice.

Le dernier de la famille ne laissant aucun héritier habile à lui succéder, pourra disposer de ses fiefs, même fiefs d'Empire, en faveur de qui il voudra; pourvu que ce soit avec l'agrément du Seigneur direct (*a*), & que de certaines conventions ou pactes successoires de familles n'y mettent obstacle. Ces pactes s'appellent pactes de Ganerbinat & de confraternité (Gan-Erbschaften, Erb-Verbrüderungen). Parce que de même que deux freres se succedent l'un à l'autre, lorsque l'un d'eux

---

228. en rapporte plusieurs exemples. Ainsi le Testament de *Jean George, premier Electeur de Saxe*, fait en 1652, fut ratifié par *Ferdinand III*.

(*a*) L'Empereur est Seigneur direct à l'égard des fiefs d'Empire; raison pour laquelle les Publicistes ont toujours soutenu avec fondement, que les pactes de Ganerbinat ne pouvoient se faire qu'avec son consentement, vu que ces pactes contiennent une espece d'aliénation & de translation de fiefs d'une famille à une autre, qui certainement ne peut valider sans l'agrément du Seigneur direct.

vient à décéder sans enfans, ainsi lors de l'extinction d'une des familles héréditairement alliées, ses terres passent en vertu d'un pareil pacte à la famille survivante. Ces pactes de confraternité, ôtant aux Empereurs le droit de disposer des fiefs vacans; leur consentement est devenu nécessaire pour leur validité (*b*). Ces pactes ont été beaucoup multipliés dans les illustres Maisons d'Allemagne. Les uns sont bilatéraux, c. à d. faits de maniere, que les Maisons alliées se succédent réciproquement les unes aux autres avenant l'ex-

(*b*) L'Empereur *François I*, ainsi que *Joseph II*, ont promis par leurs *Capitulations*, *art.* 1. §. 9. de confirmer & maintenir les pactes de confraternité faits entre les Princes & États d'Empire. Cet article ne sera probablement plus omis dans les Capitulations. Ainsi les États peuvent se reposer sur la fermeté de leurs pactes. *Struv. Corp. J. publ. cap. XXXI.* §. 48. Il est à présumer, que les Empereurs n'agréeront plus sans de fortes raisons des pactes nouveaux de cette trempe, qui les privent du droit de conférer les fiefs vacans, & d'en gratifier les Maisons qui leur sont dévouées.

tinction des unes ou des autres; (c) les autres sont seulement unilatéraux, c. à d. conçus & faits de façon qu'une des Maisons alliées succede aux autres, mais non réciproquement les autres à celle-là (d). On les divise encore en

(c) Tel est le pacte de confraternité fait entre *Frédéric Balthasar & Guillaume*, *Landgraves de Thuringe & Marggraves de Misnie* d'une part, & *Henri & Hermann*, *Landgraves de Hesse*, de l'autre part, fait & conclu à *Eschwege* en 1373, confirmé la même année par *Charles IV*. V. *Limnæus*, *J. publ. lib.* 4. *cap.* 4. *n.* 161. *Brandebourg* accéda à ce pacte par un Traité fait à *Naumbourg* le 30. Mars 1614. On convint qu'à l'extinction de la Maison de Saxe, le Landgrave de Hesse hériteroit de la dignité électorale & des deux tiers de ses États, la troisieme partie devant échoir à la Maison de Brandebourg, à l'extinction de laquelle ses États seroient partagés également entre les Maisons de Saxe & de Hesse, la dignité électorale passant à cette derniere. Enfin qu'à l'extinction de la Maison de Hesse, deux tiers de ce Landgraviat appartiendroient à la Maison de Saxe, & le troisieme à celle de Brandebourg.

(d) Un tel pacte subsiste depuis 1696 entre la *Maison de Brandebourg* & celle de *Hohenzollern*, en vertu duquel la Maison de Brandebourg succédera dans les

pactes universels, en vertu desquels les Maisons alliées se succedent mutuellement dans tous leurs biens sans exception; & en pactes particuliers, selon lesquels la succession réciproque n'a lieu, que dans de certaines terres ou de certains biens y spécialement dénommés (e).

---

terres & biens de la Maison de Hohenzollern, au défaut d'hoires légitimes d'icelle, mais non pas réciproquement Un autre pacte unilatéral fut conclu entre *Frédéric II*, *Electeur de Brandebourg*, & les *Ducs de Mecklenbourg* en 1442, confirmé la même année par *Fréderic III*. à la Diete de *Francfort*, par lequel la Maison de Brandebourg doit succéder dans les terres de *Mecklenbourg*, sans réciprocité. V. *Fabri*. Staats = Canzley, *Tom*, 14. *cap*. 1.

(e) Les *Dues de Saxe* ont conclu en 1554 un pacte successoire particulier avec les *Princes de Hennenberg*, en vertu duquel la *Maison de Hennenberg* venant à manquer d'hoires mâles, les Ducs de Saxe devoient lui succéder dans toutes ses terres, ce qui arrriva effectivent en 1583; tandis que les Princes de Hennenberg, s'ils eussent survécu à l'extinction de la Maison de Saxe, ne devoient lui succéder que dans le *Comté de Cobourg* dans la Franconie.

CHAPITRE VI.

Des affaires, où les États d'Empire usent du droit des particuliers.

I.

Jusqu'à présent nous avons considéré les États de l'Empire ou comme membres du Corps Germanique, ayant droit de le gouverner conjointement avec l'Empereur, ou comme Seigneurs territoriaux, jouissans d'une certaine espece de souveraineté avec tous les droits régaliens qui s'y trouvent attachés. Maintenant nous allons pour ainsi dire les mettre au niveau de leurs sujets, en examinant & épluchant les actes & négoces, ainsi que les causes, où ils sont obligés d'observer les mêmes loix (a) qu'eux, à moins que des raisons d'État, leur grand pouvoir, ou

---

(a) *Helferichius* écrivit à ce sujet . . . *Specimina Jurisprudentiæ, Principum Ordinumque, privatæ. Tubingæ* 1730.

leur élévation & dignité ne les en dispensent.

II.

Dot & douaire des Dames illustres.

La premiere chose où les États d'Empire suivent le droit commun, concerne la *Dot* & le *Douaire*. Les États sont obligés de doter leurs filles comme les particuliers; & la dot des dames illustres suit les mêmes droits que celle des femmes communes (*a*). Le douaire ainsi que la dot des dames illustres se fixent & se réglent d'ordinaire par le contrat de mariage (*b*). Il y a cependant bien des Maisons, qui en ont disposé par des pactes de familles (*c*), ou par testament (*d*); dans d'autres

(*a*) V. *Titulus Pandectarum de Jure dotium.*

(*b*) V. *Titulus ff. de Pactis dotalibus.*

(*c*) Ainsi la dot des Archi-Duchesses d'Autriche est de cent mille florins du Rhin. V. la *Rénonciation de Frédéric Auguste, Prince Electoral de Saxe*, marié avec la fille de *Joseph I*, faite le 18. Octobre 1719, que l'on trouve dans le *Corps des Récès d'Empire*, *Tom. III. pag.* 388.

(*d*) Ainsi *Jean George I.* assigna par

elle fut réglée par des loix provinciales. Au défaut de ces regles ou d'un usage particulier, les États sont obligés de suivre le droit commun, & de doter leurs filles eu égard aux qualités de leur époux & conformément à leurs facultés (*e*). Ce n'est pas seulement le

---

Testament, à chacune de ses Princesses douze mille écus en dot. Dans la ligne Ernestine on avoit coutume de donner en dot, à chaque Princesse, la somme de quinze mille florins de Misnie.

Dans la *Maison de Würtemberg* la dot d'une Princesse est de vingt mille florins, en vertu d'une *Loi provinciale* faite en 1607, confirmé depuis par une transaction fraternelle, faite en 1617 & en 1628.

Obs. Dans la Maison de *Brandebourg* la dot se paye sur les revenus de la chambre ou du fisc. Dans les Provinces de *Saxe*, de *Brunswic*, de *Mecklenbourg* & d'autres, on leve des subsides (Fräulein-Steuer) pour doter les Princesses. *Ziegler*, *de Jure exigendi collectas ad elocationem filiarum illustrium.*

(*e*) Quelquefois l'on a aussi égard au nombre des enfans ; v. *L.* 69. §. 4. *ff. de Jure dot.* & *L.* 43. *de Legat. III.* à moins que les Princesses ne s'en soient rendues indignes par leur conduite. *Stryck*, *Us. mod. ff. de Jure dot.* §. 3. & *seq.*

pere, qui est obligé de doter ses filles, mais encore le Prince regnant est tenu de doter les filles des Princes apanagés (*f*).

III.

La seconde est le pouvoir paternel, que les États de l'Empire acquierent, ainsi que tout autre particulier, par le légitime mariage (*a*), par la légitimation (*b*), &

Le pouvoir paternel.

(*f*) V. l'*Arrêt du Conseil Aulique* dans la cause des Ducs de *Holstein*, porté le 5 Septembre 1605, que l'on trouve dans *Vultejus*, *Vol. III. Consil. int.* V. aussi *Struv. Corp. J. publ. cap. XXXI.* §. 52.

(*a*) J'appelle mariage légitime, celui qui est contracté conformément aux loix ecclésiastiques & civiles ; quoique d'ailleurs il soit accompagné de certaines circonstances, qui le distinguent des mariages ordinaires, p. e. celui qui se contracte par Procureur, qui reçoit la bénédiction nuptiale au nom & place de son Commettant, & qui ensuite monte armé & en bottes sur le lit nuptial, pour consommer le mariage par cette cérémonie, & le rendre par là indissoluble. Il n'y a que les Princes souverains, qui aient coutume de se marier de cette sorte.

Obs. Nous mettons aussi le mariage à la main gauche, la mésalliance ou mariage inégal parmi les mariages légitimes;

& ils produisent le même effet quant au pouvoir paternel ; parce que de telles conjonctions sont faites conformément aux loix ecclésiastiques & civiles ; quoique pour des raisons d'État elles ne produisent point les mêmes effets civiles que les autres.

(*b*) Pourvû qu'elle se fasse par subséquent mariage avec la personne qui a conçue les enfans à légitimer, ou qu'elle se fasse par Lettres Patentes de l'Empereur du vivant du pere avec l'agrément des intéressés à l'effet de succéder aux fiefs.

Cas à resoudre.

Obs. Puisque les légitimés par subséquent mariage succédent d'ordinaire, même aux fiefs & fidéicommis, l'on propose ce cas. Un Seigneur a deux fils, savoir, un légitime, & un autre légitimé par le mariage subséquent ; le légitime vint au monde avant que l'autre fut légitimé : dans ce cas l'on demande, si le légitime étant né avant l'autre, jouit du droit de primogéniture ? A céla je réponds, sans vouloir discuter les différens sentimens des Publicistes, que l'on doit prononcer en faveur du légitime, parce qu'étant né légitime, avant que l'autre le devint, il a au moment de sa naissance acquis une préférence, qu'aucun événement postérieur n'a pu lui ôter, d'autant plus que le droit de primogéniture paroît avoir été spécialement accordé à une naissance légitime. Le lustre des Maisons, où il est établi, nous en convainque assez.

par l'adoption (*c*) ; & le perdent par l'émancipation expresse ou tacite (*d*), & par la proscription. Ce pouvoir paternel consiste à se faire respecter & révérer par ses en-

(*c*) L'adoption peut avoir lieu dans l'Empire, c. à d. dans les familles des Empereurs, Electeurs, Princes & autres États d'Empire. *Mascov*, *Principia Juris publ. lib. VI. cap.* 6. §. 4. en apporte differens exemples. Mais il faut savoir, que l'adoption faite par les États d'Allemagne ne donne point les droits de famille, & que conséquemment l'adopté ne succede point aux fiefs d'Empire, à moins que les Agnats & Coïnvestits, conjointement avec le Seigneur direct, n'y aient donné leur consentement. *Mascov*, *de Jure Feud. cap.* X. §. 8. Le fils adoptif pourroit cependant succéder dans les fiefs purement héréditaires. V. *Itter*, *de Feudis Imperii*, *cap. XIV*. §. 8.

(*d*) L'émancipation (ou délivrance du pouvoir paternel) expresse se fait ou par des lettres d'émancipation, ou par un acte passé pardevant Notaire ou pardevant le Juge, & protocolé. Les États ont coutume d'émanciper leurs enfans ou pardevant les Tribunaux de l'Empire, p. e. à la Chambre de *Wetzlar*, comme l'ont été les fils de *Louis*, *Comte de Lœwenstein*, en 1587. *Stryck*, *Us. m. ff. lib.* 26. *tit.* 1. §. 3. ou pardevant leurs Con-

fans. Il donne le droit d'employer tous les moyens requis pour avancer l'éducation conformément au rang & dignités de la Maison & aux facultés des parens. En vertu du même pouvoir les parens ont le droit de jouir de tous les biens avenus à leurs enfans, à quel titre que ce fût, à l'exception de ceux qu'ils ont acquis dans la robe, ou service de Cour, ou dans la milice, ou qu'on leur a donné sous cette condition expresse, *que les parens n'en auront pas même l'usufruit* (e). Cette jouissance dure jusqu'à l'émancipation, laquelle fait cesser le pouvoir paternel (*f*).

---

seils de Régence. L'émancipation tacite se fait par le consentement au mariage, ou à une économie séparée, ou par la prise de l'État ecclésiastique &c.

(*e*) V. les *Loix I. & II. ff. de Castr. pecul. L. 14. Cod. de Advocatis diverf. Judic. L. 6. pr. ff. de Re Jud. L. fin. C. de Inoff. Testam. L. 6. & 7. C. de Bonis quæ liberis &c. Pr. Instit. quibus non est permissum testam. facere*; & *Nov.* 117. *cap.* 1. & *Nov.* 118. *cap.* 2.

(*f*) *U. L. ultima, C. de Emancipat.*

IV.

La troisieme chose dans laquelle les États de l'Empire suivent le droit commun, est l'âge de majorité. Par l'âge de majorité nous entendons un certain âge, ou une certaine période d'années fixée & déterminée par les loix; laquelle se trouvant accomplie en nous, fait, qu'on nous regarde comme capables de régir & d'administrer nos affaires & nos biens, à l'effet de quoi on les met entre nos mains. Il importoit beaucoup pour le salut du public de ne pas trop avancer ni trop reculer cet âge. Enfin tout bien pesé, les Romains le fixerent à vingt cinq ans (*a*) : l'Europe les suit généralement aujourd'hui en ce point de politique, à l'exception de quelques contrées (*b*). Les États d'Empire

Age de majorité.

(*a*) *L.* 1. §. *ult. ff. de Minorib.*

(*b*) Comme p. e. en *Saxe les hommes sont majeurs à vingt-un ans. Ludwig*, dans sa *Dissertation de ætate legitima puberum & majorum*, expose avec beaucoup d'érudition les mœurs des différentes nations à cet égard.

ſont obligés de ſe conformer à cet égard au droit Romain, à l'exception de ceux, qui par des privileges particuliers ou par le droit de leurs provinces ſont majeurs à un âge moins avancé (c), ou qui

Obſ. Les Ducs de Saxe, conformément à la *Bulle d'or* à eux accordée en 1376 par *Charles IV*, pour régler la ſucceſſion dans l'Electorat, devroient également ſuivre le droit Romain au ſujet de l'âge de majorité, puiſqu'il eſt dit dans cette Bulle . . "In Principatibus autem, Ducatibus & Dominiis aliis temporalibus gubernandis, ætatem obſervandam decernimus, prout a Divis Romanis Imperatoribus & Regibus Noſtris prædeceſſoribus eſt ſancitum." Mais cet endroit de ladite Bulle n'étoit jamais de leur goût; auſſi l'ont-ils conſtamment négligé, en ſe conformant au droit provincial de Saxe. V. *Electa Juris publ. Tom. VIII. p.* 1024.

(c) Ainſi les Electeurs ſont majeurs à l'âge de dix-huit ans, conformément à la *Bulle d'or*, *chap. VII.* §. 4. de même les *Landgraves de Heſſe-Darmſtadt*, en vertu d'un privilege obtenu de *Frédéric II*; tandis que les *Landgraves de Heſſe-Caſſel* ne le ſont qu'à vingt-cinq ans. Les *Ducs de Würtemberg* ſont majeurs à 18 ans. *Kemmerich*, *de Majore Principum ætate*, & *Ludwig*, *de Aetate pubere*, *cap. IV.* §. 7. *p.* 72. rapportent d'autres exemples.

par une grace ſpéciale de l'Empereur ont obtenu des Lettres de diſpenſe d'âge (*d*).

V.

Tutele des Princes & Comtes d'Empire.

La quatrieme choſe où les États de l'Empire ſe ſervent du même droit que les particuliers, eſt la Tutele. Obſervez, que je ne parle

(*d*) Il eſt hors de doute aujourd'hui, que les Princes & États d'Empire mineurs n'oſent point s'arroger le gouvernement & l'adminiſtration de leurs territoires, ſans avoir obtenu préalablement diſpenſe d'âge de la part de l'Empereur; vu que n'étant point capables de juger de leur capacité de gouverner leurs États, & de porter un ſuffrage ſain dans les aſſemblées Diétales & Circulaires, ce jugement doit être abandonné à leur Seigneur direct, au Chef & au Juge ſouverain de l'Empire. Ainſi nous voyons qu'*Eberhard Louis*, *Duc de Würtemberg*, âgé de 16 ans, voulant ſe charger du gouvernement, demanda & obtint en 1694 diſpenſe d'âge de l'Empereur *Léopold*; & le Duc d'aujourd'hui, *Charles Eugene*, l'obtint de même de *Charles VII.* en 1744. De même *Chriſtierne IV*, *Roi de Dannemarc*, n'ayant pas encore accompli l'âge de 17 ans, obtint diſpenſe d'âge en 1593 de *Rodolphe II.* par rapport à la Principauté de Holſtein.

point ici de la tutele des Electeurs, de laquelle j'ai traité ailleurs ; mais de la tutele des Princes & Comtes d'Empire, qui se divise en quatre especes selon l'ordre suivant. Savoir la tutele pactice ou de famille, la tutele testamentaire, la tutele légitime, & la tutele dative. La tutele pactice, qui est préférée à toutes les autres (a), est celle que l'on

(a) La tutele pactice est à juste titre préférée à toute autre : vu que personne n'étant plus intéressé à la conservation des biens & à une convenable éducation des enfans, que la famille même, elle doit aussi avoir plus de droit d'y pourvoir que tout autre. Et y ayant une fois pourvu par des pactes, ces pactes deviennent une loi pour chaque membre de la famille ; ensorte qu'il n'est point permis à aucun membre pris solitairement, d'y contrevenir, encore bien moins de les abolir ou anéantir. Delà vient qu'à la mort de *Charles Alexandre*, *Duc de Würtemberg*, en 1737 (où la tutele pactice est introduite), on n'eut point d'égard à son Testament, par lequel il ordonna, que la régence & l'administration du Duché appartiendroit à la Duchesse douairiere, son épouse, née Princesse de Tour & Taxis,

l'on défére, conformément aux pactes de famille, au plus proche agnat, ou à l'ainé de la famille, ou à l'ainé de la ligne qui touche de plus près celle des pupilles, ou à d'autres spécifiés dans les pactes. Au défaut de la tutele pacti-

& à l'Evêque de Würzbourg. Mais on déféra l'administration du Duché au plus proche agnat, *Charles Rodolphe*, *Duc de Würtemberg-Neustadt*; & celui-ci étant mort la même année, elle tomba entre les mains de *Charles Fréderic*, *Duc de Würtemberg-Oels*, qui administra les biens jusqu'à ce que le premier né, *Charles Eugene* aujourd'hui regnant, obtint dispense d'âge de *Charles VII.* en 1744. Cependant pour condescendre à la volonté du défunt autant que possible, & pour ne point trop irriter *Madame la Douairiere*, on lui confia, conjointement avec l'Evêque de Würzbourg, l'éducation de ses enfans mineurs.

Nous voyons des exemples de tutele pactice dans la Maison de *Brandebourg*, conformément à la disposition d'*Albert Achilles* Electeur, faite en 1473. v. *Fabri* Staats-Canzley, *Tom.* 44. *cap.* 22. *p.* 746. & dans d'autres Maisons. V. *Leyser ad ff. specim.* 328.

Obs. Les pactes de famille ne peuvent être dissous qu'avec le consentement de la majeure partie des intéressés.

ce vient la tutele teſtamentaire, c. à d. la tutele déférée par le teſtateur défunt à la perſonne de ſon choix. Cette tutele, qui eſt fort ancienne (*b*), eſt aujourd'hui beaucoup en uſage (*c*). Il me paroît même que n'ayant égard qu'au principal motif de la tutele, ſavoir au bien-être & aux avantages des pupilles, qu'un pere eſt toujours cenſé vouloir procurer à ſes enfans du mieux poſſible, & qu'il

(*b*) Le droit provincial de la Suabe en fait mention au *chap.* 317. §. 2. "Es mag „ ein Vater bey ſeinem lebendigen Leib, ob „ er will ſeinen Kindern mit Recht einen „ Pfleger geben, wer der iſt, den er denn „ wohl gebrauchet, demſelben befiehlet er „ ſeine Kinder und ihr Gut. Wenn der denn „ ſtirbet, ſo ſoll ſich der Pfleger des Kindes „ und ihres Guts unterwinden, und mag „ ihn mit Recht niemandes gewehren." *Sigebert. de Gemblours* en apporte un exemple du onzieme ſiecle. Cependant la majeure partie des Publiciſtes prétendent, que la tutele teſtamentaire n'a commencé en Allemagne qu'après l'introduction du droit Romain. *Struv. Corp. Hiſtor. Germanicæ*, *period. VII. ſ. IV.* §. 11. paroît les contredire.

(*c*) V. *Mylerus ab Ehrenbach, de Principibus Imperii*, *P. II. cap.* 29.

connoît d'ordinaire mieux que tout autre, la tutele testamentaire devroit être préférée à la pactice (*d*). S'il n'y a point de tuteur pactice ni testamentaire, on a recours à la tutele légitime, qui conformément à l'ancien droit germanique, observé aujourd'hui parmi les Maisons illustres, est déférée au plus proche agnat (*e*). S'il

(*d*) Aussi je pense, que si celui qui devroit être tuteur, conformément aux pactes de familles, étoit suspect du côté de sa capacité ou de sa conduite, on ne feroit point de difficulté de lui préférer le tuteur testamentaire, qui tout bien considéré, seroit beaucoup au-dessus de l'autre.

(*e*) Le *Droit Saxon* la prescrit au *liv. I. art.* 23. . . " Wo die Söhne binnen ihren „ Jahren seyend, ihr ältester ebenbürtiger „ Schwerdtmag nimmt das Heergeweet „ allein, alles zu sich, und ist der Kinder „ Vormund darum, biß sie zu ihren Jahren kommen, so soll ers ihnen wieder geben, darzu alles ihr Gut." Le *Droit Allemannique* ordonne la même chose, *chap. XXVII.* §. 3.

Obs. Il faut cependant avouer, que s'il y a une loi ou un droit particulier, comme la *Bulle d'or* à l'égard des Electeurs, & le droit Saxon à l'égard de la Saxe, l'on

y en a plusieurs au même degré, les enfans mineurs sont éduqués chez l'un ou l'autre au choix de tous, & le territoire est gouverné ou par tous ensemble, ou par le sénior (*f*), conformément aux loix provinciales. Si les pupilles n'ont point d'agnats, ni tuteurs pactices ou testamentaires, la tutele dative c. à d. celle qui se donne par le juge, doit avoir lieu. Nous voyons cette tutele déja ordonnée par le Capitulaire de Pepin (*g*). Ce devroit être la plus solide & la plus utile aux pupilles, vu que le juge ne doit la donner qu'à celui, dont la dignité, les mœurs & la capacité sont publiquement connues. Il n'y a que le Conseil aulique (*h*) & la Chambre de *Wetz*-

---

préfere souvent le tuteur légitime au tuteur testamentaire.

(*f*) Selon l'ancien droit Saxon c'est l'ainé ou le *senior*, qui dans ce cas gére la tutele exclusivement aux autres. V. *Schilter ad ff. exercit.* 37. *thes.* 63. & *seq.*

(*g*) V. *Goldast*, *Constitut. Tom. III. p.* 160. & *Baluze*, *Tom. I. p.* 514.

(*h*) V. *Ordinatio Jud. Aulici Ferdi*-

lar (*i*) qui puissent commettre ou confirmer des tuteurs commis aux enfans mineurs des Princes & États d'Empire (*k*).

VI.

A ces quatre especes de tutele je pourrois encore ajouter celle des meres : puisque de même que le droit commun ne les exclut point de la tutele, de même les États de l'Empire ne les en éloignent point, à moins que par des pactes de famille, ou par des loix particulieres d'une certaine province, ou par des constitutions Impériales elles n'en soient privées. Il y a un grand nombre d'exem-

---

nandi III. tit. II. pr. & Uffenbach, *cap. II.* §. 10. *p.* 116.

(*i*) V. *Gail*, *lib. I. observ.* 1. *n.* 47 & *Rosenthal*, *de Feudis*, *cap. XII. conclus.* 10. *n.* 47.

(*k*) La Maison de Saxe prétend jouir dans ce point d'une prérogative particuliere, & ne pas être tenue de faire confirmer les tuteurs nommés à ses mineurs ; cependant la branche de *Saxe-Gotha* fait confirmer les siens par le Conseil Impérial Aulique. V. *Struv. Syntagma Jur. publ. cap.* 27. *in not. ad* §. 27.

ples de tuteles gérées par des meres illustres très glorieusement pour elles, & fort avantageusement pour leurs enfans (*a*). Il faut

(*a*) V. *Struv. Corp. Jur. publ. cap. XXXI.* §. 36. *& seq.*

Ainsi *Mathilde*, *fille de Rodolphe de Habsbourg*, épouse de *Louis le Sévére*, *Duc de Baviere*, devenant tutrice de son fils puîné *Louis de Baviere*, elle le fit éduquer avec le plus grand soin à Vienne en Autriche. Cette éducation lui valut ensuite la couronne impériale. V. *Aventinus*, *lib. VII. cap. XV.* §. 9. De même la fameuse *Amélie*, fille de *Philippe Louis*, *Comte de Hanau*, épouse de *Guillaume*, *Landgrave de Hesse-Cassel*, nommée par lui dans son Testament tutrice de son fils unique, *Guillaume V*, entreprit cette tutele en 1637, & la géra avec toute la prudence possible, & défendit les terres de son pupille pendant les tumultueuses dévastations de la guerre de trente ans avec une vigueur mâle & héroïque. *Imhoff*, *Not. Procerum lib. IV. cap. VII.* §. *XII. Puffendorf*, *Rerum Suec. lib. XX.* §. 31. *p.* 287.

Obs. C'est du chef de cette sage Princesse que les Landgraves de Hesse-Cassel ont eu des prétentions sur le Comté de Hanau, & qu'en 1736 ils ont occupé les allodiaux & les fiefs féminins, qui en dépendoient.

cependant remarquer, qu'ordinairement on ne leur défére point la tutele, à moins qu'elles ne l'aient expressément demandé: vu que la tutele est une charge virile & bourgeoise, à laquelle les femmes ne participent point réguliérement (*b*); en outre pour que les meres soient admises à la tutele de leurs enfans Princes & Comtes d'Empire, il est requis, qu'elles renoncent préalablement par mandataire au Senatus-consulte Velleïen (*c*), & aux secondes nôces (*d*), & que par le même man-

(*b*) On en a excepté les meres & les ayeules, tant pour adoucir les douleurs, que leurs causent la perte de leurs maris ou gendres, que parce qu'eu égard à leur tendresse envers leurs enfans ou petits-enfans, on a toujours cru qu'on ne pouvoit les mettre entre des mains plus assurées.

(*c*) Le *Senatus-Consulte Velleïen* est une loi qui met les femmes à l'abri de toute poursuite des créanciers d'un débiteur, pour lequel elles se seroient rendues caution. V. *librum XVI. tit.* 1. *Dig.*

(*d*) V. *Nov.* 118. *cap.* 5. Il ne faut cependant point, que cette renonciation se fasse avec serment; mais si elles se re-

dataire elles prêtent serment au juge, de vouloir bien & fidelement administrer la tutele. Toutes ces précautions ne garantissant pas assez les pupilles, l'on a coutume de leur donner un Conseil ou Régence composée de personnes relevées, affidées, éclairées & assermentées à ne rien faire ni permettre qui soit contre les intérêts des pupilles ou de leurs sujets, & dans ce cas les meres tutrices ne peuvent rien faire d'important sans l'avis & le consentement de ladite Régence, de peur que par tendresse, par affection ou par manque de connoissance elles ne soient surprises & séduites au préjudice de leurs enfans (*e*).

marient, il est loisible aux États provinciaux ou à la Régence, de commettre un autre tuteur en leur place, qui doit être également assermenté & ensuite confirmé par le Conseil Aulique ou par la Chambre Impériale.

(*e*) Quelquefois on leur joint un tuteur honoraire, qui est une espece d'inspecteur de la conduite de la mere tutrice. Ce tuteur est ordinairement un des plus proches agnats des pupilles. V. *Struv. l. cit.* §. 75.

VII.

Droit & autorité des tuteurs.

L'administration de la tutele comprenant la régie de toutes les terres & biens des pupilles avec tous les droits & honneurs y attachés, il s'ensuit que les sujets sont obligés de prêter leur serment de fidélité, & les vassaux de rendre foi & hommages au tuteur, dont la Régence s'appelle **Vormundschafts-Regierung**. Le tuteur doit gouverner les sujets & les biens des mineurs selon les loix & usages du territoire; il ne peut rien aliéner sans le consentement des États provinciaux s'il y en a, & sans l'approbation & la confirmation du Conseil aulique ou de la Chambre de *Wetzlar*. La tutele étant finie, les enfans majeurs ratifient par un acte authéntique, ce que le tuteur avoit géré en leur nom & lui donnent sa décharge, sans l'obliger préalablement à rendre compte de l'emploi des fruits & revenus perçus (*a*), à moins

(*a*) Autrefois en Allemagne la garde ou la tutele avoit la jouissance des fruits &

que ſa geſtion ne ſoit ſuſpecte ou qu'il conſte d'une injuſte lézion à eux faite. Il arrive quelquefois, que la *Chambre du Prince* ſaiſit les deniers, en faiſant les frais du gouvernement. Dans ce cas elle aſſigne une certaine ſomme au tuteur ou adminiſtrateur pour l'entretien de la Cour.

VIII.

Une autre affaire, où il paroît que les États de l'Empire ſont aſſujettis aux mêmes loix que les particuliers, eſt celle des teſtamens. Il eſt vrai que ce point de doctrine eſt très-controverſé parmi les ſavans diviſés en deux claſſes. La premiere prétend, que les États peuvent teſter valablement ſans être tenus d'obſerver les formalités requiſes par le droit civil, pourvu que leur teſtament ſoit dreſſé ſur le pied des teſtamens

---

revenus des pupilles annexée; mais cela ſe voit fort rarement aujourd'hui. V. *Ludwig*, *Diſſert. Halæ anno* 1712. ſub titulo: *Differentia Juris Rom. & Germ. in fructuum attributione*, *inprimis tutela fructuaria.*

militaires. Les partiſans appuyent leur opinion principalement ſur trois raiſons : 1°. parcequ'il paroît être contre la dignité des États (dont pluſieurs ſont élevés à une eſpece de ſouveraineté) d'être aſſujettis aux formalités minutieuſes du droit Romain ; 2°. parcequ'il n'eſt pas ſoutenable que les États aient reçu le droit Romain à leur préjudice, & que ſur ce pied là ils n'auroient pas autant de liberté que leurs ſujets, dont les teſtamens dreſſés ſans les formalités requiſes ſont valables, étant dépoſés chez le Seigneur territorial ; 3°. qu'il ne tombe pas ſous le bon ſens, que les États ſoient tenus d'un droit, dont ils peuvent diſpenſer leurs ſujets. Ceux de la ſeconde claſſe, qui ſoutiennent, qu'en fait de dernieres volontés les États de l'Empire ſont tenus d'obſerver le droit Romain, répondent à la premiere raiſon : que les États de l'Empire ont reçu le droit Romain comme droit commun de l'Empire, & ont promis de l'obſerver entr'eux dans leurs affaires réciproques, & ont conſéquemment autoriſé & obligé les tribunaux ſouverains de s'y conformer dans leurs jugemens; & qu'il n'eſt pas plus contre la dignité des États de l'Empire d'obſerver ce droit, qu'il a été contre leur dignité de de l'accepter; qu'en outre les formalités teſtamentaires introduites par le droit Romain ne contiennent rien de contraire à la dignité d'un Prince, de quelque rang & puiſſance qu'il puiſſe être; mais qu'au contraire elles ſervent toutes pour empêcher les fraudes & ſupercheries qui pourroient ſe gliſſer dans un acte de pareille importance. Ils répondent à la ſeconde: que dans ce cas on ne doit point conſidérer les États par rapport à la relation qu'ils ont avec leurs ſujets, mais bien à l'égard de leurs égaux, ſavoir des autres États (*a*); & qu'en outre il eſt très-

(*a*) *Stryck*, *de Cautelis Teſtam. cap.* 5. *membro* 2. *Eyben*, *Diſſertat de Teſtament. Principum vel Comitum S. R. Imp. apud Fritſch*, *Vol.* 2. *Exercit. J. publ.* & *Mylerus ab Ehrenbach*, *de Principi-*

faux, que cette obligation puisse leur préjudicier, vu qu'elle ne vise qu'à mieux garantir leurs dernieres volontés de tout ce qui pourroit y être contraire. Ils répondent à la troisieme : que les États n'ont jamais reçu le droit Romain, comme droit spécial & particulier de leurs provinces réciproques, & qu'ainsi il n'est point étonnant, qu'ils en puissent dispenser leurs sujets, & qu'il n'a lieu dans leurs territoires, qu'autant qu'on n'y a point dérogé par des loix propres; mais qu'au contraire ce même droit ayant été reçu par les États de l'Empire comme droit commun dans leurs affaires

---

bus & Statibus Imperii, *cap.* 26. sont les appuis de la seconde classe. *Schilterus*, *Instit. Jur. publ. lib.* 2. *tit.* 9. §. 1. *Struv* & plusieurs autres soutiennent la premiere

Obs. Quoi qu'il en soit, il y a toujours de la prudence de suivre la voie la plus sûre & d'observer exactement les formalités prescrites par les loix, comme plusieurs grands Princes de l'Empire l'ont fait avec les précautions, d'y ajouter l'approbation de l'Empereur.

respectives, aucun d'eux n'est en droit de s'en dispenser, ni encore bien moins de l'abolir, à moins qu'il ne le fasse conjointement avec l'Empereur & les autres États. Je suis volontiers les sentimens des publicistes de la seconde classe, qui paroît fomenter l'opinion la plus commune & en même tems la plus probable. Cependant je suis d'avis, que si de certaines Maisons sont dans un usage contraire, n'observant dans leurs testamens d'autres formalités, que celles, qui sont requises pour tout autre acte public, ou celles, qu'elles ont adopté, cet usage doit leur servir de loi & déroge au droit commun (*a*).

IX.

Enfin il est indubitable, que les États de l'Empire sont tenus de se conformer à la teneur des actes, contrats ou transactions passées avec des particuliers, & que les différens résultans des clauses &

(*a*) V. *L.* 32. §. 1. *ff. de Legibus* & §. 2. Inst. *de jure nat. gent.* & *civili.*

conditions y insérées se jugent & se décident selon le droit Romain, le droit Canonique & les Recès d'Empire, à moins que dans de certaines affaires ils ne puissent produire un privilege spécial à leur égard. Delà nous les voyons fort souvent renoncer aux bénéfices du *Senatus-Consulte Velleïen* & d'autres introduits par le droit civil & ecclésiastique (*a*).

(*a*) *Hertius* en fournit plusieurs exemples dans sa *dissertation . . . de Consultationibus, Legibus & Judiciis*, §. 14. V. *Institutiones Juris privati Principum*. *Stryck*, *Discursus præliminar. Us. mod. ff.* §. 4. & *Bœhmer*, *Jus ecclesiasticum*, *lib.* 1. *tit.* 2, §. 20. & *seq.*

LIVRE VII.

CHAPITRE I.

De la Nobleſſe de l'Empire en général.

I.

La *Nobleſſe* eſt une qualité, dont le titre donne un certain relief à ceux, qui ſavoient faire des ſacrifices avantageux à l'état & au public. Ces ſacrifices ſont des privations & des conceſſions de ſes biens ou des emplois de ſes talens, de ſon ſavoir & de ſes forces, au profit & ſoulagement de ſon Prince & de la patrie. Ainſi ces ſacrifices (la vraie baſe & le fondement de toute Nobleſſe) ſont réels ou perſonnels. Il eſt vrai, que cette baſe eſt ſouvent ſuppoſée & fictice, & que bien des fois l'on a ſurpris la religion du Prince par de fauſſes expoſitions. C'eſt la Nobleſſe élevée ſur un pareil fon-

fondement, que Charon (*a*) appelle fort à propos, une Nobleſſe en parchemin. Cependant cette Nobleſſe eſt très-eſtimable, au moins dans ſa ſuite, ſi ſes rejettons ont été vertueux & utiles au public.

II.

La Nobleſſe en général ſe diviſe en deux eſpeces, ſavoir, la Nobleſſe morale, fondée ſur la conduite & les belles qualités de l'ame; celle-ci mérite la plus haute conſidération; & la Nobleſſe civile, nouvellement accordée par le Prince, ou tirée de la naiſſance. La premiere ne donne aucun droit ni prérogatives dans l'État: tous les honneurs & diſtinctions, qui en réſultent, ſont arbitraires; elle donne cependant un grand relief à la ſeconde, qui eſt établie par le ſouverain, & à laquelle ſont attachées pluſieurs prérogatives fondées ſur les loix & l'uſage. C'eſt de celle-ci, que nous

Origine de la Nobleſſe Allemande.

(*a*) Dans ſon *Traité de la ſageſſe*, *liv. I. chap. 36.*

parlerons particuliérement dans ce chapitre.

III.

Origine de la Noblesse Allemande.

Adamus Bremensis dit (*a*): que les anciens habitans de la *Germanie* étoient divisés *en Nobles*, *en Ingénus*, c. à d. nés libres, *en affranchis*, c. à d. retirés de l'esclavage, & *en esclaves*. Mais qui étoient ces Nobles ? & qu'elle étoit cette Noblesse ? Personne ose nous le garantir. Cependant comme la Noblesse est une prééminence sur les autres accordée à quelqu'un par le Prince ou par le peuple; l'on peut raisonnablement conjecturer, que ceux, que le Prince ou la République avoit choisi, eu égard à leur prudence, leur valeur, leur bravoure, & leur fidelité pour diriger & conduire les autres, étoient regardés comme *Nobles* c. à d. *distingués*, & *Supérieurs aux autres*. Et puisque la guerre étoit la passion dominante des anciens Allemands, & que leur estime ainsi que leur goût

(*a*) *Lib.* 1. *cap.* 5.

ſe jettoient particuliérement de ce coté-là; il eſt naturel de croire, que ceux qui s'y diſtinguoient le plus par des explois héroïques, étoient remarqués, relevés & mis à la tête des autres. Cette conjecture fondée ſur les mœurs des premiers Allemands, me perſuade, qu'il faut chercher le *berceau de l'ancienne Nobleſſe Allemande dans le militaire.* Mais cette Nobleſſe ne conſiſtoit, que dans une certaine élévation & dans un certain reſpect, qu'on lui portoit. Elle étoit perſonnelle & n'étoit point patentée, comme celle d'aujourd'hui; ſa durée dépendoit de la conduite & de la bonne volonté du Prince & de la République. Quoi qu'il en ſoit de cette conjecture, la vraie Nobleſſe, dont nous voyons aujourd'hui les illuſtres Maiſons, me paroît avoir deux ſources, ſavoir la Cour & la Milice. Ceux qui s'y diſtinguoient anciennement par leurs ſervices ou offices, en recevoient des récompenſes ou bienfaits du Prince, qui étoient des témoignages publics de ſon estime & de son attachement. Cela leur donnoit un certain relief & une certaine prééminence sur les autres, & les faisoit regarder comme des gens distingués ou nobles : & comme les charges de Cour ou de la Milice, sur-tout dans des grades élevés exigeoient de certaines dépenses ; ces bienfaits consistoient ordinairement dans de certains revenus annuels ou pensions, & même dans la suite dans un certain district de terres, dont on leur donnoit la jouissance, à charge de continuer leurs services, ou de les rendre autant de fois qu'ils en seroient requis. Telle est l'origine des fiefs appellés dans les commencemens *Bienfaits*. Enfin à proportion que la Cour & la Milice devenoient plus brillantes, plus nombreuses & plus importantes, ceux, qui s'y distinguoient le plus, recevoient des titres, des dignités & des honneurs, que l'on attachoit à leurs terres ou fiefs. Delà la *haute Noblesse*, les Ducs, les Landgraves, les Marggraves, les Comtes, dont

Origine des fiefs.

la plupart, outre qu'ils devoient des ſervices militaires, étoient encore chargés de l'adminiſtration de la Juſtice en tems de paix; comme nous l'avons fait voir ailleurs. De cette maniere la Nobleſſe s'avançoit en nombre & en grade (*b*). Ces titres ainſi que les terres, auxquelles ils étoient atta-

---

Claſſes de l'ancienne Nobleſſe d'Allemagne.

(*b*) Enſorte que déja au commencement du onzieme ſiecle l'on a vu l'Allemagne diviſée en ſix claſſes d'hommes, appellés *les ſix Boucliers de l'Allemagne*, tous des Nobles, les uns plus élevés que les autres, dans l'ordre ſuivant: I°. l'Empereur ou le Roi des Romains; II°. les Princes eccléſiaſtiques, Archevêques, Evêques; III°. les Princes ſéculiers & Ducs; IV°. les Seigneurs ou Comtes libres; V°. les libres Barons, appellés Mittel-Freyen; VI°. les ſimples Nobles ou Miniſtériaux, comme Maréchal, Chambellan, Echanſon des Princes. A ces ſix Boucliers d'Allemagne le *Rédacteur du Droit féodal de Saxe*, *lib.* 1. *art.* 3. ajoute un ſeptieme, qui comprenoit des gens qu'on nommoit *Semper*-Leute, qui n'étoient point Nobles de naiſſance, mais comme poſſeſſeurs de certains fiefs, ils étoient tenus de rendre des ſervices militaires ou des ſervices de Cour, qui les faiſoient regarder comme Nobles.

chés, n'étoient d'abord qu'à vie de celui, qui en avoit été gratifié. Mais déja vers le commencement du onzieme siecle *Conrad le Salique* les rendit héréditaires (*c*), ainsi les titres & les terres se transmirent à la postérité, & produisirent dans la suite ce qu'on nomme ancienne Noblesse. La milice en elle-même, quoique fort considérée, sur-tout la cavalerie, qui étoit autrefois presque toute composée de Gentilshommes, n'ennoblissoit point.

Noblesse devenue hérédi raire.

IV.

Du tems de *Tacite* on estimoit autant la milice à pied, que celle à cheval (*a*); mais dans la suite le

(*c*) Par sa *Constitution* de *Beneficiis* .. à laquelle le *Droit féodal des Lombards*, reçu en *Allemagne*, fait allusion *I. F.* 1. §. 2. *Mascov*, *de Jure Feud. cap. X.* §. 4. rapporte les paroles de cette constitution, par lesquelles la succession fut introduite dans les fiefs. V. *Wippo*, *in vita Conradi Salici*, *apud Pistorium*, *p.* 430.

(*a*) Le goût des Allemands étoit partagé pour-lors; les uns donnoient la préférence à l'infanterie, d'autres à la cavalerie, à-peu-près comme aujourd'hui. V.

goût des Allemands ſe décida pour la cavalerie, enſorte que même juſqu'au ſeizieme ſiecle la cavalerie faiſoit le gros des armées (*b*). Or dans cette milice les plus diſtingués, qui étoient à la tête des autres, s'appelloient proprement & dans un ſens éminent *Milites*, **Ritter** (*c*) (*Chevaliers* ſelon l'uſage de ce tems-là); les autres ſe nommoient *Tirones*, *Armigeri*, *Sectarii*: *Ecuyers*, *Eſquires*, **Knappen**, **Edelknechte**, **Heerſchildträger** (*d*); ceux-ci étoient à la ſuite

Tacitus, *de Moribus Germanorum*, *cap.* 6. 30. & 32. & *Jul. Cæſar*, *de Bello gallico*, *lib.* 1. *cap.* 48.

(*b*) De façon qu'au lieu de dire le militaire ou la milice, on diſoit ſimplement la *Cavalerie*, regardant ces mots comme ſynonimes. V. *Dufresne* & *Wachter*, *Gloſſar. voce hoſtis.*

(*c*) Les deux mots **Ritter** & **Reiter**, quoique dérivant du même verbe allemand **reiten**, *aller à cheval*, ont diverſes ſignifications. Le premier dénote celui qui a obtenu les honneurs & privileges de l'ordre de la Chevalerie; le ſecond ſignifie un ſimple cavalier, ou celui qui fait ſes ſervices militaires à cheval.

(*d*) Parmi les Chevaliers il y avoit des

es Chevaliers. Ils leur prêtoient main & portoient leurs armes leurs boucliers. L'honneur & grade de la chevalerie se donient par le Prince, ou par quele chevalier d'une grande réputaon (*e*). Il étoit glorieux de l'avr obtenu pour services & ex-

Princes, fils d'Empereurs ou des Rois, & d'autres Princes fort distingués, qui avoient à leur suite des gentilshommes porteurs d'armes ou de boucliers, & qui leur rendoient d'autres services, qui les faisoient appeller Edel-Knechte.

Ancienne maniere de créer des Chevaliers.

(*e*) Anciennement ceux qui devoient être incorporés dans l'Ordre de la Chevalerie, alloient d'abord aux bains pour se laver; en sortant on les habilloit tout à neuf. Ils restoient ensuite dans l'Eglise priant Dieu pendant toute la nuit. Le lendemain ils assistoient à la grand'messe, pendant laquelle l'Officiant bénissoit l'épée; & l'Empereur, ou un des premiers de la Cour, mettoit la ceinture ou le baudrier au Candidat. Cette ceinture se donnoit quelquefois par les Evêques ou Prélats en habits pontificaux à l'Eglise. De même les souverains Pontifes ont conféré aux Empereurs, aux Rois & à d'autres les honneurs militaires. Les Dames mêmes ont quelquefois mise la ceinture à ceux qui entroient dans la Chevalerie.

ploits militaires. Personne ne pouvoit l'obtenir, à moins qu'il ne fût Noble (*f*). Les ornemens &

(*f*) *Claude Fauchet*, *de l'origine des Chevaliers*, *chap*. 1. *pag*. 13. *&* 14. dit . . "La principale qualité requise à celui qui „ poursuit d'être fait Chevalier, est d'être „ Gentilhomme de la part de ses pere & „ mere."

Nous lisons que l'on inséra dans le protocole de l'élection de l'Empereur Maximilien I, que personne ne seroit créé Chevalier, à moins qu'il ne pût prouver quatre degrés de Noblesse chevaliere . . "Er „ sey dann von seinen vier Ahnen Edel- und „ Waffengenoß." On proposa la même chose à *Charles V*. lors de son élection; mais ni l'un ni l'autre y eurent toujours égard. V. Goldast, politische Reichs-Händel, *part*. *I*. *tit*. 13. *pag*. 57. *&* *parte* 10. *tit*. 5.

Obs. I. Un roturier, qui l'obtint par surprise, étoit dégradé avec ignominie, & on lui abattoit les éperons sur le fumier. Delà vient qu'un soldat refusa d'être fait Chevalier par l'Empereur *Barberousse*, disant qu'il n'étoit point Gentilhomme. V. le *Tableau des Armoiries de France*, *par Moreau*, *chap*. *V*. *pag*. 292.

II. La Chevalerie donnoit même un certain degré ou relief à la Noblesse. V. Königliche Satzung zu voraus *de anno* 1495. *tit*. von der Einnahm der Auflegung, où nous lisons . . "Herren, Ritter, Edel-

les marques caractéristiques de cet Ordre étoient un baudrier, une épée & des éperons d'or (*g*). Dans les tems des Croisades, les nobles se croisant devenoient Chevaliers de Jérusalem, nommés dans la suite Chevaliers de l'Ordre Teutonique (*h*). Le goût pour

---

„ mann." Delà nous voyons que dans le §. 41. de la constitution impériale d'*Augsbourg*, faite l'an 1500, & dans le *titre* 48. *du Récès de l'Empire*, fait la même année & au même endroit, on oppose les Chevaliers, Ritter, comme plus élevés, aux nobles Ecuyers, den edlen Knechten. Cela nous donne la clef pour expliquer la formule usitée dans la création solemnelle des Chevaliers . . besser Ritter als Knecht, *il vaut mieux être Chevalier qu'Ecuyer*; ainsi que la formule du serment solemnel (Schwör-Brief) de Strasbourg de 1482. V. *Limnæus*, *Jur. publ. lib. VII. cap. III.* §. 9.

(*g*). On mettoit aussi parmi leurs ornemens toutes les especes d'armes, p. e. le bouclier, le casque ou le heaume, qui étoit un bonnet d'acier.

(*h*) Les Nobles qui se croisoient pour regagner la Palestine, & qui cherchoient l'Ordre de la Chevalerie à Jérusalem, s'appelloient *demi-Chevaliers*. V. Hund, Bayerisches Stammbuch, *p.* 704. *Her-*

la chevalerie comme une marque d'honneur prit enfin toute l'Europe (*i*), & s'eſt perpétué juſqu'à nous (*k*).

V.

Les Chevaliers différoient des

---

tius, *de Feudo Nobili*, *Sect. III.* §. 5. parce que la miſe ſolemnelle de la *ceinture* leur manquoit.

(*i*) L'honneur de la Chevalerie ne piquoit pas ſeulement ceux qui ſe deſtinoient pour le militaire, mais auſſi ceux des Nobles, qui en qualité d'Avocats ſuivoient le barreau; ils ſolliciterent & obtinrent le titre *de Chevaliers de la paix*. V. *Gloſſ. Juris Saxon. ad art.* 60. *lib. I.* En France on eu la même démangeaiſon, & pluſieurs Juris-Conſultes y ont été créés *Chevaliers ès Loix*. V. *Paſquier*, *des Recherches de la France*, *liv.* 2. *chap.* 15. *pag.* 166. & *Wachter*, *in Gloſſ. voce* Ritter. Il n'y a même pas une Cour ſouveraine de juſtice, qui ne ſe glorifie d'avoir dans ſon Corps des *Conſeillers Chevaliers d'honneur d'Egliſe*, & *des Conſeillers Chevaliers d'honneur d'épée.*

(*k*) Il y a peu de nations aujourd'hui en Europe, qui ne brillent de quelques Ordres de Chevalerie, dont les uns ſont accordés aux Grands du premier rang, p. e. l'Ordre de la Toiſon d'or; d'autres ne ſont accordés qu'aux militaires, d'autres aux ſavans & artiſtes &c.

Différence des Chevaliers & des Nobles simples.

simples Nobles 1°. en ce que le Noble naît & le chevalier se fait, c. à d. qu'un chevalier pere ne procrée point un fils chevalier, comme un pere Noble engendre un fils Noble (a); 2°. un roturier pouvoit être ennobli, mais il ne pouvoit point devenir chevalier; 3°. les chevaliers jouissoient de tous les privileges des Nobles, mais les Nobles n'avoient point les mêmes prérogatives que les chevaliers; ainsi les chevaliers osoient porter des chaînes d'or de la valeur de 400. florins, ouvertement & sans cordon, tandis que les simples Nobles n'osoient en porter que de la valeur de 200 florins & enveloppées d'un cordon; les simples Nobles n'osoient non plus porter des éperons d'or, comme les chevaliers. Il y a des auteurs, qui remarquent d'autres distinctions.

VI.

L'ancienne Chevalerie étoit tellement considérée, que d'ordinaire

---

(a) V. *Menoch*, *consil.* 126. *num.* 36. *lib.* 2. & *Choppin*, *de doman. Gallic. lib. III. tit.* 26. *n.* 13.

les fils des Rois de France n'étoient pas admis à leurs tables, avant d'avoir été créés chevaliers; la même chose s'observa chez les Lombards (a). Elle servit à deux fins, dont la premiere & la plus noble étoit la défense de la Patrie; la seconde étoit l'amusement des Souverains, des Grands & des Dames provenant des *Tournois*. Ce mot dérive probablement du verbe tourner, & dénote un jeu, où l'on fit différens tours à cheval, ou plutôt une espece de combat & d'exercice militaire que des Nobles, & même des Princes, donnoient autrefois en spectacle, pour faire éclater leur bravoure & récréer leurs Souverains. Les rivaux y paroissoient montant des chevaux bien harnachés, & tâchoient de rompre au grand galop des lances les uns contre les autres, ou de se démonter, ou de se surpasser en vîtesse & dextérité; faisant à cet effet toutes sortes d'exercices de guerre, lesquels finissoient toujours par la di-

Des Tournois.

(a) *Fauchet*, *l. cit. chap.* I. *pag.* 14.

ſtribution des prix deſtinés aux vainqueurs, & par la honte des vaincus. Mais les uns & les autres partageoient ſouvent des douleurs aiguës & des bleſſures mortelles; le ſang des Nobles, qui devoit être verſé ou épargné pour le ſalut du public, y étoit prodigué & ſacrifié à la barbare curioſité des ſpectateurs; raiſons, pour leſquelles les Papes s'éleverent contre ces funeſtes divertiſſemens. *Innocent II.* en 1140. & depuis *Eugene III.* au Concile de Latran en 1313. fulminerent des anathêmes & prononcerent des excommunications contre ceux, qui y aſſiſtoient. Ces peines n'eurent point aſſez de force pour adoucir les mœurs effrénées de ces tems-là; on les rendit plus ſéveres (*a*). Tout le monde ſait, qu'en France il ne fallut pas moins que le ſacrifice de la vie de *Henri II.* pour les abolir (*b*).

(*a*) V. *Extravag. Johannis XXII.* & les *Décrétales de Grégoire IX. lib. V. tit. XIII.*

(*b*) *Hiſtoire de l'Académie Royale des*

VII.

L'établissement & l'origine des Tournois est gravement discuté parmi les savans. Les uns l'attribuent aux Gaulois, qui, lors de l'entrevue de Louis le Germanique & de Charles le Chauve à Strasbourg en 860, donnerent une espece de fête à cheval à ces Princes; mais c'étoit plutôt un exercice militaire, comme on a coutume d'en donner aux Souverains & aux Princes étrangers, qu'un jeu en regle, tel que les Tournois. D'autres l'attribuent à Henri I. surnommé l'Oiseleur, & ceux là prétendent, que le premier Tournois s'est tenu à Magdebourg en 923. (*a*). Mais il paroît certain 1°. que Henri ne fit aucune loi (quoiqu'en dise Rüxner *en son livre des Tournois*) pour donner une certaine forme à ces jeux (*b*); que

Leur origine.

---

sciences & belles lettres de Berlin, *an.* 1746. *Tom. II.*

(*a*) *Desing*, *Aux. Histor. parte VII. pag.* 427.

(*b*) V. le *Droit public du St. Empire*, *Tom. I. liv. XII. chap. VIII. pag.* 295.

l'antiquité des exercices, que Henri fit faire à ses troupes de cavalerie à Magdebourg, pour la rendre propre à faire la guerre aux Huns avec plus de succès que ses prédécesseurs, remontoit jusqu'aux Romains & même jusqu'aux Grecs, qui les nommoient *jeux Troïens*. Ainsi il me semble, que pour ne pas offenser la judicieuse critique des savans, il faut distinguer les exercices militaires, qui se donnoient aussi quelquefois anciennement, comme de nos jours*, en spectacle, & qui avoient de certaines regles analogues à la guerre, des Tournois, jeux de parades & de bravades, assujettis à des loix de cérémonie, qui regardoient l'ordre & le rang des spectateurs, ainsi que de ceux, qui devoient être du jeu, ensemble le lieu, le jour & l'heure du combat, les instrumens qu'il falloit y apporter & les manieres de s'en servir, en même tems l'uniforme

---

& Goldast, in Rationat. ad lib. der Reichs-satz, *pag.* 305.

forme, dans laquelle les combattans devoient y paroître ; & les degrés de noblesse, qu'il falloit prouver pour y être admis (c). La premiere espece me paroît devoir son origine à l'établissement de la cavalerie, chez quelle nation que ce fut ; la seconde doit son origine aux François. Godefroi de Preuilly, Gentilhomme Angevin, tué en 1066, en donna le premier des loix & des réglemens, que l'on suivit en France (d). Ces tournois passerent ensuite en Allemagne. *Henri I.* fut charmé de pouvoir les y introduire, afin d'attirer les nobles campagnards dans les villes qu'il avoit fait nouvellement construire, & de leur faire naître le goût de s'y fixer. Les loix & les réglemens, qu'on faisoit à cet

(c) Il falloit prouver quatre degrés de Noblesse, pour y être admis, conformément aux ordonnances des tournois faites en différens tems, que l'on trouve dans *Limnæus, lib. VI. tit.* 5. *de Torneamentis, n.* 18. *& seq.*

(d) V. *Du Cange, Glossar. voce Torneamenta.*

égard en Allemagne, n'ayant point trouvé place parmi les loix générales de l'Empire, varioient selon les circonstances & caprices de ceux, qui les ordonnoient (*e*). La haute Germanie, qui avoisine pour ainsi dire le Rhin, comprend quatre provinces appellées pour lors **die vier Lande**, savoir les terres du Rhin, la Suabe, la Baviere & la Franconie, dont chacun avoit son propre Roi des tournois, nommé **Turnier-König**. Ce qui prouve, que les tournois se faisoient particuliérement dans ces contrées (*f*). Le dernier s'est tenu à *Worms* en 1487. (*g*). Aujourd'hui nous voyons quelquefois des carrousels, qui à l'imitation des anciens tournois se font de tems à autre dans les grandes

(*e*) Comme le prouve le Réglement pour les tournois du Corps de la Noblesse des quatre Provinces, célébrés en 1485, que l'on trouve dans *Limnæus*, *loco cit.*

(*f*) *Vol. nov. Rerum German. lib. I. cap. VII. n.* 26.

(*g*) *Lunig*, *Dissertat. de Ludis Equestribus.*

Cours, au jour de quelque fête solemnelle ; & quoique les tournois soient tout-à-fait hors d'usage en Europe, la noblesse se glorifie encore beaucoup, si elle trouve le nom d'un membre de sa famille couché sur une vieille liste d'un tournois (*h*).

VIII.

La Noblesse actuelle d'Allemagne.

La noblesse actuelle de l'Allemagne peut être divisée 1°. en haute & basse noblesse ; 2°. en noblesse ancienne & nouvelle ; 3°. en noblesse chapitrable & non chapitrable ; 4°. en noblesse d'épée & en noblesse de robe ; 5°. en noblesse immédiate & médiate Je m'explique & j'appelle haute noblesse, celle qui est accompagnée d'une marque distinctive de la sim-

(*h*) Ceux qui voudront se former une plus grande connoissance des tournois, liront avec fruit l'ouvrage de *Georgius Schubartus*, *de Torneamentis*, & le *Traité des tournois & joûtes* par le *Pere Menestrier*, auxquels ils pourront ajouter le titre de *Torneamentis* dans *Limnæus*, *Jur. publ. lib. VI. tit. V.* à la fin duquel il y a des vers allemands fort curieux & fort instructifs à cet égard.

ple noblesse, telle est la noblesse des Princes, Comtes ou Barons. Je nomme noblesse ancienne, celle qui nous vient par héritage, & nouvelle, celle dont nous sommes la tige & les premiers acquéreurs (a). Par noblesse chapitrable ou **stiftmässig**, j'entends celle, qui trouve en elle autant de quartiers ou de degrés de noblesse, tant du côté paternel que maternel, que les statuts de la plupart des Chapitres demandent, & dans laquelle la plus sé-

(a) C'est une ancienne erreur que de mépriser la nouvelle Noblesse, ou de la postposer à l'ancienne, sans discuter les causes & les mérites, qui ont fait naître l'une & l'autre; tandis que tout le monde est obligé de convenir, que les mérites seuls doivent en être le germe. Déja les anciens Romains se moquoient de ceux qui dans leurs vestibules, ou dans les salles qui étoient à l'entrée de leurs maisons, ou dans les cérémonies & processions publiques, ne brilloient que par un seul buste ou portrait d'un Noble de leurs familles; ils les appelloient par dérision *novi homines*, *nouveaux nés*, ou comme la jalousie les fait nommer aujourd'hui, *Nobles de quatre jours*. V. *Plutarchus*, *in vita Catonis Majoris*, *ab initio*.

vere critique ne puisse rien trouver de défectueux (*b*). La noblesse d'é-

(*b*) La majeure partie des Chapitres demandent huit quartiers. Ainsi on compte parmi les Nobles chapitrables tous ceux qui sont en état d'en faire preuve.

Obs. I. Dans l'illustre Chapitre de Strasbourg, composé de vingt-quatre Chanoines, savoir douze Capitulaires, dont quatre sont François, & douze Domiciliaires, dont il y a également quatre François, il faut faire preuve de seize quartiers. En outre nul François n'est reçu Chanoine, s'il ne descend d'un pere, qui soit Prince ou Duc, & dont le grand-pere, le bis ayeul & tris-ayeul aient été pareillement Princes ou Ducs, & d'une mere, dont le pere, le grand-pere & le bis-ayeul ne soient d'une Noblesse très-ancienne & illustre de nom & d'armes. Nul Allemand n'y est reçu Chanoine, s'il ne descend d'un pere, d'un grand-pere, d'un bis-ayeul & d'un tris-ayeul Princes ou Comtes d'Empire, & d'une mere, dont le pere, le grand-pere & le bis-ayeul soient Princes ou Comtes ayant voix & séance à la Diete de l'Empire, & dont les collatéraux du côté du pere & de la mere soient de Noblesse illustre, & qui soient déja reçus ou capables de l'être dans les autres Chapitres d'Allemagne, où l'on fait preuve de Noblesse. Cela est conforme aux nouveaux Statuts dudit Chapitre, faits le 3. Juin 1713, & confirmés par *Louis XIV*.

De l'illustre Chapitre de Strasbourg.

pée est celle, dont la tige étoit un militaire, qui pour des services rendus à l'État par son épée, fut gratifié des droits & titres de noblesse transmissibles à sa postérité (c).

---

au mois de Juillet de ladite année. V. le Pere *Louis Laguille*, *Preuves de l'Histoire d'Alsace*, *page* 178. *& suiv.*

II. Autrefois toutes les prébendes de la Cathédrale de Strasbourg étoient égales, & tous les Chanoines ou Prébendiers ne faisoient qu'un Corps. Ce n'est que vers l'an 1019, que l'Evêque Werner de Habsbourg, pour intéresser les Grands à soutenir son Eglise, obtint de l'Empereur Henri II. qu'à l'avenir vingt-quatre prébendes seroient remplies par des Seigneurs des premieres Maisons de l'Empire

(c) Cette distinction de Noblesse, en Noblesse d'épée & en noblesse de robe, trouve particuliérement place en France. Quant aux offices qui y ennoblissent, v. *Loyseau*, *Droit des offices*, *liv. I. chap.* 5. §. 45. *& chap.* 9. §. 16. *& suiv. Le Bret*, *de la Souveraineté du Roi*, *liv. II. chap.* 2. *& Limnæus*, *Notitia Regni Francici*, *lib.* 4. *cap.* 1.

Obs. Il y a des offices en France, qui ne donnent qu'une Noblesse personnelle, & non transmissible à la postérité, comme l'office de Conseiller d'une Cour souveraine de justice; à moins que cet office ne soit tombé de l'ayeul au pere, & du pere au fils d'une même ligne de famille.

La nobleſſe de robe eſt celle, dont la ſouche étoit un Magiſtrat ou autre perſonne de robe, qui par l'exercice ou l'avancement de la juſtice, ou en profeſſant une certaine ſcience ou par quelqu'autre fonction, avoit mérité & obtenu du Souverain le titre & les prérogatives de nobleſſe tranſmiſſible. La nobleſſe libre & immédiate de l'Empire eſt celle, qui ne relevant que de l'Empereur & de l'Empire, jouit de beaucoup de liberté & de privileges, auxquels la médiate ne pourra jamais atteindre, comme le chapitre ſuivant le démontrera. La médiate enfin eſt celle, qui en reconnoiſſant l'Empereur comme chef de l'Empire, eſt de plus ſoumiſe à la juriſdiction d'un autre Seigneur. Elle eſt dans bien des Maiſons fort ancienne & même chapitrable.

CHAPITRE II.

De la Nobleſſe immédiate de l'Empire.

I.

De ſon origine.

La nobleſſe immédiate forme dans l'Empire un Corps bien diſtingué & privilégié, qui ne reconnoît d'autres ſupérieurs que l'Empereur & l'Empire. Ce corps n'a point pris ſon vaſte & reſpectable embonpoint ſubitement ou tout d'un coup, comme on le pourroit peut être ſe le figurer, mais ſucceſſivement & très lentement. Il pouſſa ſans contredit ſon premier germe dans les terres immédiates du Rhin. Ces terres, n'ayant jamais été ſoumiſes aux Ducs, dépendoient immédiatement de l'Empereur, qui les faiſoit régir & gouverner par ſes Comtes Palatins. Delà il ſuit naturellement, que les habitans de ces terres, que les Empereurs en conſidération de leurs ſervices gratifioient du titre & des droits de Nobleſſe, lui reſtoient toujours immédiatement ſoumis comme à leur propre Seigneur & Chef de l'Empire; & puiſque ces terres conſtituent la premiere & la plus ancienne province immédiate, il s'enſuit naturellement, qu'il y faut placer les premiers rejettons de cette Nobleſſe, d'autant plus qu'il eſt très-probable, que les premiers Empereurs reſtant pour ainſi dire habituellement dans ces terres, n'auront pas manqué de diſtribuer leurs graces à ceux qui les environnoient, & qui étoient toujours prêts à les ſervir préférablement à d'autres. Il eſt vrai, que nous trouvons auſſi des nobles immédiats dans la Franconie & dans la Suabe, leſquels prétendent également dériver leur origine du tems des Carlovingiens, où leur provinces dépendoient immédiatement des Rois des Francs, étant pour lors régies & adminiſtrées par les Nonces ou commiſſaires de la chambre du fiſc (a). Mais comme

(a) *Ekkehardus, junior, de Caſ. Mon.*

ces provinces perdirent déja leur immédiateté vers la fin du neuvieme siecle, ayant été soumises au gouvernement des Ducs (*b*), les savans accordent cette extraction difficilement (*c*). Quoiqu'il

---

S. Gall. cap. I. apud *Goldastum*, *Rerum Allem. Tom. I. p.* 15. dicit . . . "Nondum adhuc illo tempore (primis scilicet Ludovici junioris temporibus) Suevia in Ducatum erat redacta, sed fisco Regio peculiariter parebat, sicut hodie & Francia (la Franconie)."

(*b*) *Henri*, *Comte de Brandebourg*, devint le premier Duc de Franconie sous Louis le jeune vers la fin du neuvieme siecle, comme nous le voyons dans *Regino*, qui à l'année 877 fait mention d'*Adelbert* & de *Henri* comme fils de *Henri*, *Duc de Franconie*.

En 918 *Berthold* & *Erchanger*, Receveurs des finances & Intendans de la Suabe, étant accusés d'avoir favorisé la révolte d'*Arnould*, Duc de Baviere, contre *Conrad I*, & d'avoir pillé les Eglises de Constance & de St. Gall, ils furent condamnés à perdre la tête, & on rétablit l'ancien Duché de Suabe (dont on ne sait rien de certain). *Burchard* en fût créé le premier Duc du consentement des États de la province V. *Ekkehardus junior*, *l. cit. cap.* I. & *Luitprandus*, *lib. II. cap. VII.*

(*c*) *Caspar de Lerch*, *de Ordine Eque-*

en ſoit, la Nobleſſe immédiate reçut dans la ſuite de grands accroiſſemens. La Franconie accéda à la Suabe par la conceſſion que l'Empereur *Henri V.* Duc de Franconie en fit en 1116. à *Conrad de Hohenſtauffen* Duc de Suabe (*d*). A la mort de l'Empereur *Henri VI.* arrivée en 1197. *Philippe Duc de Suabe* devint tuteur de ſon fils *Frédéric* & régent de l'Empire; mais il fut contrebalancé dans ſa régence par Bertholde Duc de Zæringen, élu Empereur par ſes partiſans à Andernach. Cependant *Bertholde* ſe défiant de ſes forces,

---

Jlri, s'eſt donné beaucoup de peine, pour diſcuter l'origine, la dignité & les droits de la Nobleſſe immédiate de l'Empire; mais *Etienne Burgermeiſter* le ſurpaſſe de beaucoup, par ſon *ouvrage fait en* 1709. *I. Vol. in* 4°. intitulé: *Status Equeſtris Cæſaris & Imperii R. G.* das iſt, des ohnmittelbaren freyen Kayſerlichen Reichs-Adels der dreyen Ritter-Kreiſen in Schwaben, Franken und am Rhein-Strom urſprünglicher immediater *Prærogativen*, Immunitäten, Alter, *Splendor*, Zu- und Abnahm.

(*d*) *Conradus Urſperg. p.* 287. *Trithemius*, *Chron. Hirſaug. ad ann.* 1116.

s'accommoda avec lui, & renonça à son élection moyennant la somme de onze mille marcs d'argent. Alors les Princes dévoués à la Maison de Suabe, assemblés à Mühlhausen, l'élurent Empereur. Mais ses adversaires lui donnerent aussi-tôt un compétiteur, en élisant Empereur *Otton IV.* fils puîné du Duc Henri le Lion, à l'instigation du Pape *Innocent III.* (e). Il fallut dès-lors défendre ses droits par la voie des armes. Les finances manquerent à *Philippe*; pour en avoir, afin de pouvoir payer ses troupes, il vendit & engagea aux Barons & à ses ministériaux une grande partie de ses terres & domaines, tant en Franconie qu'en *Suabe* (*f*). Par là les acheteurs, ainsi que les engagistes, augmenterent leurs possessions & leurs pouvoirs, de façon que lors de l'extinction des Ducs de Suabe & de Franconie par la décapitation de

(e) *Abrégé de l'Histoire & du Droit public de l'Allemagne, pag.* 199. *& suiv.*

(f) *Conradus Ursperg. pag.* 311.

Conradin, dernier rejetton de l'illustre Maison de Hohenſtauffen, faite à Naples en 1269, la nobleſſe y conſerva ou recouvra très facilement ſon ancienne liberté & immédiateté; & les autres, de médiats ou Landſaſs qu'ils étoient, devinrent de même immédiats, & s'affermirent dans leur nouvel état, à la faveur des troubles du grand interregne. Telle eſt l'origine & l'accroiſſement de cette fameuſe nobleſſe équeſtre de l'Empire (*g*), dont les biens ſont la plupart allodiaux.

II.

Dès-lors ces trois provinces commencerent à ſe liguer entr'elles, & compoſerent (*a*) un corps parti-

(*g*) *Struv. Corp. J. publ. cap. III.* §. 16.

(*a*) Les plus connues de ces ligues ſont celles que l'on appelle ligue de *St. George*, faite en 1381, & la grande ligue de Suabe, faite en 1491 & approuvée par l'Empereur *Fréderic III.* V. Lünig, im Reichs-Archiv, erſte *Contin.* andere Fortſetzung, *p.* 75. & *ſeq. Datt*, *de Pace publ. lib.* 1. *cap.* 7. 4. *ſeq. pag.* 41. *Autor* des gröſſeren Ritterfelds, *pag.* 40. *n.* 1.

culier indépendant des Princes, & ſoumis immédiatement à l'Empereur & à l'Empire, auxquels il rendit de ſignalés ſervices tantôt contre les Ducs de Baviere, tantôt contre les Ducs de *Würtemberg*, tantôt contre les Suiſſes & autres; & même depuis qu'il ceſſe de rendre des ſervices militaires en perſonne, il a conſtamment beaucoup ſoulagé l'Empire par le *Don gratuit*, qu'il a toujours fort généreuſement accordé dans les cas de beſoin. Pluſieurs publiciſtes pour lui donner plus de poids, ſoutiennent, que les Nobles immédiats étoient autrefois États de l'Empire, ayant ſéance & voix délibérative aux Dietes & le droit de concourir aux élections des Empereurs; ils appuyent particuliérement leur ſentence ſur la conſtitution de l'Empereur *Lothaire de l'an* 1136. & ſur la *Bulle d'or* (*b*). Mais

---

Lehmann, *Chronic. Spir. lib. V. cap.* 73. & *lib. VII. cap.* 3. 12. 27. & *ſeq. Obrecht*, *de Imperii Germanici ejusque ſtatuum fœderibus.*

(*b*) *Chap.* 1. *vers la fin.*

d'autres ſont d'un avis contraire. Les argumens des uns & des autres me paroiſſent aſſez forts pour mériter un ménagement, mais ils ne m'ont pu décider d'accéder à l'une ou à l'autre partie (*c*). Ce qu'il y a de ſûr, c'eſt que depuis la fin du quinzieme ſiecle la ſimple Nobleſſe, ſoit médiate ſoit immédiate, ne paroît plus à la Diete (*d*), & que l'Empereur con-

(*c*) Ceux qui ſont curieux de connoître les raiſons pour & contre, pourront les voir dans *Limnæus*, *Jur. publ. lib. VI. cap. III. a num. 7. usque ad 33.*

(*d*) On ceſſe de l'appeller depuis ce tems-là à la Diete, parce qu'on ne vouloit plus la contraindre à contribuer, conjointement avec les autres États de l'Empire, aux frais de l'entretien de la Chambre Impériale, comme dit *Brunig*, *Diſput. de var. univerſ. ſpecieb. th.* 18. *ad fin.*

Il faut cependant avouer, que parmi la Nobleſſe immédiate il y a de certains membres, qui ſont États de l'Empire, nommés tels dans les Matricules, & qui ont été quelquefois appellés à la Diete. Tels ſont les nobles Chevaliers de *Friedberg*, de *Gelnhauſen* & ceux de *Hegow*; & c'eſt ſans doute de ceux-là

jointement avec les États de l'Empire ne lui ont pas donné, à la Diete tenue à *Augsbourg* l'an 1555, la qualité d'État & membre de l'Empire ayant part au gouvernement. Il est même notoire, que dans les Lettres présentées l'an 1619 de la part de la *Noblesse de Franconie*, elle a avoué franchement & d'elle-même, qu'elle n'étoit point du

qu'il faut entendre le *Résultat des Députés de Worms*, fait en 1564, comme le §. Wir wollen auch, nous le fait assez entendre par ces paroles . . . "und andere von der Ritterschaft und dem Adel, „ welche unter den Kreiß- und Reichsstän- „ den mit begriffen sind." D'autant plus que les nobles Chevaliers de Hegow sont expressément comptés parmi les Etats du Cercle de Suabe dans la constitution du gouvernement de l'Empire, faite à *Worms* en 1521. §. der dritte Circul, & dans la *Déclaration de la paix publique de Nuremberg de* 1522. *tit.* der Schwäbische Kreis. Ainsi ceux qui se servent du même Résultat, pour prouver que les Nobles immédiats en général sont des États d'Empire, me paroissent avoir tort. V. *le Droit public du St. Empire*, *liv. XI. chap.* 11. *pag.* 203. & *Limnæus*, *Jus publ. lib. VI. cap.* 3. *n.* 31. 32. & 33.

du nombre des États de l'Empire (a). Il est également certain, que le corps de la noblesse immédiate fit depuis, savoir en 1686, tous ses efforts pour obtenir trois suffrages à la Diete, alléguant pour moyen, qu'anciennement elle y avoit voix & séance. Mais les Princes & les villes s'opposerent à leur réception, & leur demande fut sans succès (f). Cela nous sert de preuve, que l'Empire ne reconnoît point les nobles immédiats, comme ses Co-États. Il est vrai, qu'à l'honneur près, ils n'y perdent pas grand'chose, si ce n'est que le maniement des affaires de l'Empire, dont ils sont des membres assez considérables, ne passe point par leur mains.

III.

La Noblesse immédiate est divi-

(e) Ces lettres furent présentées le 11. Novembre 1619 aux États correspondants à Nuremberg.

(f) Quoique l'Empereur *Léopold* & l'Electeur de Mayence s'intéresserent beaucoup pour elle. V. les *Actes* chez *Londorp*, Tom. 13. chap. 23.

Sa division.

sée en trois classes ou cercles: savoir celle du Rhin, celle de la Franconie & celle de la Suabe. Chacune de ces classes est sous-divisée en de certains cantons, districts ou quartiers (Ort) (*a*). Celle du Rhin est sous-divisée en trois: savoir celui du Wasgau, comprenant les terres qui tirent de la Lorraine par le Palatinat jusqu'à l'Alsace; celui de la Wetteravie (*b*), du Westerwald (*c*), du Heimrich & du Rhingau (*d*); &

(*a*) Ces cantons prennent leur nom d'un certain endroit, ou d'un fleuve, ou d'une forêt, qui s'y trouvent ou qui y aboutissent, comme nous allons voir.

(*b*) La Wettéravie tire son nom du petit fleuve *Wetter*, qui a sa source dans le Comté de Solms. Elle est située entre la Hesse, le Bas-Rhin, la Westphalie & la Franconie.

(*c*) La Wettéravie est traversée par le fleuve du *Lahn*, qui la divise en deux parties, savoir celle du Nord & celle de l'Ouest; celle du Nord s'appelle le *Westerwald*, & fait partie du Cercle de Westphalie.

(*d*) La Préfecture du Rhingau est située près de *Mayence*, le long des deux rives du Rhin, & s'étend à dix lieues en longueur.

celui du Bas-Rhin (*e*), du Hundsrück (*f*) & de l'Eberswald ou Eyderwald (anciennement les Ardennes (*g*). La classe de la Franconie se sous-divise en six districts: savoir l'Odenwald (*h*), le Steigerwald (*i*), l'Altmühl (*k*), les

(*e*) Qu'on appelle aussi le Cercle des Electeurs, contenant trois Electorats ecclésiastiques, savoir celui de *Mayence*, celui de *Treves* & celui de *Cologne*, tous situés le long du Rhin.

(*f*) Le *Hundsrück* est un certain district de terres, situé entre le *Rhin*, la *Moselle* & la *Nahe*, comprenant tout le Duché Palatin de Simmeren.

(*g*) Les Ardennes sont un certain district de terres près de *Luxembourg*, contenant beaucoup de forêts. C'est dans cette contrée que se trouve le Comté de Salm & de Reifferscheid.

Obs. A environ douze lieues de Reifferscheid, dans le Duché de Luxembourg, il y a aussi un Comté de Salm.

(*h*) C. à d. la forêt d'Otton, située sur les confins du Bas-Palatinat; elle s'étend du Necker au Mein, & depuis la chaussée des monts (Berg-Straße) jusqu'au Tauber.

(*i*) Est une forêt de taillis (Gebüsch) entre les Evêchés de Bamberg & de Würzbourg.

(*k*) L'*Altmühl* est un fleuve, qui prend

Monts (das Gebürg) (*l*), le Paunach (*m*) & le pays entre la Röhne & le Werra (*n*). La classe de la Suabe est sous-divisée en cinq quartiers: savoir celui du Hegow (*o*), celui de l'Algow (*p*), celui de l'Ortenau (*q*), celui du Creichgau (*r*) & celui du Kochergau (*s*).

---

sa source dans le Marggraviat d'Anspach, & se jette dans le Danube près de Kehlheim en Baviere.

(*l*) Les Monts ou Gebürg dénotent sans doute ici le district des deux grandes forêts, qui se trouvent dans le territoire de Nüremberg.

(*m*) Paunach ou Baunach est un fleuve, qui passe par les Evêchés de Würzbourg & de Bamberg.

(*n*) Ce sont deux rivieres dans la Franconie. La *Röhne* se jette dans la Sale à Anspach, & la *Sale* se jette dans le Mein près de Gemünd.

(*o*) Le district, qui environne le lac de Constance, s'appelle le *Hegow*. C'est un des bouts de la Suabe vers la Principauté de Montbéliard.

(*p*) Son district se trouve entre la Lech & le lac de Constance jusqu'au Danube & jusqu'au Tirol.

(*q*) Qui est entre le Rhin & la forêt noire.

(*r*) Le *Creichgau* ou *Creichgaw* est le district, où la Suabe & le Bas-Palatinat

IV.

Chaque canton a ſon chef, qui s'appelle Directeur en Suabe (*a*), & Capitaine en Franconie & ſur le Haut- & Bas-Rhin. Outre ce Chef, que l'on choiſit tantôt dans une famille, tantôt dans une autre, il y a encore dans chaque canton quelques Adjoints ou Aſſeſſeurs, avec un Syndic & d'autres Officiers, pour rendre la juſtice tant à l'égard des Nobles immédiats dépendants du même canton, qu'à l'égard de ſes ſujets; & comme les cantons de chaque claſſe ont une étroite connexion, Son gouvernement.

ſe joignent. La majeure partie de ce diſtrict appartient au Bas-Palatinat.

(*s*) Le *Kochergau* dénote la contrée des confins de la Suabe & de la Franconie, où la riviere de *Kocher* fait ſon cours, & ſe jette enſuite près de Wimpfen dans le Necker.

(*a*) *Burgermeiſter*, *l. cit. pag.* 555. *Obſ.* Cet auteur rapporte à la page 354. un privilege de Ferdinand III, en vertu duquel les Empereurs donnent aux Directeurs de la Nobleſſe immédiate le titre de Wohl-Gebohren, s'ils ſont Barons, & le titre d'Edel, s'ils ne le ſont pas.

& s'aſſemblent en certains tems & rencontres pour ſtatuer ſur les affaires publiques de tout le Corps, ces trois claſſes ont auſſi un directoire commun, qu'elles exercent alternativement tous les trois ans.

V.

Sa juriſdiction civile & criminelle.

En traitant de la juriſdiction compétente à la Nobleſſe immédiate, il faut, pour éviter toute confuſion, diſtinguer entre les cauſes, les perſonnes & les biens de cette Nobleſſe & de ſes ſujets. Les cauſes civiles des ſujets, ſoit réelles, ſoit perſonnelles, même les cauſes criminelles, ſe jugent en premiere inſtance par les Baillifs ou par les Nobles immédiats eux-mêmes, ayant juriſdiction patrimoniale, avec cette différence, que de la ſentence portée dans les cauſes civiles il y a appel au directoire du canton, & delà aux Tribunaux ſuprêmes de l'Empire (*a*);

(*a*) En Suabe l'appel du directoire de chaque Canton ne doit être interjetté, en vertu des *Statuts de l'an* 1561, *art.* 20. ni au Conſeil Aulique, ni à la Chambre Impériale, mais aux Directoires de

tandis que dans les causes criminelles l'appel n'a pas lieu. Cependant pour n'y rien précipiter, & afin de ne point s'exposer à porter un jugement inique, l'on a coutume d'envoyer l'instruction des causes criminelles graves, qui peuvent aller à une peine afflictive, à une Faculté juridique, & d'en demander une reponse par maniere de sentence. Les causes civiles personnelles des Nobles immédiats vont par convention faite entr'eux, & confirmée par les Empereurs, directement au directoire du défendeur; selon la regle ordinaire, *Actor sequitur forum rei*; & par voie d'appel dans les matieres criminelles, les Nobles immédiats prétendent devoir être jugés par le Conseil Aulique, sans faire distinction, si le délit a été

---

toutes les classes. Il faut en outre remarquer, que les Nobles immédiats, étant en procès les uns contre les autres, ont le droit de se faire juger par des Austregues. V. l'*Ordonn. de la Chambre Impériale de* 1521. *tit.* 33. & *de* 1555. *tit.* 3. 4. 5.

commis ſur leurs terres, ou dans le territoire d'un État de l'Empire (*b*). Les cauſes & actions réel-

(*b*) Dans ce dernier cas le Seigneur territorial reclame le noble délinquant, ſuivant l'axiome : *Forum in loco delicti : le délit ſaiſit le Tribunal, où il a été commis* ; mais le Noble répond, que celui, qui eſt exempt quant à ſa perſonne, l'eſt auſſi pour ſes délits. Cette queſtion fort importante a été propoſée lors de l'élection de l'Empereur Charles VII ; mais ſes propres affaires l'empêcherent de penſer à ſa déciſion, & ſes ſucceſſeurs l'ont laiſſé intacte juſqu'à préſent. V. le *Baron de Lynker*, *Tract. de Libertate Statuum Imperii, ſect.* 2. §. 6. *Meyer*, *Londorp. continuat. Tom.* 3. *à l'an* 1622. *Burgermeiſter*, *Cod. Diplom. pag.* 723. *& ſeq.*

Queſtion. *Obſ.* I. Il y a une queſtion fortement agitée entre les Princes d'Empire & la Nobleſſe immédiate dans les trois Cercles ſusmentionnés ; ſavoir : ſi les Nobles immédiats tenant des fiefs ſitués dans leſdits Cercles, relevants d'un Prince d'Empire y tenant ſa Cour, ne ſont pas ſes juſticiables, tant en cauſes perſonnelles que criminelles ? *Mulzius*, *in Repræſent. Imperii*, *p. II. cap.* 25. *membro* 5. *n.* 38. *Le Baron de Lyncker*, *de Gravam. extrajud. cap.* 6. *n.* 4. *cap.* 9. *n.* 3. *vol.* 1. *repræſ.* 27. *reſolut.* 575. *deciſ.* 392. 662. & *Gæckel*, *de Jurisdict.* défendent vi-

les, pour revendiquer des Allodiaux médiats ou immédiats, ou des droits ſur iceux, s'intentent immédiatement au directoire du canton du domicile du défendeur, ou par-devant le directoire du

goureuſement la cauſe des Princes. *Burgermeiſter, Cod. diplom. Equeſt.* 1749. *ſeq.* 11. 576. *ſeq.* 10. 89. *ſeq.* ſoutient celle de la Nobleſſe. Ajoutez-y le *Décret de Rodolphe II. du* 14. *Septembre* 1600, où il eſt dit . . . "Dieweil die Freyen von „Adel in Civil- und Criminal-Sachen in „der Welt niemand als einem Römischen „Kaiser zu judicieren zukommen." Et le *Reſcript de Charles VI. au Comte de Solms, le* 28. *Avril* 1716, où il eſt dit des Nobles immédiats . . "Welche zwar „in- nicht aber de territorio seynd, son„dern einem jeden Römischen Kayser frey, „eigen und allein unterworfen, folglich ihm „allein zugehörig und erbmäßig sind." V. *Electa Jur. publ. Tom. X. pag.* 233.

II. L'Electeur Palatin, l'Evêque de Bamberg, les Marggraves de Brandebourg, les Landgraves de Heſſe & le Duc de Würtemberg ſe liguerent & ſe réunirent le 11. Février 1719, pour maintenir leurs droits réciproques contre la Nobleſſe immédiate; mais cette ligue fut infirmée & caſſée la même année le 11. Juillet par le Conſeil Aulique à la requête ou ſupplique de ladite Nobleſſe.

canton, où la chose litigieuse est située; & l'appel de son jugement ressortit au Conseil Aulique ou à la Chambre Impériale. Mais si les différends regardent des fiefs immédiats, ou qui relevent d'un État de l'Empire, les parties doivent se pourvoir par-devant la Cour féodale du Seigneur direct (*c*). Il faut cependant observer, qu'en vertu du privilege accordé par *Charles VI.* le 7. Octobre 1717 à la Noblesse immédiate, elle n'est point tenue de recourir aux

---

III. L'immédiateté, quoiqu'originairement elle ait dépendu de la possession des biens immédiats, paroît être aujourd'hui personnelle & attachée simplement à la naissance. Delà il s'ensuit I°. qu'elle subsiste aussi dans celui qui ne possede aucun bien; II°. qu'elle peut subsister, quand même on reconnoîtroit tous ses biens en fief d'un État de l'Empire, parce que l'on peut être vassal, sans être sujet; III°. que la possession d'un bien immédiat ne donne pas au possesseur la qualité de Noble immédiat, quoique, quant à l'immunité d'un tel bien, il jouisse des mêmes droits.

(*c*) *Burgermeister*, *Thesaurus Juris publ. Equest. p. I. pag.* 729. & la Reichs-*Fama*, *p. III. cap.* 33.

Cours féodales dans les matieres civiles (*d*).

VI.

Jurisdiction ecclésiastique.

Quant à la jurisdiction ecclésiastique & autres droits concernant la Religion, il faut dire, que dans ses terres immédiates elle jouit tout-à-fait des mêmes droits que les Electeurs, Princes & autres États de l'Empire. Ces droits lui ont été confirmés par le Traité d'Osnabruck (*a*) en ces termes . . " La Noblesse libre & immédiate „ de l'Empire, & tous & un cha- „ cun de ses membres, ainsi que „ leurs sujets & biens féodaux & „ allodiaux (à moins que pour „ raison de quelques biens ou à „ cause du territoire & domicile, „ ils ne soient assujettis à quelques „ autres États), auront en vertu

(*d*) *Electa Juris publ. Tom. XIII. p.* 786. & *Henr. Hildebrandi Diss. de inordinato recursu ad Curias feudales.*

(*a*) *Art.* 5. §. 28. v. *Henniges, Meditationes ad pacem Westphal. h. art.* & *Meyern, Acta pacis Westphalicæ, lib. XXIII.* §. 16. *p.* 643. & *seq.* & *lib. XXXVIII.* §. 1.

„ de la Paix de Religion & de la
„ présente convention, le même
„ pouvoir que les Electeurs, Prin-
„ ces & États d'Empire sur les
„ droits concernant la Religion &
„ les bénéfices y attachés." Ainsi pour n'en pas faire une répétition, je renvois le lecteur au chapitre, où j'ai traité des droits compétants aux États de l'Empire à l'égard de la Religion.

VII.

Ses assemblées.

Depuis que les Nobles immédiats sont Corps, il s'est présenté bien des cas, où il leur fallut s'assembler, pour statuer & convenir entr'eux sur des choses concernant leur intérêt commun; ces sortes d'assemblées leurs étoient toujours libres, comme ils l'ont prouvé dans les griefs présentés à l'Empereur Charles-Quint à Nuremberg en 1523 contre les Princes d'Empire, qui leur en disputoient ce droit. Le droit de s'assembler leur fut ensuite positivement assuré par *Ferdinand I.* en 1555, & confirmé par Rodolphe II. en 1609 (a). Or leurs assemblées ou Dietes sont générales ou particulieres. On appelle assemblées générales (gemeine Ritterliche Correspondenz-Täge) celles, où suivant l'importance du cas, comparoissent *les Directeurs des Cercles* ou *les Députés de chaque Cercle*, adjoints aux *Directeurs* ou les *Députés de chaque canton*. Cette derniere espece est la plus complette, vu qu'il est moralement impossible, que tous ces Gentilshommes s'assemblent à la fois, soit en personne, soit par procuration. Ces sortes d'assemblées se tiennent autant de fois que le Corps le juge à propos. Les assemblées particulieres sont de deux especes : la premiere contient celles qui se font par tous les *Députés des cantons* de l'un ou de l'autre de ces Cercles, ou seuls, ou avec quelques Députés de chaque canton; ces *assemblées* s'appellent *circulaires*. La seconde

(a) *Schweder, Introductio ad Jus publ. p. Speciali, Sect. II. cap. XVIII.* §. 2.

comprend les *assemblées* composées des membres *d'un canton* (Orts-Convent), avec leur Syndic & autres Officiers de Chancellerie, ou qui sont seulement composées *du Directeur & des Députés ordinaires* d'un canton, avec les Officiers de la Chancellerie. Dans ces Dietes particulieres on traite ordinairement les affaires, qui regardent spécialement les intérêts particuliers de chaque canton; quelquefois l'on y prend des mesures par rapport aux affaires générales, & l'on y concerte les instructions à donner au *Directeur*, ou en même tems aux *Députés* que l'on envoie à une Diete générale circulaire, ou que l'on commet pour d'autres affaires. Les Dietes de canton, qui se font par Députés, s'appellent *Dietes ordinaires*, parce qu'elles doivent se tenir réguliérement une fois par mois. Toutes les autres appellées extraordinaires se tiennent suivant l'exigence des cas. Le droit de convoquer ces Dietes appartient aux Directeurs & Capitaines, c. à d.

le Directeur général convoque les assemblées générales ; le Directeur ou Capitaine du Cercle convoque les assemblées circulaires, & le Directeur ou Capitaine du Canton convoque les assemblées du Canton.

VIII.

Des droits qu'elle exerce.

La tenue des assemblées de la Noblesse immédiate, visant principalement au maintien de ses droits, je me fais un devoir d'en exposer au moins les plus intéressants. Je pourrois me dispenser de cette tâche, si je voulois suivre les traces de l'Auteur du *Droit public du St. Empire*, qui soutient hautement, que la supériorité territoriale avec tous les droits régaliens y attachés compete à ladite Noblesse (a). Il est vrai qu'il n'est

---

(a) Il dit *liv. XI. chap. 2. tom. II. pag.* 195. . . Les Gentilshommes immédiats jouissent de tous les droits, qui dépendent de l'immédiateté & de la supériorité territoriale, pourvu que quant à ces derniers ils possedent aussi des biens immédiats. Ceux qui soutiennent, que l'on ne peut pas donner proprement le

ni le ſeul, ni le premier de ce ſentiment (*b*); mais l'opinion contraire

nom de la ſupériorité territoriale à ces droits de la Nobleſſe immédiate, croyent cette expreſſion trop élevée, pour en pouvoir faire l'application à l'égard de la Nobleſſe, quoiqu'ils conviennent, qu'en effet elle jouiſſe de tout ce qu'elle déſigne. C'eſt donc une véritable chicane & une pure ſubtilité d'école, de vouloir rafiner ſur la déſignation d'une choſe, qui eſt claire par elle-même.

Obſ. Il eſt faux que les Auteurs, qui nient la ſupériorité territoriale à la Nobleſſe immédiate, conviennent qu'elle jouit de tous les droits attachés à cette ſupériorité. V. *Lunig*, *continuat*. 4. *pag*. 806. *Ludolf*, *Jus Camerale*, *pag*. 18. & *ſuiv*. Ces Auteurs diſent ſeulement qu'une grande partie & *preſque tous les droits* de la ſupériorité territoriale compétent à cette Nobleſſe, & ils ajoutent, que ces droits ne lui appartiennent qu'à titre de privileges & de conventions, & que conſéquemment tout Noble immédiat, qui prétend un droit, doit prouver qu'il lui eſt dû. Sans cela la préſomption eſt en faveur de la liberté, aulieu que celui, qui jouit de la ſupériorité territoriale, eſt cenſé jouir ou pouvoir jouir de toutes les parties, qui la compoſent, juſqu'à ce que celui qui prétend l'exemption, en faſſe la preuve.

(*b*) *Knipſchild*, *de Jure Civit. Imper.*

contraire eſt pour le moins auſſi-bien ſoutenue (c). Je me diſpenſe de prendre part à cette contrariété de ſyſtêmes. Cependant j'avoue franchement, que je ſerois fort en peine, s'il me falloit défendre l'aſſertion dudit Auteur, vu que ce reſpectable Corps eſt obligé d'avouer lui-même, que les droits les plus eſſentiels de la pleine ſupériorité territoriale ne lui conviennent point, & qu'il n'oſeroit les exercer pas même par Corps, & par conſéquent bien moins par chacun de ſes membres. Tels ſont p. e. le droit de faire des loix, de battre monnoie,

---

lib. II. cap. V. n. 13. *Coccejus, de Fundo in Terr. pot. tit. I.* §. 9. *Hertius, de Spec. Rom. Germ. Imp. Rebuſp. ſect.* 1. §. 8. *Bernhardus Geyling ab Altheim, Diſſ. de Conventib. Deputatorum Nobilitatis, cap. IV. & Felz, de Superioritate Nobilitatis S. R. I. immediatæ. Argentorati* 1725. l'ont ſoutenu avant lui.

(c) V. *Lampadius, p. III. cap. XXI.* §. 21. *Strauch, Exercitat. exot. IV.* §. 22. & *Schmidt, Diſſertatio de Superioritate territoriali Nobilium immediatorum.*

les droits de guerre & de paix, avec les droits qui y ſont annexés &c. tous des droits qui conviennent & s'exercent par les États de l'Empire, qui jouiſſent de toute l'étendue de la ſupériorité territoriale. J'accorde cependant qu'ils jouiſſent d'un aſſemblage de droits régaliens, qui approche beaucoup de ladite ſupériorité, & que l'on pourroit en nommer une eſpece, comme nous l'allons voir.

IX.

Parmi les droits, dont jouit la Nobleſſe immédiate, les uns tendent particuliérement à la conſervation du Corps, & ne peuvent être exercés que par lui en général ou par Cantons; les autres conviennent & s'exercent par chacun de ſes membres. Les droits de la premiere eſpece ſont I°. le droit de Légation, ſoit pour tout le Corps en général, ſoit pour chaque Canton en particulier. Elle exerce ce droit non ſeulement à la Cour Impériale, mais auſſi auprès des Cours étrangeres. Les perſonnes qu'elle charge en ce cas de ſes pleins pouvoirs, s'appellent Abgeordnete (*a*). II°. le droit d'alliances (*b*). III°. le droit de collecte publique, c. à d. le droit d'imposer ses sujets, pour subvenir aux frais des charges publiques (*c*), sur-

---

(*a*) V. la *Capitulation de Joseph II. art. XXIII.* §. 2. & *Kulpisius*, *de Legatione Statuum Imperii*, *cap.* 9. §. 2. *pag.* 638.

(*b*) Nous en voyons des exemples dans la grande ligue de Suabe, conclue à Eslingue en 1488, pour défendre & maintenir la paix publique contre les Ducs de Baviere & d'autres Princes; & dans celle de Heilbronn, faite entre les Nobles immédiats situés aux environs du Bas-Palatinat, les Evêques de Spire & de Worms, & les Comtes appellés Wild= und Rhein-Grafen, avec quelques villes impériales, contre l'Electeur Palatin, qui paroissoit trop étendre son droit de Wildfangiat. Cette ligue fut dissoute par la transaction de Heilbronn du 17. Février 1667, conclue sous la médiation de Messieurs de Courtin & Mevius, Plénipotentiaires de la France & de la Suede. L'Electeur Palatin conserva son droit; mais il fut restraint dans les bornes de son établissement. V. *Struv. Corp. Historiæ Germaniæ*, *per. X. f. VII.* §. 11

(c) Telles sont les dépenses qu'il faut faire pour l'entretien du militaire, pour

tout du Don gratuit (*d*); IV° le

---

la conservation du Corps & la confirmation de ses privileges, pour salaire des Conseillers, Syndics & autres Officiers des Directoires, pour soutenir les charges de la guerre, pour la construction ou réparation des édifices publics, des ponts & chaussées, pour fournir aux frais des procès, des Légations & autres dépenses, qui puissent promouvoir le bien-être du Corps. Ces impôts s'appellent Flecken-Beschwerden. Les sujets les supportent au *pro rata* de leurs biens. V. *Berkheim, de Comitiis Nobilium.*

(*d*) Le Don gratuit, dont j'ai déja parlé ailleurs, se répartit sur tous les biens désignés dans la Matricule de chaque Canton, quoiqu'ils ne soient plus possédés par des Gentilshommes de la Noblesse immédiate; & leurs possesseurs sont obligés de contribuer à cet égard à la caisse de la Noblesse, en vertu du privilege de l'Empereur Rodolphe II. de l'an 1609, qui regarde non seulement les biens allodiaux, mais encore les fiefs échus des mains de la Noblesse, qui, avant que d'avoir la qualité féodale, étoient déja des biens nobles & immatriculés. Car à l'égard des autres, les charges qui y ont été mises en considération de la qualité personnelle du Vassal ou par son fait, ne doivent point préjudicier au Seigneur direct, auquel le fief devenant ouvert doit retourner dans le même état & condition qu'il l'a donné au

droit de Retrait, en vertu duquel les plus proches agnats ou cognats du vendeur, & à leur défaut, chaque

---

premier Vaſſal; & les privileges, que les Empereurs auroient accordé au contraire, doivent être regardés comme non-obtenus. Tel eſt le ſentiment & les paroles de l'Auteur du *Droit public du St. Empire, liv. XI. chap. II. pag.* 192. auquel je ſouſcris volontiers, comme conforme aux principes de la ſaine partie de la Juriſprudence. V. *Struv. Corp. J. publ. cap. XXXII.* §. 11. *& ſeq.*

Obſ. I. Le droit compétant à la Nobleſſe immédiate d'empêcher, que les biens du Corps immatriculés ne ſoient aliénés, à moins que cela ſe faſſe ſous la réſerve du droit de collecte, a été confirmé en 1688 par un privilege ſpécial de l'Empereur Léopold, qu'on trouve chez *Burgermeiſter, Cod. Diplom. Equeſtr. Tom. I. pag.* 268. *& ſeq.*

II. Les Nobles immédiats ſont en droit de faire contribuer leurs ſujets pour une partie de leur portion, pourvu qu'ils payent l'autre partie de leurs propres deniers. C'eſt une douceur pour les Gentilshommes de pouvoir partager ce fardeau avec leurs ſujets. V. le *Réſultat de l'Empire de* 1542, & le *Privilege de Ferdinand I.* de la même année, que l'on trouve dans *Limnæus, Jur. publ. lib. VI. cap. III.* n. 3.

membre de ſon canton, & enfin le Corps entier de la Nobleſſe, peuvent retirer pendant trois ans, depuis la dénonciation de la vente, un bien immédiat ou des droits en dépendants, vendus à un étranger quelconque (*e*).

X.

Droits perſonnels de la Nobleſſe immédiate.

Les droits particuliers, dont chaque membre de cet illuſtre Corps jouit perſonnellement, & que chacun exerce ou peut exercer dans ſes terres & ſur ſes ſujets ſont I°. la haute & moyenne juſtice; II°. le droit d'impoſer ſes ſujets; III°. le droit de chaſſe (hohe und niedere Wildbahn); IV°. le droit des eaux & forêts; V°. les droits de mines & de ſalines & autres droits régaliens; VI°. le droit de confirmer les

---

(*e*) Ce droit accordé à la Nobleſſe immédiate par *Ferdinand II.* en 1624 lui a été confirmé enſuite par *Ferdinand III.* en 1652, & enfin par *Léopold* en 1688, qui prorogea la faculté du retrait d'un an, conformément aux privileges antérieurs, à trois ans. V. *Burgermeiſter*, *Cod. Diplom. Equeſtr. Tom. I. pag.* 282.

Corps de métiers ; VII°. le droit d'admettre des Juifs dans leurs terres ; VIII°. le droit de corvées ; IX°. le droit d'avoir des archives ; en un mot ils ont presque les mêmes droits que les États de l'Empire en général. Ces droits leurs sont parvenus en grande partie par des privileges (*a*) ; d'autres par la voie de la prescription. Tous ces droits & privileges sont confirmés par la Capitulation (*b*).

(*a*) *Pfeffinger*, *ad Vitriarium*, *lib.III. tom. XXI. pag.* 234. & *Caspar Thucelius*, *tom. V. cap.* 10. apportent de suite tous les privileges de la Noblesse immédiate. On les trouve de même dans l'ouvrage du fameux *Burgermeister*, intitulé . . Reichs = Ritterschaftliches *Corpus Juris*, *Ulmæ* 1707. 4°. & en partie dans *Limnæus*, *Jus publ. lib. VI. cap.* 3.

(*b*) Voyez celle de *Joseph II. art. I.* §. 2.

Obs. I. La Noblesse immédiate paroît avoir un avantage sur les États de l'Empire, en ce qu'elle n'est point obligée comme eux de contribuer à l'entretien de la Chambre Impériale, quoique ce Tribunal soit établi, aussi-bien pour elle que pour eux.

CHAPITRE III.

De la Nobleſſe immédiate de la Baſſe-Alſace.

I.

L'ancien *Elſaſs* dérivant ſon nom, ſelon l'opinion la plus ſaine & la plus commune, de la riviere d'*Ill*, qui traverſe la majeure partie de l'Alſace, & que les Celtes, anciens habitans de cette province, appelloient *El* (*a*), prit le

II. Les Gentilshommes immédiats, ne poſſédant point de fiefs d'Empire, ne ſont point tenus de prêter foi & hommage à l'Empereur; quoique p. e. les villes impériales (même n'ayant point de pareils fiefs) ſoient obligées de le faire, à moins qu'elles ne prouvent d'en être diſpenſées.

(*a*) Les plus fameux Hiſtoriens de l'Alſace, *Herzog*, *Obrecht*, *Laguille*, *Schöpflin*, *Grandidier* & d'autres lui donnent cette dérivation, qui eſt vraiſemblable. Si j'aimois la baſſe flatterie, ou mieux, ſi je la croyois bien-venue chez des gens ſenſés, je dirois avec d'autres, qu'*Elſaſs* & *Edelſaſs* ſignifient le ſiege des Nobles, & que le nom d'*Edelſaſs* a été donné à cette

nom d'*Alſace* vers la fin du ſeptieme ſiecle du mot latin *Alſatia*, que *Frédégaire* (*b*), Auteur dudit ſiecle, tira du nom *Elſaſs*. Cette province, à ce que l'on croit, étoit d'abord ſous la dépendance des anciens Ducs de Treves. Enſuite Jules Céſar la mit ſous le joug des Romains, qui la gouvernerent par des Préfets juſqu'au regne de Clovis, qui la fit entrer ſous la domination des Francs (*c*); & lorſque la Monarchie Françoiſe fut diviſée par le Traité de Verdun en 843 entre les trois fils de *Louis I*, dit le Débonnaire, l'Alſace tomba à *Lothaire I*, & fit partie du Royaume de Lorraine. Mais en 860 elle paſſa ſous la domination des Rois d'Allemagne par la ceſſion qu'en fit *Lothaire II*, Roi de Lorraine, à *Louis le Ger-*

---

province, parce que, même dans les tems les plus reculés, elle étoit le ſéjour d'une nombreuſe Nobleſſe.

(*b*) Dans ſa *Chronique*, *chap.* 14. *apud Bouquetum*, *Tom. II. p.* 430.

(*c*) *Hertzog*, *Chronicon Alſatiæ*, *lib.* I. *p.* 7. 122. *& ſeq.*

manique, son oncle, en vertu d'un Traité d'alliance, conclu à Coblence, pour s'assûrer de son secours contre *Charles le Chauve* (*d*). Depuis ce tems-là elle faisoit partie des terres immédiates du Rhin, desquelles nous avons fait mention dans le chapitre précédent ; raison pour laquelle je donne à la Noblesse immédiate de l'Alsace la même source & la même origine qu'à celle du Rhin. Enfin elle fut réunie à la France sous Louis XIV, & la possession lui en a été assurée par les Traités de Münster, de Nimegue & de Ryswick.

II.

La Noblesse de cette province a toujours été beaucoup considérée. Elle a rendu de grands services à l'Empire, en reconnoissance desquels & dans l'espérance d'en tirer de nouveaux à l'avenir, *Charles-Quint*, *Maximilien II*, *Matthias*, *Ferdinand III.* & *Léo-*

(*d*) V. *Abrégé Chronol. de l'Histoire & du Droit public de l'Allemagne*, *p.* 42.

pold lui accorderent d'insignes privileges (*a*). Elle étoit toujours

(*a*) Tous ces privileges, à l'exception de celui de Maximilien II, se trouvent dans l'avant-derniere feuille d'un petit Recueil in-folio, imprimé à Strasbourg en françois & en allemand sous le titre . . . *Statuts & Privileges de la Noblesse franche & immédiate de la Basse-Alsace* &c. Ce Recueil doit avoir été fait in 4°. en 1630 en langue allemande par M. *Wieland*, pour lors Syndic du Directoire de la Noblesse. Le privilege de *Maximilien II.* se trouve dans *Limnæus*, *Jus publ lib. VI. cap. III. n.* 71.

Obs. Plusieurs de ses membres se sont trouvés aux tournois des quatre provinces de la Noblesse immédiate de l'Allemagne; mais voyant qu'on ne les y admettoit point volontiers (n'étant point liés de Corps avec elle), ils établirent des tournois particuliers en Alsace, que l'on tenoit ordinairement à Basle ou à Strasbourg, où l'on voyoit souvent une assemblée de deux ou trois cents personnes tous des Princes, Comtes ou Nobles distingués. Les tournois de Strasbourg, dont un des plus fameux se donna en 1390, se faisoient sur le marché aux chevaux; pour y aller, on passoit la ruelle des Chevaliers (Ritter-Gäßlein), située entre l'hôtel de Hanau & du Lux-Hof, au bout de laquelle étoit une porte pour traverser le vieux mur de l'ancienne ville, dont on trouve en-

dans une certaine correſpondance avec la Nobleſſe immédiate de l'Allemagne, ſans cependant jamais être formellement liée avec elle. Cette correſpondance s'eſt beaucoup ralentie pendant les troubles de la guerre de trente ans. Juſqu'à cette époque la Nobleſſe de la Haute- & Baſſe-Alſace tenoit toujours enſemble pour la conſervation de leur Corps. Auſſi voyons-nous que tous les privileges des Empereurs à elle accordés antérieurement parlent toujours de la Nobleſſe immédiate de l'Alſace en général (*b*). A la

core quelques monumens en terre. V. Silbermann, Local-Geſchichte der Stadt Straßburg, *cap. IX. pag.* 60. Avant d'y aller, les Chevaliers & les Nobles s'aſſembloient dans un hôtel, où ils s'amuſoient à la mode de ce tems-là. La buvette faiſoit le gros de leurs plaiſirs. Delà ces hôtels d'aſſemblées prenoient le nom de Trink-Stuben. Il y en avoit une à Strasbourg, où les Nobles s'aſſembloient tous les ans, pour célébrer l'anniverſaire des anciens tournois. V. *Hertzog*, *Chron. Alſatiæ*, *lib. VI. p.* 146.

(*b*) Les privileges de *Charles-Quint*, de *Maximilien II.* & de *Matthias*, que

fin de cette guerre la Haute & Basse-Alsace, c. à d. tout ce qui étoit soumis & dépendant de la Maison d'Autriche, conjointement avec la préfecture de Haguenau (c), fut cédé par le Traité de Münster à la France sous cette clause expresse: que les États de l'Empire avec leurs territoires (d) *situés en Alsace resteroient, comme toujours, uniquement & immédiatement attachés à l'Empire*. La Noblesse de la Haute-Alsace se mit aussi-tôt sous la domination de la France; la No-

Séparation de la Noblesse de la Haute-Alsace d'avec celle de la basse.

---

l'on trouve dans le susdit Recueil, font foi de ce que j'avance.

(c) La préfecture de Haguenau, comprenant les dix villes impériales & au-delà de quatre-vingt villages, fut mise en gage à la Maison Palatine par l'Empereur *Sigismond* en 1423. *Ferdinand I.* la racheta pour la Maison d'Autriche en 1558, la joignit au Landgraviat d'Alsace. *Herzog, l. cit. lib. IX. cap. III. pag.* 150. & 53.

Obs. La préfecture de Haguenau ayant été engagée à *Louis*, Comte Palatin, en 1423, il tint l'année 1424 en mémoire de ce beau gage un fort brillant tournois dans ladite ville. *Hertzog, l. cit. pag.* 163.

(*d*) V. *le* §. 78. *du Traité de Münster, conclu en* 1648.

blesse de la Basse Alsace au contraire, croyant que pour raison de son immédiateté, & en qualité de Co-membre de l'Empire, elle devoit aussi être comprise sous la clause concernant les États de l'Empire, tint ferme. La ville impériale de Strasbourg, État de l'Empire, où elle avoit son Directoire, & où elle tenoit ses assemblées (*e*), lui servoit de rempart; & pour mieux se garantir des entreprises, qu'elle craignoit de la part de la France, elle fit tous ses efforts pour s'unir avec la Noblesse immédiate de l'Allemagne. A cet effet elle gagna *Ferdinand III*, qui, charmé de soutenir & de conserver un aussi digne Corps, détermina enfin les trois classes de s'assembler à Mergentheim, où après avoir délibéré sur l'avantage, qui pourroit résulter par leur union avec la Noblesse immédiate de la Basse-Alsace, tant à l'Empire qu'au Corps de la No-

---

(*e*) Elle tenoit ses assemblées à la haute montée (auf dem hohen Steg), vis-à-vis les petites boucheries.

blesse en général, qu'à la Noblesse d'Alsace en particulier, elles consentirent enfin, à ce que ladite Noblesse seroit unie à leur Corps, & jointe à la classe du Rhin, sous la dénonciation *du quartier de la franche & immédiate Noblesse de la Basse-Alsace* (*f*), avec droit de séance & de la quatrieme voix aux assemblées générales, en renonçant au Directoire général desdites assemblées; sous cette réserve néanmoins, qu'en cas qu'elle puisse étendre son district par le recouvrement de la *Noblesse de la Haute-Alsace* ou du *bailliage de la Lorraine Allemande*, qui dépendoit autrefois immédiatement de l'Empire, (à quoi elle promit de contribuer de tout son pouvoir) & que par-là elle devienne capable de soutenir les frais du Directoire; alors son quartier ainsi étendu y sera alternativement ad-

(*f*) Cette intitulation se voit au §. 3. du *Récès* ou *Traité d'Association*, appellé Conjonctur-Receß. V. les *Statuts & Privileges de la franche & immédiate Noblesse d'Alsace, pag.* 57.

mis comme les autres classes (*g*). Cette union fut cimentée par un Récès formel de la susdite assemblée générale, dressé à Mergentheim le 18. Juin 1651, & ensuite confirmé le 10. Juin 1652 par *Ferdinand III.* (*h*), qui confirma & augmenta dans la suite, ainsi que l'Empereur *Léopold*, son fils & son successeur, les droits & privileges de ladite Noblesse d'Alsace (*i*). Cette union, ainsi que la protection de l'Empereur, la flattoit beaucoup; mais elle ne lui fournissoit pas assez de secours, pour résister aux différentes entreprises des François. Enfin se voyant toujours inquiétée des uns, &, pour ainsi dire, abandonnée des autres, elle prit le sage parti de se soumettre au Roi de France, & de lui prêter serment de fidélité ès mains du Sieur de la Grange, Intendant d'Alsace;

(*g*) V. *lesdits Statuts*, *pag.* 59.

(*h*) V. *lesdits Statuts*, *pag.* 61. & *suiv.*

(*i*) V. *les sus-dits Statuts*, *pag.* 71. 77. 85. 93. 109. & 113.

d'Alſace; enſuite de quoi elle obtint la même année 1680, au mois de Décembre, par Lettres patentes la permiſſion de transférer ſon Directoire de Strasbourg (pour-lors encore ville impériale) à Niederehnheim, avec confirmation de pluſieurs de ſes privileges (*k*). La ville de Strasbourg s'étant rendue l'année ſuivante à la Couronne de France, ſuivant la Capitulation du 30 Septembre 1681 (*l*), la Nobleſſe, pour raiſon de différentes incommodités, demanda & obtint derechef par de nouvelles Lettres patentes, la translation de ſon Directoire de Niederehnheim à Strasbourg (*m*), où nous le voyons encore aujourd'hui, jouiſſant de preſque tous les droits & privileges, que les Empereurs lui avoient accordé, & que les Rois

(*k*) V. le *Recueil d'Ordonnances & Réglemens du Conſeil Souverain d'Alſace*, *pag.* 132.

(*l*) Qui ſe trouve audit *Recueil*, *p.* 140, avec ſa confirmation faite par Louis XV.

(*m*) V. ledit *Recueil*, *pag.* 150.

de France lui ont si gracieusement confirmé, comme le fera voir le §. suivant.

OBSERVATION.

L'article 47. du Traité de Münster, conjointement avec l'art. 16. du Traité de Ryswick, donnent au Roi de France toute jurisdiction, supériorité & souveraineté sur toute la Haute- & Basse-Alsace. Mais l'art. 58. dudit Traité de Münster semble fait pour conserver aux Evêques de Strasbourg & de Bâle, à la ville de Strasbourg, & aux autres ci-devant États de l'Empire, même à la Noblesse d'Alsace, la possession des droits & prérogatives, que leur donnoit la qualité d'États de l'Empire, ou qui sont attachés à l'immédiateté. Cependant comme la fin de cet article porte, que par cette déclaration on n'entend point, qu'il soit rien ôté du droit de suprême seigneurie, qui étoit accordée aux Rois par les articles précédens, on a toujours été persuadé en France, que les droits conservés aux États ou à la Noblesse immédiate de l'Empire, n'étoient que ceux qui ſont compatibles avec la ſouveraineté du Roi ; & certes l'Empire ne pouvoit, ni ne devoit avoir d'autres intentions, vu que connoiſſant l'État monarchique de la France, il ſavoit, que le Roi n'y admettroit aucun droit ou prérogative, qui tendroit à la deſtruction de l'eſſence & des loix fondamentales de ſon Royaume. Ainſi nous ſommes pleinement perſuadés, que la ſupériorité territoriale, en tant qu'elle renferme les hauts régaliens inſéparables de la ſouveraineté (*a*), appartenants autrefois aux États de l'Em-

(*a*) Tels ſont p. e. les droits de guerre & de paix, de faire des alliances, d'avoir des troupes, d'entretenir des arſenaux, tenir des fortereſſes, de faire grace aux criminels, d'exercer la juſtice en plein & ſans appel ; de faire des aſſemblées de Corps, ſoit générales, ſoit particulieres, ſans autoriſation du Roi &c. &c.

Obſ. Le droit d'aſſemblées a été expreſſément défendu à la Nobleſſe immédiate de la Baſſe-Alſace. V. le *Recueil d'Ordonn. & Réglemens du Conſeil Souv. d'Alſace, pag.* 133.

pire, ou à la Nobleſſe immédiate de l'Alſace (*b*), paſſa à leur nouveau Souverain, qui leur conſerva & confirma la majeure partie des autres, dont les uns ſont des droits ſeigneuriaux compétants aux Seigneurs de fief ſuivant leurs titres & leur poſſeſſion; les autres ſont des droits éminens, qui, ſuivant le droit Germanique, ſont attachés à la juriſdiction territoriale; d'autres enfin ſont des droits régaliens compatibles avec la ſouveraineté du Roi. Mon but dans ce chapitre ne m'oblige qu'à faire voir à mon lecteur une énumération des droits conſervés & confirmés à la Nobleſſe immédiate de la Baſſe-Alſace. Le §. ſuivant y ſatisféra.

(*b*) Ladite Nobleſſe prétend avoir poſſédé ſes terres, avant d'être ſoumiſe à la France, *en pleine ſupériorité territoriale* comme le fait voir l'*Introduction* ou *le Prologue des Lettres patentes du Roi de* 1779, dont nous allons faire le détail.

Obſ. Je paſſe volontiers cette prétention, quoique bien des Publiciſtes la contrediſent.

III.

Les droits & privileges de ladite Nobleſſe ſont tous contenus dans les Lettres patentes de *Louis XVI* (qui fait aujourd'hui les délices & la gloire de ſon Royaume). Elles ſont datées du mois de Mai 1779, & ſervent de déclaration & interprétation des Lettres patentes antérieurement accordées à la Nobleſſe ſus-mentionnée. Les voici avec quelques notes ſervant d'éclairciſſement.

Droits & privileges de ladite Nobleſſe.

LETTRES PATENTES DU ROI,

portant confirmation des droits & privileges du Corps de la Nobleſſe de la Baſſe-Alſace.

LOUIS, par la grace de Dieu Roi de France & de Navarre &c. à tous préſens & à venir, ſalut. Le Roi LOUIS XIV. de glorieuſe mémoire, après l'entiere réunion de l'Alſace à la Couronne, déſirant traiter favorablement ceux des Seigneurs de cette province, qui poſſédant en pleine ſupériorité territoriale les bailliages, terres & seigneuries de leurs domaines, s'étoient soumis à son obéissance, voulut bien leur laisser une partie des droits régaliens, dont ils jouissoient, & les confirmer dans ceux qui ne pouvoient porter atteinte à l'autorité souveraine.

Le Corps de la Noblesse immédiate de la Basse-Alsace, qui avoit donné le premier exemple de soumission, obtint le vingt Décembre seize-cent quatre-vingt des Lettres patentes, qui le maintenoient dans la jouissance de ses privileges & droits de chasse & de corvées, dont il justifieroit par-devant l'Intendant & Commissaire départi dans ladite Province, avoir bien & duement joui par le passé.

Cependant comme les droits & privileges prétendus par le Corps de la Noblesse n'ont pas tous été spécifiés dans lesdites Lettres, & qu'il a souvent été exposé à beaucoup de difficultés dans l'exercice de ses droits & privileges : il Nous a très-humblement ſupplié, de lui en accorder une confirmation plus préciſe.

Et comme Notre bienveillance pour un Corps, qui a mérité toute Notre protection, Nous portera toujours à lui donner de nouvelles marques de la ſatisfaction, que Nous avons du zèle & de l'affection qu'il a fait paroître en maintes occaſions pour Notre ſervice, & de ſon attachement particulier à Notre perſonne: Nous avons réſolu, en confirmant leſdites Lettres Patentes de ſeize-cent quatre-vingt, d'expliquer Nos intentions à ce ſujet.

A ces cauſes & autres à ce Nous mouvant, de l'avis de Notre Conſeil, & de Notre grace ſpéciale, pleine puiſſance & autorité Royale, Nous avons par ces préſentes ſignées de Notre main, dit, déclaré & ordonné, diſons, déclarons & ordonnons, voulons & Nous plait ce qui ſuit.

ARTICLE I.

Les Lettres Patentes du mois de Décembre mil ſix cent quatre-vingt (*a*) seront exécutées selon leur forme & teneur, en conséquence ledit Corps de Noblesse & chacun de ses membres compris dans la Matricule, ainsi que leurs héritiers & successeurs, continueront de jouir de tous les droits & privileges à eux accordés par lesdites Lettres.

ART. II.

Le Conseil ou Directoire de ladite Noblesse continuera à être composé d'un Président, de six Conseillers ordinaires, & de trois Conseillers-Assesseurs (*b*), qui seront pris du Corps de ladite No-

---

(*a*) Ces Lettres patentes se trouvent au *Recueil d'Ordonnances & Réglemens du Conseil Souverain d'Alsace*, *pag.* 132. Elles ne contiennent rien, qui ne se trouve dans les présentes Patentes, à l'exception de la permission de transférer le Directoire de ladite Noblesse de Strasbourg à Niederehnheim.

(*b*) Le Président, les Assesseurs, ainsi que le Syndic & Avocat consultant du Directoire, doivent être des sujets Catholiques. V. le *Recueil d'Ord. d'Alsace*, *page* 765.

blesse, & d'un Syndic ; & lorsqu'il vaquera une place de Conseiller ordinaire, le plus ancien des Conseillers-Assesseurs y sera par Nous nommé : & en cas de vacance d'une desdites places de Conseillers-Assesseurs, il Nous sera présenté par ledit Conseil trois sujets, entre lesquels il en sera par Nous pris un pour la remplir. A l'égard des autres Officiers du Directoire, il continuera de les nommer ; à l'exception seulement du Syndic, auquel Nous Nous réservons de faire expédier des provisions, sur la présentation que ledit Conseil Nous fera d'un sujet ; le tout ainsi qu'il en a été usé jusqu'à ce jour.

ART. III.

Maintenons & confirmons ledit Conseil de la Noblesse de la Basse-Alsace dans l'exercice de sa juridiction, conformément aux Lettres patentes du mois de Décembre seize-cent quatre-vingt, & du cinq Mais seize-cent quatre-vingt-un (*a*). Ce faiſant, ordonnons que ledit Conſeil connoîtra en premiere inſtance de tous différends, plaintes, demandes & difficultés, que les Gentilshommes, qui compoſent le Corps de la Nobleſſe de la Baſſe-Alſace, ou qui y ſont agrégés, & les habitans des lieux ſpécifiés dans le Régiſtre ou Matricule de ladite Nobleſſe pourront avoir les uns avec les autres, tant en actions perſonnelles que mixtes, & même en actions réelles, lorſqu'il s'agira de fonds compris dans la Matricule, & généralement de toutes matieres civiles, de petit-

(*a*) Les Lettres patentes du 5. Mai 1681 qu'on trouve audit *Recueil*, *pag.* 137 donnent au Conſeil de la Nobleſſe de la Baſſe-Alſace, le pouvoir de juger & terminer les différends, tant pour le civil que pour le petit criminel ſouverainement & en dernier reſſort, juſqu'à la ſomme de deux-cent cinquante livres ſeulement, & juſqu'à celle de cinq cent livres par proviſion, & à l'inſtar de ce qui ſe pratique dans les préſidiaux du Royaume, & dont les parties pourront appeller au Conſeil Souverain d'Alſace, pourlors ſéant à Briſac.

criminel & de police, qui ſont de ſa compétence. Voulons en outre que ledit Couſeil puiſſe juger en dernier reſſort, ſoit au civil, ſoit au petit criminel, lorſqu'il ne s'agira que de condamnations pécuniaires, juſqu'à la ſomme de cinq cent livres, & par proviſion juſqu'à la ſomme de mille livres.

N'entendons toutefois comprendre dans cette diſpoſition les amendes qui ſeront prononcées pour objets de police ou pour délits en fait de chaſſe, de pêche & de forêts, à l'égard deſquelles ledit Conſeil ne pourra juger en dernier reſſort, que juſqu'à la ſomme de trente livres, & cent livres par proviſion: ſauf l'appel en Notre Conſeil ſouverain d'Alſace des ſentences, qui ne ſeront pas rendues dans le cas du dernier reſſort: & ſera tenu Notre dit Conſeil ſouverain d'Alſace de renvoyer au Conſeil de la Nobleſſe toutes les conteſtations & différends, dont ledit Conſeil eſt en droit & en poſſeſſion de connoître.

ART. IV.

Les jugemens seront rendus par cinq Juges au moins; & on exprimera, s'ils l'ont été en dernier ressort. Faisons défenses aux Officiers de la Chancellerie établie près le Conseil souverain, de sceller aucunes Lettres de relief d'appel des jugemens dudit Conseil de la Noblesse, s'ils ne sont annexés auxdites Lettres; comme aussi d'en sceller aucunes, lorsqu'ils auront été rendus en dernier ressort. Faisons pareillement défenses audit Conseil souverain de recevoir audit cas les appels des jugemens: le tout à peine de nullité: sauf néanmoins aux parties qui prétendront, que le Directoire n'a pas jugé dans le cas de son dernier ressort, de proposer par Requête leur appel, lequel ne pourra être reçu que par un Arrêt sur Requête.

ART. V.

Connoîtra pareillement ledit Conseil de Noblesse de tous procès criminels de Gentilshommes à Gentilshommes, qui composent ledit Corps de la Noblesse, & qui y sont agrégés : lesquels seront instruits en la forme ordinaire, pour être jugés par les Officiers dudit Conseil, au nombre de sept au moins, sauf l'appel en Notre Conseil souverain d'Alsace, hors les cas, dans lesquels les jugemens, ne portant que des condamnations pécuniaires, comme amendes, aumônes, dommages & intérêts, seront rendus en dernier ressort, ainsi qu'il est dit ci-dessus: & à l'égard des autres délits & crimes, qui pourroient être commis par aucun desdits Gentilshommes, hors du ressort de la ville de Strasbourg & de celui du Directoire, Nous Nous réservons de décider sur les mémoires respectifs, qui Nous seront présentés par les parties intéressées, par-devant quel Tribunal & en quelle forme la poursuite pourra être faite.

ART. VI.

Les Lettres patentes du dix Juillet mil sept cent dix-sept seront exécutées ſelon leur forme & teneur (*a*); en conſéquence avons

(*a*) La ſomme de dix-ſept mille ſept cent quarante-deux livres, octroyée par Lettres patentes du 10. Juillet 1717, que l'on voit audit *Recueil*, *pag.* 120. " devoit
„ être employée, ſavoir douze cent livres
„ pour les appointemens de deux Di-
„ recteurs, quatre cent livres à chacun
„ des cinq Conſeillers, deux cent livres à
„ chacun des trois Aſſeſſeurs, trois mille
„ au Syndic, deux mille livres à l'Avo-
„ cat conſultant, huit cent livres à un
„ Secrétaire, quatre cent livres à un Gref-
„ fier interprête ſix cent livres aux deux
„ Commis du greffe, trois cent livres cha-
„ cun; quatre cent livres à celui chargé
„ de l'enrégiſtrement des titres & papiers;
„ onze cent quarante livres pour l'entre-
„ tien de deux Gardes à cheval; vingt
„ livres pour la rente annuelle due à l'ab-
„ baye d'Andlau, ſur la maiſon où s'aſ-
„ ſemble le Conſeil de la Nobleſſe; &
„ vingt-trois livres quatre ſols pour pa-
„ reille rente à la ville de Strasbourg; &
„ le ſurplus montant à cinq mille cent
„ cinquante-neuf livres, tant aux frais
„ du greffe qu'à l'entretien de la maiſon
„ & des meubles, où ſe tient le Conſeil,
„ & autres dépenſes imprévues, ſuivant le
„ compte qui en ſera arrêté tous les ans
„ par les Officiers dudit Conſeil." Voilà tout ce qu'elles contiennent de particulier.

permis & permettons au Corps de la Noblesse de la Basse-Alsace d'imposer à l'avenir, pour les causes portées par lesdites Lettres, sur les habitants des terres & seigneuries, qui lui appartiennent, & qui sont immatriculées, la somme de dix-neuf mille sept cent quarante-deux livres, aulieu de celle de dix-sept mille sept cent quarante-deux livres, imposée jusqu'à présent en exécution desdites Lettres, à la charge toutefois, que ladite imposition sera faite sur tous les habitants justiciables des Gentilshommes, qui composent ledit Corps de Noblesse, au marc la livre de la subvention, & qu'il sera arrêté tous les ans par le Conseil de ladite Noblesse un état de répartition, comme il l'a été jusqu'à présent, de ladite somme de dix-neuf mille sept cent quarante-deux livres, par lequel la portion, qui devra en être supportée par chaque communauté, sera fixée, auquel état celui qui sera chargé par ledit Corps de faire le recouvrement de l'impoſition de ladite ſomme, ſera tenu de ſe conformer.

ART. VII.

Seront pareillement exécutées en tout les diſpoſitions de l'Arrêt de Notre Conſeil du vingt-huit Mai mil ſept cent quinze, & des Lettres Patentes du cinq Juin de la même année (*a*), portant Réglement

(*a*) Leſdites Patentes ſe trouvent audit *Recueil*, *page* 557. Elles contiennent préciſément la teneur dudit Arrêt du Conſeil du 28. Mai mil ſept-cent quinze, & ordonnent : " que les Magiſtrats de „ Strasbourg auront ſeuls le droit d'appo- „ ſer le ſcellé & faire les inventaires dans „ les maiſons des Gentilshommes du Di- „ rectoire, ainſi que des autres Nobles „ ſitués dans ladite ville & ſa banlieue, „ ſans néanmoins le pouvoir faire d'office, „ mais ſeulement dans les cas, où cette „ appoſition du ſcellé & confection d'in- „ ventaire ſeront requiſes par les parties „ intéreſſées, ou par le Syndic dudit Di- „ rectoire en cas de beſoin, pour la con- „ ſervation des intérêts des Gentilshom- „ mes immatriculés mineurs ou abſents, „ ſur leſquels, s'il ſurvient des conteſta- „ tions, lors ou après la confection des- „ dits Inventaires, elles ſeront jugées par

glement entre le Magistrat de

„ les Officiers dudit Directoire, & sans
„ aussi préjudicier à cet égard aux fran-
„ chises & exemptions de la maison en
„ fief & directe mouvance de Nous, où
„ Nous avons établi en ladite ville le Tri-
„ bunal dudit Conseil ou Directoire,
„ dans laquelle maison les Officiers dudit
„ Directoire pourront seuls apposer les
„ scellés, faire les Inventaires & avoir
„ toute jurisdiction; que les jugemens du-
„ dit Directoire, concernant les successions
„ desdits Nobles immatriculés, partages
„ & prises de possession des maisons & au-
„ tres héritages fonciers situés dans ladite
„ ville & banlieue de Strasbourg, y se-
„ ront exécutés selon leur forme & te-
„ neur, en demandant par ceux qui les
„ auront obtenus le *Pareatis* desdits Ma-
„ gistrats, lesquels ne pourront le refuser,
„ ni prendre sous ce prétexte aucune con-
„ noissance des contestations du ressort du-
„ dit Directoire; que le cas arrrivant de
„ crimes commis dans la ville & banlieue
„ de Strasbourg par des Gentilshommes
„ ou Ecclésiastiques, le Conseil ou Directoire
„ de la Noblesse de la Basse-Alsace con-
„ noîtra jusqu'à sentence définitive inclu-
„ sivement & à la charge de l'appel en
„ Notre Conseil supérieur d'Alsace, de
„ ceux des Gentilshommes immatriculés
„ audit Directoire; & notre dit Conseil
„ supérieur connoîtra directement des cri-
„ mes des autres Gentilshommes non-im-

Strasbourg & le Conseil de la Noblesse de la Basse-Alsace sur l'ex-

„ matriculés, ainsi que ceux des Ecclésia-
„ stiques, pour le cas privilégié, suivant
„ les Ordonnances & Réglemens à cet
„ égard; pourront néanmoins les Magi-
„ strats de ladite ville de Strasbourg, en
„ cas de prévention & de plus grande
„ diligence de leur part, informer, dé-
„ créter & faire arrêter lesdits coupables
„ provisoirement & à la charge de les re-
„ mettre auxdits Juges compétants, dès
„ que la révendication en sera faite, même
„ le renvoi demandé par les accusés avec
„ l'adjonction de Notre Procureur géné-
„ ral dans ce qui concernera Notre Con-
„ seil supérieur d'Alsace, du Syndic dudit
„ Directoire de la Noblesse pour les Gen-
„ tilshommes immatriculés, & du Promo-
„ teur pour les Ecclésiastiques, dont le
„ délit commun devra être instruit & jugé
„ par l'Official sans préjudice du cas pri-
„ vilégié; voulons qu'il soit permis aux
„ Gentilshommes tant immatriculés qu'au-
„ tres, & aux Officiers nécessaires du Tri-
„ bunal du Directoire, qui voudront ache-
„ ter des maisons dans la ville de Stras-
„ bourg, de les acquérir de gré à gré, &
„ sans être obligés de se rendre bourgeois,
„ ni sujets pour raison de ce au droit de
„ protection & logement de gens de guerre
„ effectif ou par contribution pécuniaire,
„ dont lesdites maisons demeureront ex-
„ emptes tant qu'elles seront possédées &

ercice de leurs jurisdictions & de leurs privileges.

ART. VIII.

L'Arrêt du Conseil du dix-neuf Mai mil sept cent vingt-deux (a).

» habitées par lesdits privilégiés, lesquels » seront tenus d'acquitter les autres char» ges, auxquelles lesdites maisons étoient » sujettes, & ne pourront les vendre ou » céder & louer à d'autres non privilégiés » avec la même exemption de logement » de gens de guerre, qui ne s'étendra » même pas aux non-privilégiés, qui » loueroient une portion de maison, la» quelle à cet égard redeviendra sujette » au logement, à moins que l'exemption » n'en ait été précédemment acquise de » gré à gré desdits Magistrats par quelque » convention particuliere; qu'à l'avenir, » lorsque lesdits Magistrats se croiront obli» gés de faire quelque réglement, ils » soient tenus avant sa publication de Nous » en rendre compte, pour obtenir de Nous » l'agrément de le faire exécuter. Vou» lons au surplus que lesdits Magistrats » & lesdits Officiers du Directoire jouissent » des droits de jurisdiction, de collecte » & de matricule, & des privileges & » usages non contraires audit réglement."

Cet Arrêt se trouve audit Recueil pag. 680.

(a) Les dispositions de cet Arrêt & les ordres du Roi en explication plus particuliere d'icelui sont:

ſur le fait des impoſitions dans les terres de la Nobleſſe de la Baſſe-

---

1°. Tous les biens compris dans le Régiſtre ou Matricule ſeront exempts de la ſubvention, lorsque les propriétaires les feront valoir par leurs mains.

2°. Lorſque les biens ci-deſſus ſeront exploités par des métayers demeurants dans les maiſons dépendantes des biens immatriculés, & que le prix de l'exploitation ſera ſtipulé payable en fruits, la même exemption aura lieu à l'égard deſdits métayers.

3°. Lorſque leſdits biens ſeront donnés à ferme à prix d'argent, ſoit que les fonds ſe trouvent dans la ſeigneurie du propriétaire ou ailleurs, les Fermiers ou Colons, qui les tiendront, ſeront impoſés à la *portion colonique*, qui eſt *la moitié de ce qu'ils devroient ſupporter, s'ils étoient propriétaires.*

4°. Permet Sa Majeſté aux propriétaires des biens immatriculés, lorſqu'ils les vendront à un acquéreur non-noble, de ſe réſerver le remplacement de la franchiſe, à la charge qu'il en ſera fait mention dans le contrat, & en ce cas ledit bien vendu ſera impoſé après l'année du retrait accordée à la Nobleſſe, & demeurera pour toujours ſujet aux impoſitions, en quelques mains qu'il paſſe à l'avenir; mais auſſi le vendeur aura la liberté pendant l'eſpace de vingt ans, en acquérant dans l'étendue de la

Alſace, ſera exécuté. En conſéquence ordonnons, que par le

jurisdiction du Directoire une valeur en bien taillable égale à celle qu'il aura aliénée; de jouir de la franchiſe par forme dudit remplacement ſur les fonds nouvellement acquis, en juſtifiant néanmoins, que ceux qu'il a vendu, ſont impoſés, & pour lors il en ſera fait mention ſur la Matricule. Si ladite réſerve n'eſt point exprimée dans le Contrat, le bien immatriculé reſtera toujours franc entre les mains de l'acquéreur, de quelque condition qu'il ſoit, & le vendeur ne ſera admis à aucun remplacement quant à la franchiſe, il en ſera de même déchu, ſi la clauſe de réſerve, ayant été ſtipulée, n'avoit pas eu lieu pendant ledit eſpace de vingt ans.

5°. Les Officiers du Directoire préſidial de la Nobleſſe de la Baſſe-Alſace jouiront dans l'étendue des terres de ladite Nobleſſe, lorsqu'ils feront valoir leurs biens par leurs mains, des exemptions ci-après: ſavoir, le Syndic & le Procureur fiſcal de la franchiſe de deux charrues; le premier Secrétaire, le Greffier ſervant d'interprête & le Commis Régiſtrateur, enſemble les Baillifs au nombre de quatre, pour toutes les terres de la jurisdiction du Directoire d'une charrue ſeulement; & à l'égard des Procureurs fiſcaux & Greffiers des,

Sieur Intendant & par les Officiers, qui composent le Conseil de ladite

---

dits quatre Baillifs, ils n'auront que l'exemption de la partie de l'imposition qui tombe sur l'industrie : quant aux Fermiers ou Colons desdits Officiers, ceux du Syndic & du Procureur fiscal du Directoire seulement seront réduits à la portion colonique.

6°. Les contribuables seront imposés en entier dans le lieu de leur domicile pour tous les biens qu'ils posséderont dans l'étendue de la jurisdiction du Directoire.

7°. Les biens étant hors ladite jurisdiction seront imposés dans les communautés, où ils sont situés, quoiqu'ils appartiennent à un propriétaire domicilié dans ladite jurisdiction, & il en sera usé de même pour les biens situés dans les terres de ladite Noblesse, & appartenants à des gens domiciliés hors la jurisdiction du Directoire.

8°. Veut au surplus Sa Majesté, que l'Arrêt de son Conseil du 30. Décembre 1721, portant réglement pour toute la province d'Alsace en général, soit exécuté même dans les terres de la jurisdiction du Directoire pour tous les cas qui peuvent n'avoir pas été prévus par les dispositions ci-dessus, notamment à l'égard des biens, qui étant dans ladite jurisdiction, ne se trouveront pas

Nobleſſe, il ſera procédé dans deux ans pour tout délai, au renouvellement du Régiſtre ou Matricule de la Nobleſſe de la Baſſe-Alſace, dans lequel on comprendra généralement toutes les familles & biens contenus dans celui arrêté en ſeize cent cinquante-un, qui ſont entrés par échanges, ou qui y ont été depuis ajoutés par délibération des Officiers dudit Conſeil de la Nobleſſe, ou de Notre permiſſion ſpéciale, & de celle de Nos prédéceſſeurs, juſqu'en mil ſept cent vingt-un; ſans diſtinction des biens, ſoit fiefs ou allodiaux, eccléſiaſtiques ou ſéculiers, ou des perſonnes qui les poſſedent; ſoit que les fiefs ſoient réunis au domaine comme ouverts, ou qu'ils ſoient autrement aliénés. Et voulant pour l'avenir terminer toutes difficultés ſur ce point, ordonnons que l'Arrêt de Notre Conſeil ſouverain d'Alſace, rendu le douze

néanmoins immatriculés. Cet Arrêt ſe trouve audit *Recueil*, *pag.* 676.

Mars mil ſept cent ſoixante-treize, ſera regardé comme non-avenu, en conſéquence que les immatriculations faites des Gentilshommes de la Haute-Alſace ſoient reſtreintes à ceux qui en jouiſſent actuellement, & que leſdits Gentilshommes, qui ſont en poſſeſſion actuelle, jouiſſent pour leurs perſonnes ſeulement des privileges attachés audit Corps de la Nobleſſe. Nous réſervant d'accorder la même grace à leurs deſcendants, s'il y échet. Faiſons très-expreſſes inhibitions & défenſes, d'admettre à l'avenir dans ladite Matricule aucune famille, ni d'y employer aucuns biens-fonds, ſans en avoir obtenu de Nous une permiſſion expreſſe, ſur le compte qui Nous en aura été rendu par le Commiſſaire départi dans ladite province; après néanmoins que ladite Matricule aura été arrêtée, & que l'expédition d'icelle aura été dépoſée au greffe de Notre Conſeil ſouverain d'Alſace, ainſi qu'il eſt porté par l'Arrêt du Conſeil du dix-neuf Mai mil ſept cent vingt-deux.

ART. IX.

LesGentilshommes dudit Corps de la Noblesse jouiront, comme par le passé, du droit de haute, moyenne & basse justice, avec pouvoir & faculté de choisir, nommer & instituer des Baillifs, Prévôts, Greffiers, Notaires & Sergens pour l'exercice de leurs justices, lesquels offices ne pourront être remplis que par personnes capables & de la Religion Catholique Apostolique & Romaine, & ne pourront lesdits Officiers être destitués sans cause, lorsque leurs offices leur auront été donnés par récompense de services, ou lorsqu'ils auront payé finance à ceux desdits Gentilshommes, qui seroient autorisés par des Lettres patentes à faire financer lesdits offices; sans néanmoins que dans l'un & l'autre cas les héritiers des parents pourvus décédés puissent prétendre aux mêmes offices.

ART. X.

Les Baillifs, Prévôts & Greffiers seront reçus audit Conseil de la Nobleſſe; & l'appel des ſentences par eux rendues en matiere civile ſera porté audit Conſeil, pour y être jugé en dernier reſſort, ou porté en Notre Conſeil ſouverain d'Alſace, ainſi qu'il a été réglé par l'article trois ci-deſſus: & à l'égard du petit criminel, ledit appel ſera porté directement en Notre Conſeil ſouverain d'Alſace, hors les cas, dans leſquels les jugemens ne prononceront qu'une ſimple condamnation pécuniaire; dans leſquels cas l'appel en ſera porté audit Conſeil de la Nobleſſe, pour qu'il y ſoit ſtatué, ſoit en dernier reſſort, ſoit à la charge de l'appel; ſuivant que le montant deſdites condamnations ſera au-deſſous ou au-deſſus de la ſomme, juſqu'à concurrence de laquelle Nous avons réglé par l'article trois des préſentes, que ledit Conſeil de la Nobleſſe jugera en dernier reſſort en matiere de petit criminel.

ART. XI.

Les Gentilshommes dudit Corps de la Nobleſſe immatriculée pourront, dans toute l'étendue de leurs terres comprises dans ladite Matricule, faire par eux-mêmes tels réglemens qu'ils jugeront convenables, pour le maintien de la police, pour la pêche, pour la chasse ou les bois, même tels statuts, qu'ils aviseront bon être, pour les corps d'arts & métiers, sans toutefois que lesdits statuts puissent être exécutés, qu'après avoir été homologués en Notre Conseil souverain d'Alsace; lequel ne pourra, sous ce prétexte, prendre connoissance de leur exécution, si ce n'est en cas d'appel; & ce sans préjudice de l'exécution des réglemens généraux par Nous faits, ou que Nous jugerions à propos de faire à l'avenir, au sujet desdits corps d'arts & métiers, lesquels y seront exécutés nonobstant ceux faits par lesdits Seigneurs.

ART. XII.

Les Baillifs continueront de connoître en premiere instance de toutes matieres de chasse, pêche, forêts & bois, appartenants auxdits Gentilshommes, à la charge de l'appel audit Conseil de la Noblesse, lequel prononcera, soit en dernier ressort, soit à la charge de l'appel en Notre Conseil souverain d'Alsace, conformément à ce qui est prescrit par l'article trois des présentes : & à l'égard des bois & forêts, dont les communautés auroient la propriété, la régie & administration en sera faite suivant les Réglemens faits en Notre Conseil, sans préjudice toutefois des amendes, qui continueront d'appartenir aux Seigneurs.

ART. XIII.

Maintenons lesdits Gentilshommes & leurs successeurs en la possession d'acheter du sel par-tout, où bon leur semblera, & de le faire vendre & débiter aux habitants de leurs terres immatriculées, sans qu'ils puissent s'en pourvoir ailleurs ; à condition toutefois, qu'il ne pourra être débité à un prix au-dessous de celui qu'il est débité en ladite province par Nos Fermiers - Généraux.

ART. XIV.

Ceux desdits Gentilshommes, qui sont en possession de jouir dans leurs terres du droit de lods & ventes (a), & de percevoir le centieme denier des ventes des immeubles, & le cinquantieme denier de celles des meubles & denrées, autres que celles qui peuvent servir à la nourriture des hommes & des bestiaux, comme aussi le retrait féodal, continueront de jouir de tous lesdits droits, comme ils en ont joui jusqu'à

(a) Les lods & ventes signifient la part & portion, que le Seigneur prend du prix de la vente.

Obs. Les lods & ventes ne peuvent pas être demandés après trente ans, qui commencent à courir du jour de la notification de la vente & réquisition faite au Seigneur de l'investiture, de l'ensaisinement ou de la possession des immeubles achetés ou acquis à autres titres que d'héritage. V. *de la Roche, en son Traité des droits seigneuriaux*, *chap.* 38. *art.* 9.

présent, sans préjudice toutefois des exemptions, dont jouiroient les acquéreurs.

ART. XV.

Jouiront pareillement lesdits Gentilshommes dans l'étendue de leurs terres immatriculées des droits de déshérence (a) & des

(a) Le droit de déshérence signifie la faculté de succéder à un Regnicole, c. à d. un François né ou étranger naturalisé domicilié en France, provenant d'un mariage légitime, décédé sans avoir testé & sans laisser aucun héritier regnicole procréé de lui ou de son lignage. Ce droit, à ce que l'on peut voir par sa définition, ne comprend point les successions des aubains (c. à d. étrangers non naturalisés), ni celles des batards.

Obs. En vertu d'une coutume presque générale en France, & qui a lieu en Alsace, les Seigneurs haut-justiciers prennent dans ce dernier cas les héritages situés dans leurs justices, ainsi que les effets mobiliers, qui s'y trouvent: puisque conformément à ladite coutume, dans ces cas les meubles sont présumés avoir une assiette certaine & fixée, quoique suivant la maxime ordinaire, les meubles suivent le domicile de la personne. V. *Baquet en son Traité de deshérence, & Despeisses, Tom.* 3. *p.* 134.

amendes, prononcées même dans les cas royaux, si ce n'est pour crime de léze-Majesté; sans toutefois qu'ils puissent en aucuns cas s'approprier les domaines royaux, qui se trouveront entre les mains du condamné, ni les amendes, auxquelles les coupables auront été condamnés envers Nous, pour payer les frais du procès.

ART. XVI.

Les minéraux d'or & d'argent, qui se trouveront tant dans le Rhin (a) que dans les montagnes,

(a) Le Rhin prend sa source en Suisse dans le pays des Grisons, sur le mont St. Gotthard. Il charie des paillottes ou paillettes d'or (Goldkörner, Goldsand), dont la cueillette se fait en plusieurs endroits, & particuliérement à Coire, Meyenfeld, Eglisau, Seckingen, Augst au-dessus de Bâle, Neuenbourg, Selz, Worms, Mayence, Bacherach, Bonn & autres endroits. V. Thurneisser, von kalten, warmen, mineralischen und metallischen Wassern, *lib. VI. cap. I. Des florins d'or du Rhin*, v. *Zeiler, in Itinerario Germaniæ, pag.* 207. *item centur.* 4. *Epist. pag.* 154. 418.

dans l'étendue desdites terres immatriculées, appartiendront aux Seigneurs

---

Entre les Nobles immatriculés au Directoire de la Basse-Alsace, nous en voyons qui sont dans un perpétuel exercice de ce droit. P. e. les Messieurs de Güntzer & de Kempfer, Seigneurs de Plobsheim, perçoivent encore aujourd'hui tous les ans le cens d'un Ducat de celui à qui ils ont affermé leur droit de cueillir les paillettes d'or du Rhin dans leur district. V. *Schæpflin*, *Alsat. Illustr. Tom. I. p.* 32. & *Tom. II. pag.* 258.

Parmi les Seigneurs d'Alsace, qui jouissent du droit de cueillir les paillettes d'or du Rhin, émine le Prince Evêque de Strasbourg, dont les prédécesseurs jouissoient déja de ce droit dans le huitieme siecle, même avec pouvoir de le communiquer à d'autres. *Remigius*, Evêque de Strasbourg, fils, à ce que l'on croit, du Comte Hugo, & neveu d'Adalric, Duc d'Alsace, fondant l'ancienne Abbaye d'Eschau, lui donna en dot en 778, entre autres terres, une isle du Rhin, appellée *Zuzenowe*, avec le droit d'y cueillir les paillettes d'or chariées par ledit fleuve. Le Diplôme de cette dotation se trouve dans les archives épiscopales de Saverne; ainsi que l'original d'une Bulle du Pape Alexandre III, donnée à ladite Abbaye en 1180. Les Actes de fondation de cette Abbaye sont rapportés dans l'*Histoire de*

Seigneurs d'icelles, leur en faisant don par ces présentes.

---

l'Eglise de Strasbourg, par Grandidier, tom. I. liv. 3. pag. 302. 309. & liv. 4. pag. 435.

Obs. I. En 1525 les Dames de cette Abbaye prirent le parti de se marier, & se jetterent dans le Luthéranisme; cela fit supprimer cette Abbaye, dont les biens furent incorporés à la manse épiscopale, & passerent au Chapitre de l'Eglise Cathédrale de Strasbourg. V. *Schœpflin, Alsat. Illustr. Tom. II. p. 161. & p. 258.*

II. Le droit de mines d'or & d'argent a été confirmé à l'Evêque de Strasbourg au mois de Septembre 1682, par Lettres patentes de *Louis XIV. art. VI.* V. *Recueil d'Ordonn. pag.* 154.

III. Le Landgrave de Hesse-Darmstadt jouit du même droit dans ses terres & seigneuries situées en Alsace confinantes au Rhin. V. l'*art.* 17. des Lettres patentes en confirmation de ce droit, accordées au mois d'Avril 1701 au Comte de Hanau; auquel succéda le susdit Landgrave dans ses terres situées en Alsace. *Recueil d'Ordonn. p.* 384. Le même droit a été confirmé au Duc de Würtemberg par Lettres patentes de 1768, *art. XIV.* V. le *Recueil d'Ordonnances par M. Bouc, à ladite année.*

IV. La ville de Strasbourg exerce le même droit dans le district du Rhin appellé *Kranichwerth.* Elle perçoit de son Fermier Collecteur d'or, conformément au

ART. XVII.

Lesdits Seigneurs jouiront pareillement dans l'étendue de leurs dites terres du droit de trésor caché; & l'argent, qui y aura été trouvé, leur appartiendra, pour la part & portion appartenante aux Seigneurs hauts - justiciers, suivant la coutume & les usages de ladite province d'Alsace.

ART. XVIII.

Accordons en outre auxdits Seigneurs la faculté de faire tirer le salpêtre dans l'étendue de leurs terres & seigneuries, à condition toutefois, que leurs Fermiers ne le pourront vendre qu'à celui, qui aura ordre de Nous pour en fournir les magasins de Nos places.

ART. XIX.

Lesdits Seigneurs pourront pareillement lever le droit d'émigra-

---

dernier bail passé en 1760, un canon annuel de 40 florins. V. le *Régistre ou Protocole de la Tour aux Pfennings de l'année* 1760, *pag.* 36.

tion (*a*), appellé Abzug, ſur les habitants de leurs terres, à qui Nous aurons permis de s'établir hors de Notre Royaume; & ce ſur le pied que les autres Seigneurs d'Alſace le perçoivent.

ART. XX.

Ceux des Gentilshommes, qui ſont en poſſeſſion de jouir du droit de main-morte (*b*), appellé

(*a*) Les droits domaniaux caſuels ſont en Alſace à-peu-près les mêmes que dans les autres provinces de France, tels que ceux de bâtardiſe & de déshérence. Mais celui d'émigration eſt particulier à l'Alſace; il tire ſon origine des conſtitutions de l'Empire, & conſiſte dans le dixieme de la valeur des biens & effets qui ſont emportés hors du Royaume, ſoit par les Alſatiens, lorſqu'ils quittent leurs provinces, ſoit par les étrangers, qui y recueillent des ſucceſſions, enfin en cas de vente, lorſque le prix paſſe à l'étranger.

(*b*) La main dénote le pouvoir: ainſi une main-morte ſignifie un homme ſans pouvoir, c. à d. de condition ſervile & ſujet de Corps envers ſon Seigneur, qui lui ſuccede en meubles ou immeubles, ou en tous biens, ſelon la coutume ou ſelon les anciennes pactions & conventions.

Todtfall, continueront d'en jouir dans les lieux, où ils l'ont perçu jusqu'à présent.

Obs. I. Notre Alsace fourmilloit autrefois de serfs ou d'esclaves, sur-tout du tems des Romains, auxquels elle étoit long-tems soumise. Les sentimens d'humanité, que la Religion Chrétienne fit naître dans la suite à ses Seigneurs, arracherent l'esclavage de son heureux climat. Ils affranchirent leurs serfs, mais en se réservant cependant de certains droits sur eux; tels sont p. e. les droits de hébergement, de corvées, de main-morte & autres, dont nous aurons lieu de parler dans ce chapitre.

II. Le droit de main-morte en notre province consistoit autrefois en ce que le Seigneur (là où ce droit étoit introduit) lors de la mort d'un chef de famille, partageoit les immeubles par portion égale, & à leur défaut les habits & meubles avec les héritiers du défunt; & à défaut des uns & des autres, l'Officier du Seigneur emportoit de chez le défunt une chaise de bois à trois jambes pour la conservation de son droit. Dans d'autres endroits le Seigneur prenoit à la mort du mari la meilleure bête de sa succession, & à la mort de la femme la meilleure robe ou le meilleur lit; mais ces sortes de droits étant pour la plupart rachetés pour une certaine somme d'argent, on en voit aujourd'hui rarement l'exercice en

ART. XXI.

Lesdits Gentilshommes continueront de jouir du droit de percevoir sur les Juifs (*a*) dans leurs terres douze écus pour leur réception & annuellement pareille somme par famille : Nous réservant néanmoins de déterminer par un Réglement général pour Notre province d'Alsace, tant les lieux, où lesdits Juifs pourront être reçus, que leur nombre.

ART. XXII.

Le Conseil de ladite Noblesse continuera de nommer des Rabbins

nature. Touchant le droit de main-morte, voyez le *Recueil alphabétique de M. Brétonnier*, verbo, *Main-morte.*

(*a*) Le Roi fait percevoir sur tous les Juifs de l'Alsace un droit qu'on nomme droit de protection; il est pour ceux de la Haute-Alsace de 17 livres 10 sols, & pour ceux de la Basse-Alsace de 21 livres pour chaque chef de famille, payable en deux payemens égaux & d'avance de six mois en six mois. Les Seigneurs, auxquels le Roi a cédé ce droit, p. e. le Marquis de Rosen, le font payer sur le pied de douze écus, ou de trente-six livres.

aux Juifs, qui seront domiciliés dans l'étendue de sa jurisdiction, conformément à l'Arrêt du Conseil du douze Avril mil sept cent trente-huit.

ART. XXIII.

Les Gentilshommes, qui sont en possession de percevoir dans leurs dites terres & seigneuries immatriculées le droit dit l'**Umgeld** sur le vin, la bierre & autres boissons; & le droit de permettre pour un tems, ou pour toujours, de tenir cabaret, sous la reconnoissance & cens annuel, appellé **Schild-Gerechtigkeit**, ou droit d'enseigne, continueront de jouir desdits deux droits.

ART. XXIV.

L'Arrêt du Conseil du vingt-quatre Décembre mil six cent quatre-vingt-trois (*a*), qui fixe les

---

(*a*) Par cet Arrêt Sa Majesté ordonne, *que les habitants des villes, bourgs, villages, qui dépendent du Corps de la Noblesse de la Basse-Alsace, seront obligés de faire annuellement chacun*

corvées dues annuellement aux Gentilshommes propriétaires des

---

douze journées par corvées à leurs Seigneurs; Sa Majeſté laiſſant au choix desdits Seigneurs propriétaires desdits lieux, de faire faire lesdites corvées en nature ou d'obliger lesdits habitants à leur payer aulieu d'icelles, ſavoir à l'égard des lieux, où on laboure ordinairement la terre *avec deux chevaux ou quatre bœufs*, de chaque charrue attélée de deux chevaux ou de quatre bœufs, *trente ſols pour une journée*; & ceux qui n'auront qu'un cheval, *quinze ſols par journée*, & ainſi des autres, qui en auront davantage à proportion; & à l'égard des lieux, où la terre eſt plus difficile à cultiver, & où on ne la peut ordinairement labourer à moins de trois chevaux ou de quatre bœufs, & même des lieux, où l'on eſt obligé de ſe ſervir de quatre chevaux pour y labourer la terre, *Sa Majeſté* veut, que les habitants ne payent auſſi de chaque charrue ainſi attélée *que trente ſols par chacune corvée*, & ceux qui n'auront qu'un cheval, *dix ſols* pour les lieux où la terre ſe laboure avec trois chevaux, & *ſept ſols ſix deniers* ſeulement pour les lieux où elle ſe laboure avec quatre; & ainſi ceux qui auront plus grand nombre de chevaux, à proportion. Et à l'égard des *manouvriers*, qui n'auront aucuns chevaux, *Sa Majeſté* les a réglé à dix ſols par jour pour chaque corvée,

terres immatriculées, continuera d'être dans lesdites Seigneuries.

ART. XXV.

Ceux desdits Gentilshommes, qui sont en possession de percevoir le droit d'accise sur le fer & autres marchandises, ainsi que sur le pain & la viande, continueront de jouir dudit droit: voulons néanmoins, qu'au lieu de le

---

ce qui fera six livres par année; les Seigneurs qui les demandent en argent, y sont autorisés de les faire payer par quartier de trois mois en trois mois.

Obs. I. Dans la Basse-Alsace les Seigneurs en général ne peuvent exiger que dix corvées en nature ou en argent au choix des habitants. *Recueil d'Ordonn. pag.* 163.

II. L'Evêque & le Grand-Chapitre de Strasbourg, le Duc des Deux-Ponts, comme Seigneur de Ribeaupierre, de Bischwiller, Gouttenberg & de la Petite-Pierre; le Landgrave de Hesse-Darmstadt en qualité de Seigneur & Comte de Hanau, peuvent en exiger douze en nature ou en argent à leur choix. V. ledit *Recueil*, *pag.* 155. 179. 499. 909. 387.

III. Le Comte de Villé n'en a que trois; le Seigneur des terres de Mazarin, cinq en nature ou en argent à son choix. V. ledit *Recueil*, *pag.* 605.

percevoir sur la viande & sur le pain blanc; ils ne puissent à l'avenir le percevoir, que sur les bestiaux & les grains; c'est à savoir: pour lesdits bestiaux, que les bouchers abattront dans leurs dites terres, par chaque bœuf ou taureau deux livres; par chaque vache une livre dix sols; par chaque genisse une livre; par chaque veau quatre sols; par chaque mouton, brebis, agneau, bouc, quatre sols; par chaque cochon, grand ou petit, huit sols; & pour les grains, par chaque rézal de bled, que les boulangers convertiront en pain, huit sols; sans toutefois qu'ils puissent exiger ledit droit, que relativement à la consommation des habitants de chaque lieu, & hors de celles de leurs terres, où il n'a pas été perçu jusqu'à présent.

ART. XXVI.

Ceux desdits Gentilshommes, qui ont obtenu des Arrêts de Notre Conseil, par lesquels ils ont été confirmés dans les droits de péage & pontenage dans l'étendue de leurs dites Seigneuries, continueront de jouir desdits droits; sauf aux autres à se retirer par devers Nous, pour obtenir la confirmation desdits droits.

ART. XXVII.

Lesdits Gentilshommes continueront de jouir du droit & privilege, dont ils ont joui jusqu'à présent, de faire mener, passer & repasser par tous les lieux assujettis à des droits de péage & pontenage, les grains, denrées, vins, cens, rentes & dixmes en grains ou autres fruits, provenants de leurs dites Seigneuries, même ce qu'ils sont obligés d'acheter pour la consommation de leurs ménages, & pour le besoin de leurs maisons, sans être tenus de payer aucuns desdits droits; à la charge toutefois d'exhiber à ceux, qui seront chargés de leur perception, un certificat signé d'eux & cacheté du cachet de leurs armes, portant que lesdites denrées ou autres effets leurs appartiennent, & font pour la consommation de leurs ménages, ou pour le besoin de leurs dites maisons ; sans quoi lesdits droits pourront être exigés.

ART. XXVIII.

Lesdits Seigneurs jouiront pareillement du droit de donner permission de vendre toutes sortes de marchandises non prohibées, le jour de la fête de leurs villages, appellé Meßtag, & de percevoir la redevance qu'ils sont en possession de percevoir à ce sujet.

ART. XXIX.

Ceux desdits Gentilshommes, qui sont en possession de jouir du droit d'*Atzgeld* ou d'alimentation & d'hébergement lors des plaids-annaux (*a*), qui se tiennent an-

(*a*) Les Seigneurs d'Alsace étoient autrefois en droit de tenir tous les ans une ou plusieurs fois des audiences particulieres, qui s'appelloient *plaids* ou *placita*, à l'instar des grandes assemblées d'États, que l'on tenoit autrefois en France, & où l'on faisoit les loix du Royaume.

nuellement dans leurs dites terres,

Ces plaids ſe tenoient pour le petit criminel; cependant on y décernoit quelquefois la peine du banniſſement. Les habitants du lieu, où ils ſe tenoient, étoient obligés de loger & d'alimenter le Seigneur & ſa ſuite. Ils ont été généralement défendus en Alſace par pluſieurs Arrêts du Conſeil; v. ledit *Recueil d'Ordonn. pag.* 69. 95. & 209 & le droit d'*Atzgeld*, qui compétoit aux Seigneurs pour cette ſeule raiſon, fut aboli à leur égard.

Cependant il y a encore de certains Seigneurs, qui jouiſſent de ce droit en Alſace; tels ſont les Comtes de Linange, qui poſſedent en fief mouvant de l'Evêché de Strasbourg le Comté de Dabo ou Dagsbourg, & la moitié du village de Weyersheim (l'autre appartient à l'Evêque de Strasbourg); les habitants de ce dernier lieu payent encore aux deux Seigneurs le droit d'hébergement, converti en rente pécuniaire depuis plus de cent ans, & fixé à 400 florins valants 800 livres tournois, que les ſusdits deux Seigneurs partagent par moitié.

De même les Barons de Wangen de Haguenau, comme Seigneurs de Minwersheim, village démembré de la préfecture, à eux accordé en fief par l'Archi-Duc Léopold en 1626, jouiſſent du droit d'Atzgeld, converti en rente pécuniaire, conſiſtant dans la ſomme de 40 livres par an.

continueront d'en jouir comme par le passé.

ART. XXX.

Les Gentilshommes continueront pareillement de jouir dans celles de leurs dites terres, où ils en sont en possession, des droits de taille, en argent, grains ou vins, appellés de Beeth- de Gewerf- & de Lieger-Geld, de ceux de colombier & de filage, des rentes colongeres & droits de colonge; du droit de réception des bourgeois & manans; des droits de ban-vin, de voirie, & de tenir le taureau banal; du droit de Hanf-Geld, payable par ceux qui préparent le chanvre; du droit de gîte des Juifs étrangers, appellé Juden-Herberg; du droit de nommer les bangardes & autres officiers des communautés; du droit de Stand-Geld pour les boutiques, que les marchands établissent dans lesdites terres; du droit de pâturage, de bergerie, de banalité sur les moulins; des droits de nommer & destituer les visiteurs des viandes, du pain, des poids & mesures & des cheminées, les experts ruraux, & les jurés & inspecteurs de la police; des droits de batardise & d'épaves, de tuilerie exclusive & de glandée, & de toutes les rentes tant fixes en argent qu'en vin, poules & oies; & généralement de tous autres droits, dont ils sont bien & duement en possession: pour raison desquels néanmoins les accords & conventions, les baux emphytéotiques, qui pourront en avoir été passés, seront entiérement exécutés.

ART. XXXI.

Les habitants desdites terres immatriculées pourront être contraints à la reconnoissance & au payement de toutes les rentes, revenus & redevances seigneuriales, qu'ils doivent ou pourroient redevoir auxdits Seigneurs en vertu des sentences & jugemens de leurs Officiers de justice ou du Conseil de la Noblesse. Enjoignons aux Baillifs des lieux, de renvoyer les parties au Directoire, lorſque le fond du droit ſera conteſté.

ART. XXXII.

Leſdits Seigneurs pourront faire renouveller leurs terriers, en obtenant des lettres de pied terrier près Notre Conſeil ſouverain d'Alſace; & les conteſtations, qui pourront ſurvenir à ce ſujet, seront jugées par le Juge de la Nobleſſe, qui ſera commis par lesdites Lettres; ſauf l'appel en Notre dit Conſeil ſouverain, ou par Notre dit Conſeil, en cas que le droit ſoit conteſté.

ART. XXXIII.

Leſdits Seigneurs continueront de jouir du droit d'accorder au plus offrant & dernier enchériſſeur la faculté de ramonner les cheminées dans les terres, où ils ſont en poſſeſſion dudit droit.

ART. XXXIV.

Avons confirmé & confirmons leſdits Gentilshommes immatriculés dans le privilege, dont ils ont joui jusqu'à présent, de la franchise des biens, telle qu'elle a été par Nous réglée, de libre achat & bail à ferme des biens, & du droit de chasse au levrier & à l'oiseau, dans toute l'étendue de leurs terres & seigneuries.

ART. XXXV.

Les maintenons pareillement dans la possession, où ils sont, de faire des dispositions, à la faveur desquelles ils peuvent faire renoncer leurs filles à leur succession, sans préjudice néanmoins de leur légitime.

ART. XXXVI.

L'hôtel tenu en fief de Nous dans la ville de Strasbourg, où le Conseil de ladite Noblesse a été établi, jouira de tous les privileges à lui ci-devant accordés, & notamment de ceux portés par l'Arrêt du Conseil du vingt-huit Mai mil sept cent quinze, & les Lettres patentes expédiées sur icelui le cinq Juin suivant: & il Nous sera prêté, comme par le

passé,

paſſé, la foi & hommage qui Nous eſt dû par ledit hôtel, à toute mutation, tant de Seigneur que de Vaſſal.

ART. XXXVII.

Maintenons leſdits Gentilshommes dans la poſſeſſion de faire appoſer le ſçeau ſeigneurial à tous Contrats & autres Actes publics, qui ſe paſſent par-devant les Greffiers, Notaires & Tabellions de leurs juſtices, ainſi que d'en percevoir les droits accoutumés.

ART. XXXVIII.

Leſdits Gentilshommes pourront, comme par le paſſé, ſe faire recevoir & entrer dans les hauts Chapitres d'Allemagne, en vertu des préſentes, & ſans qu'ils aient beſoin d'en obtenir & d'en repréſenter une permiſſion de Nous.

ART. XXXIX.

L'adreſſe des Lettres d'émancipation & autres Lettres royaux, concernant leſdits Gentilshommes, continuera d'être faite aux

Préſident, Conſeillers & Aſſeſſeurs dudit Conſeil de Nobleſſe.

ART. XL.

Les rôles des ſommes, qui Nous ſont dues par leſdits Gentilshommes, continueront d'être faits par les Officiers dudit Conſeil de Nobleſſe, & arrêtés par le Sieur Intendant & Commiſſaire départi en Notre dite Province; & le Syndic & autres Officiers dudit Conſeil de Nobleſſe y ſeront compris, comme par le paſſé.

ART. XLI.

Le Directoire continuera d'exercer ſur les Gentilshommes de ſon Corps, qui ſuivent la Confeſſion d'Augsbourg, & ceux-ci ſur ceux des habitants de leurs immatriculés, qui profeſſent la même Religion, les droits épiſcopaux, dans leſquels ils ont été maintenus par les Traités de paix; ſans toutefois que le Directoire, leſdits Gentilshommes, ni leurs Miniſtres puiſſent prononcer le divorce, lequel ne doit point avoir lieu en Notre Province d'Alsace.

ART. XLII.

Lesdits Gentilshommes continueront de percevoir dans leurs terres les dixmes novales (a), dont ils sont en possession de jouir.

ART. XLIII.

Voulons, conformément aux Lettres patentes accordées le dix Février seize cent quatorze, & vingt-cinq Mai seize cent cinquante-deux, au Corps de ladite Noblesse, par les Empereurs *Matthias* & *Ferdinand III*, que Nous confirmons, que, si l'un des possesseurs des fonds & biens compris dans la Matricule, qui seroit dressée en exécution de l'article

---

(a) Il est bon d'observer, que la Déclaration de Novembre 1687, qui dit que ceux qui auront en Alsace défrichés les terreins, payeront un cens en argent, à l'ancien Propriétaire desdits terreins, & la dixme à qui il appartiendra; n'a pas préjudicié aux droits des Seigneurs régaliens, de percevoir les dixmes novales.

huit, en a fait la vente à une personne non immatriculée, il puisse être retiré par les Gentilshommes immatriculés, parents ou agnats du vendeur, de quelque condition que soit l'acheteur; & à leur défaut, par celui des Gentilshommes immatriculés, qui sera le plus diligent: à l'effet de quoi toutes les ventes & achats de biens de cette nature seront dénoncés au directoire; & le tems, pendant lequel il est réglé, que cette espece de rétrait peut avoir lieu, commencera à courir du jour de la dénonciation: voulons que les biens, qui par l'effet de ce retrait, rentreront entre les mains des Gentilshommes immatriculés, soient dès ce moment sujets aux droits & impositions du Directoire, quand même, par la possession ou la négligence des Officiers de ladite Noblesse, ils n'y auroient pas été assujettis jusques-là.

ART. XLIV.

Confirmons, en tant que de besoin, la procuration que les

membres du Corps de la Noblesse ont donné au Directoire le sept Février seize cent six.

ART. XLV.

Le Conseil de Noblesse & lesdits Gentilshommes immatriculés, & leurs héritiers & successeurs jouiront au surplus de tous privileges & droits, dont ils sont actuellement en paisible possession, encore qu'ils ne fussent pas spécialement compris dans Nos présentes Lettres. Si donnons en mandement à Nos amés & féaux, les gens tenant Notre Conseil souverain d'Alsace séant à Colmar, que ces présentes ils aient à faire régistrer, & du contenu en icelles faire jouir & user tant ledit Conseil de la Noblesse, que ledit Corps de Noblesse, & chacun de ses membres, & leurs héritiers ou successeurs, paisiblement & perpétuellement; cessant & faisant cesser tous troubles & empêchemens à ce contraires: sauf Notre droit & celui d'autrui, en toutes choses. Car tel est Notre plaisir. Et afin que ce soit chose ferme & stable à toujours, Nous avons fait mettre Notre scel à ces dites présentes. Donné à Versailles au mois de Mai, l'an de grace mil sept cent soixante dix-neuf, & de Notre regne le sixieme. Signé LOUIS, *Visa*, signé *Hué de Miromenil*, par le Roi, signé *le P. de Montbarey*.

CHAPITRE IV.

Des ordres militaires de l'Allemagne en général.

I.

Après avoir parlé de la Noblesse d'Allemagne, tant en général qu'en particulier, autant qu'il étoit nécessaire pour faire sentir son influence dans le gouvernement de l'Empire, il convient maintenant de faire au moins une légere ébauche des Ordres militaires, presque tous composés des membres de ladite Noblesse, & dont les uns sont des États fort considérables de l'Empire. Dans ce chapitre je ne toucherai que l'origine & les motifs de l'établissement de ces divers Ordres, vu qu'il n'entre point dans le plan de mon ouvrage d'en faire une ample description, sur-tout de ceux, qui comme particuliers à de certaines provinces, n'ont aucune analogie avec le Corps de l'Empire. Dans les deux chapitres suivants je m'étendrai un peu davantage sur l'Ordre des Chevaliers de Malthe & sur celui des Chevaliers Teutoniques.

II.

Le premier & le plus ancien des Ordres, que l'on a vu dans l'Empire, est l'Ordre de St. George. Il y a des historiens, qui en attribuent l'établissement à Constantin le Grand (*a*); mais on manque de témoins authentiques pour appuyer ce sentiment. Il est fort probable & presqu'avéré par les savans, qu'il a été institué

(*a*) V. *Historia & Privilegia Ordinis St. Georgii, edita Venitiis* 1680. 4°.

par un Italien, nommé Isaac Angelo Comneus (*b*). Ses statuts furent imprimés à Trente en 1624. L'Empereur fut autrefois reconnu Patron de cet Ordre: Léopold exerça encore les droits de cette qualité, & nomma à la fin du siecle passé le Duc de Parme & de Plaisance Grand-Maître de cet Ordre (*c*), qui étant peu connu

(*b*) V. *Charles Dufresne*, *p.* 211. *& suiv.*

(*c*) V. *Leben Leopoldi*, *partie II. pag.* 822. *& suiv.*

Obs. Le plus ancien Ordre bien connu en Europe est celui que Charles-Martel, aïeul de l'Empereur Charlemagne, institua en France vers l'an 710, sous le nom de l'*Ordre de la Janette ou Genette*. La marque de cet Ordre étoit un collier d'or, auquel pendoit une médaille empreinte de la figure d'une petite bête tachée de noir, appellée *Janette ou Genette*; & en outre un anneau, sur le chaton duquel la même devise étoit engravée.

Le Sr. *de Beloy*, en son livre de l'*Institution des Chevaliers*, remarque que la fameuse victoire que Charles-Martel remporta en 730 sur les Sarrasins entre Tours & Poitiers, fit naître cet Ordre; & que cette petite bête tachée de noir, qui est une espece de renardeau, mou-

en Allemagne, n'exige point que je m'y arrête davantage. L'origine de ceux, dont je ferai le récit dans la suite, est plus certaine; les uns ont pris naissance pendant les croisades; d'autres ont été établis postérieurement. Les premiers, comme Réguliers, suivent la régle de St. Augustin ou de St. Bernard, & astreignent aux voeux de chasteté, d'obéissance, & en quelque façon au vœu de pauvreté; les autres, comme laïques, sont vraiment militaires, & exigent des services; d'autres ne sont qu'honoraires, & s'accordent aux personnes de mérite pour marque de distinction.

III.

La Chevalerie, comme je le fis voir précédemment, donna an-

---

stelle ou belette, appellée Genette, qui abonde en certaines contrées d'Espagne, d'où ces Sarrasins & Maures étoient descendus; que cette petite bête, dis-je, devoit représenter cette vermine de Nations vaincues par lui. V. *Petrus à Juliano, in Origin. Burgundiæ*, cap. 28. & *Moreau, tableau des Armoiries de France*, pag. 265.

ciennement un certain relief à la Nobleſſe; elle éclata par ſes ſervices, par ſa bravoure & par ſon ſang, chérie des Potentats, reſpectée des Grands, adorée du peuple, elle fut regardée comme le bouclier des États; encouragée & excitée par-là, elle s'augmenta en nombre, & s'accrut en valeur; mais accoutumée au carnage, elle ne reſpiroit que le ſang. Les mœurs agreſtes & barbares de ces ſiecles dénaturés entretenoient en elle une eſpece de férocité, que l'Egliſe abhorroit. Elle s'efforça de lui faire naître de la piété envers Dieu & ſes Lieutenants ſur terre, du reſpect pour la Religion & de la compaſſion avec les ſouffrans. Une heureuſe rencontre la ſeconda fort à propos. Un pauvre hermite, nommé Pierre (*a*), de retour de l'Aſie & très-touché du malheur des Chrétiens d'O-

(*a*) Il étoit du Dioceſe d'Amiens, & mourut en 1115 : il fut enterré à l'Abbaye de Neumouſtier au pays de Liége. *Vid. Gallia Chriſtiana, ad dictum annum.*

rient, alla expoſer au Pape, les larmes aux yeux, le déplorable état de Jéruſalem; il lui repréſenta les lieux ſaints profanés & les femmes chrétiennes expoſées à la brutalité des Turcomans. Urbain loua ſon zèle, & l'engagea à parcourir les provinces de la Chrétienneté & à exhorter les Princes Chrétiens à s'armer contre eux. Il le fit, & par ſes exhortations pathétiques, ſoutenues par ſon extérieur ſimple & auſtere, il échauffa tellement les eſprits, que chacun y voulut concourir. Le Pape ayant appris ce ſuccès, aſſembla un Concile à Plaiſance; on le tint en pleine campagne. Il s'y trouva juſqu'à quatre mille Eccléſiaſtiques & trois mille Séculiers. Les Ambaſſadeurs Grecs y firent le récit des cruautés des Turcs contre les fideles, & tout le monde cria qu'il falloit s'armer pour les délivrer. Urbain les affermiſſant dans ces diſpoſitions, alla en France, y tint le fameux Concile de Clermont en Auvergne en 1096 (*b*), où pour mieux engager les Seigneurs à prendre parti dans cette affaire, il fit entrevoir dans son discours, qu'une pareille entreprise éteindroit les guerres particulieres, qui regnoient en Occident depuis plus de cent ans, qui tenoient les Seigneurs continuellement armés les uns contre les autres. Toute l'assemblée cria, que Dieu lui-même vouloit cette entreprise. *Diex el volt.* Ce fut le cri de guerre; & on ordonna, que ceux qui en feroient, porteroient une croix rouge sur l'épaule (*c*) (delà les campagnes des armées, qui alloient conquérir la terre sainte, prirent le nom de *Croisades*). Les Princes, les Gentilshommes, les bourgeois, les paysans, les moines, les femmes mêmes voulurent en être. Les François, les Allemands & les Italiens se joignirent

---

(*b*) V. *le Tableau de l'Histoire de l'Eglise, à Bruxelles* 1673, *tom. III. p.* 293.

(*c*) *Desing, Auxilia Histor. part.* 7. *pag.* 506. *& seq.*

ensemble; mais les Seigneurs François en étoient les plus nombreux, & à ce que l'histoire porte, les plus déterminés; aussi donna-t-on le commandement de l'armée à Godefroi, Duc de Bouillon. Arrivée à Jérusalem, elle assiege cette ville, & la prend au bout de cinq semaines. Godefroi y entre le premier avec son frere Eustache & le Comte de Toulouse, & enfin toute l'armée. Huit jours après les Seigneurs s'assemblerent & élurent Godefroi de Bouillon pour Roi de la ville & du pays; quoiqu'il n'eût voulu prendre que la simple qualité d'*Avoué* ou de défenseur du St. Sépulcre (*d*). Après cette conquête les croisés s'en retournerent la plupart en Europe. Il ne resta avec Godefroi qu'environ trois mille hommes, parmi lesquels il y avoit trois ou quatre cent Chevaliers. Toute la campagne étoit infestée d'infide-

---

(*d*) *Henault, nouvel abrégé Chronol. de l'Histoire de France, tom.* 1, *pag.* 166.

les, qui regardoient les Chrétiens comme leurs plus mortels ennemis; ils molestoient ou tuoient ceux qu'ils rencontroient sur les chemins, sur-tout les pélerins, qui alloient visiter le St. Sépulcre, autour duquel il y avoit un monastere consacré à l'honneur de Dieu & de la sainte Vierge, nommé *Monasterium S. Mariæ de Latina*, qui fut bâti en 1012 par des marchands d'Amalphis (*e*),

(*e*) *Limnæus*, *Jur. publ. lib. VI. cap.* 2. *n.* 53.

Obs. Amalphis, cette ancienne Ville du Royaume de Naples, est remarquable pour deux raisons : la premiere, parce que c'est dans cette Ville que l'on a retrouvé la plus belle partie du Corps de Droit Civil, appellée Digeste ou Pandectes qui fut transférée ensuite à Pise, & de de Pise à Florence, d'où elle prit le nom de Pandectes Florentines. V. *Jac. Gothofred. Praxis Civilis lib. I. tit.* 2. *pag.* 25 : la seconde, parce que l'on prétend, que Jean Gira d'Amalphi inventa la boussole vers l'an 1300, c'est-à-dire la maniere de suspendre l'aiguille : car le *Lys* qui se met dans tous les pays sous la boussole pour la marque du sud, montre que les François l'ont mise dans sa derniere perfection.

(ville du Royaume de Naples) avec la permission du Caliphe d'Egypte. Près delà étoit un hôpital, auquel on avoit joint un oratoire dédié à l'honneur de St. Jean, érigé par les Religieux dudit monastere, pour y traiter & soigner les pauvres pélerins. Il étoit desservi par des personnes charitables. Les Chevaliers voyant cette œuvre pie toujours en but à la tyrannie des Sarrasins, en eurent compassion, & se chargerent eux-mêmes sous l'autorité de Godefroi du soin des pélerins, faisant tous les jours des excursions à cheval contre les infideles : delà on les nomma *Chevaliers hospitaliers de St. Jean de Jérusalem.* Ils se jurerent une affection & un amour fraternel & réciproque, & prirent entr'eux le nom de *Freres*. Le frere Gérard, Gentilhomme de Provence, passe pour le fondateur de cet Ordre. Raymond Dupui lui succéda en 1115, & c'est lui qui prescrivit à ses confreres en 1118 les statuts, qu'ils observent encore aujourd'hui, &

qui furent confirmés par le Pape Honoré II. (f). Cet Ordre est d'autant

(f) *Abrégé Chronol. de l'Histoire & du Droit public de l'Allemagne, pag.* 156.

Origine des Templiers.

Obs. I°. L'Ordre des Templiers prit naissance au même tems vers l'année 1118. Hugues de Payens, Geofroi de St. Aldenar & sept autres Gentilshommes, tous François, dont l'histoire n'a point conservé les noms, touchés des périls auxquels les pélerins dans leur voyage de Jérusalem & au retour étoient exposés, formerent entr'eux une petite société, & ils alloient les prendre & les conduire ensuite jusqu'au delà des défilés des montagnes & des passages les plus dangereux. Le Roi de Jérusalem ayant fait choix de Hugues de Payens, pour l'envoyer à Rome solliciter du secours, &, s'il se pouvoit, une nouvelle croisade; ce pieux Gentilhomme, après s'être acquitté dignement de sa commission auprès du Pape Honoré II, lui présenta ses Compagnons, l'entretint de leur zele pour la sûreté des pélerins, & lui demanda la permission d'en faire, à l'exemple des Hospitaliers, un Ordre religieux & militaire.

Le Souverain Pontife les renvoya aux Peres du Concile, assemblés pour lors à Troyes en Champagne. Hugues & ses Compagnons s'y rendirent. Ils y exposerent leur projet de prendre l'habit religieux, & de fonder un Ordre militaire, qui se

d'autant plus respecté dans l'E-

---

dévoua à la défense de la Terre Sainte & des pélerins, qui en entreprenoient le voyage. Les Peres approuverent une si sainte entreprise, & remirent à St. Bernard qui se trouva à ce Concile, le soin de prescrire une regle & une forme d'habit régulier à cet Ordre. Il le fit. Cette regle porte entre autres articles I°. Que les Chevaliers devoient réciter chaque jour un certain nombre de *Pater*. II°. Qu'ils n'oseroient faire gras que trois jours de la semaine, & que les autres jours on ne pourroit leur servir que trois plats. III°. Que la chasse leur étoit défendue. IV°. Que chaque Chevalier pourroit avoir un écuyer ou frere servant d'armes & trois chevaux de monture, mais que l'équipage seroit sans dorure & sans d'autres ornemens superflus. V°. Que leur habit seroit de couleur blanche.

Hugues & ses Compagnons ayant obtenu du Concile l'approbation de leur institut, retournerent à Rome, où ils en obtinrent la confirmation par le Pape Honoré II. Ils s'en retournerent ensuite en Orient, accompagnés d'une foule de Gentilshommes des meilleures maisons de France, & firent en présence du Patriarche de Jérusalem vœu de chasteté, d'obéissance & de pauvreté ; & le premier devoir, qu'ils s'imposerent, fut de garder les chemins pour la sûreté des pélerins, & de leur servir de sauf-conduit jusqu'au St. Sé-

glise, qu'il a toujours continué

---

pulcre. Comme ils n'avoient point de demeure fixe, Baudouin, Roi de Jérusalem, successeur de Godefroi, leur donna un logement dans le Palais qu'il avoit près du Temple de Salomon, d'où leur vint le nom de *Templiers*. Le Pape Eugene III. leur permit de porter une croix rouge à l'endroit du cœur, cousue dans leur habit. Les Chevaliers de cet Ordre devenoient odieux & insupportables à proportion qu'ils avançoient en richesses & en dignités: Philippe le Bel sollicita leur suppression. Martin V. la décréta & la publia dans la seconde session du Concile de Vienne en Dauphiné en 1312, le 3 Avril. *Henault*, *l. c. tom. I. pag.* 276, *dit c'est un évènement monstrueux, soit que les crimes (dont on les accusoit) fussent avérés, soit que l'avarice les eût inventés.* Ceux qui veulent connoître les accusations & justifications de cet Ordre, liront *l'histoire de la condamnation des Templiers, par Dupuis, nouvelle Edition de Bruxelles en* 1751. 4°. l'*Abbé Velly, Histoire de France, tom. VII pag.* 414. *& suivantes. Bodmer, de Republ. Lib.* 5. *cap.* 2. *p.* 381. *Christianus Thomasius, & Bullarium Rom. continuatione, p. III.* En France leurs biens ont été confisqués; cependant on en donna une partie à l'Ordre des Chevaliers de Malte. En Espagne & en Portugal on les destina à la défense du pays contre les Musulmans. En Alle-

depuis à défendre la Religion contre les entreprises des Turcs.

---

magne, l'Electeur de Mayence, chargé d'exécuter les décrets que le Concile de Vienne avoit porté contre eux, leur permit d'entrer avec leurs biens dans les Ordres Teutonique & de St. Jean. V. *l'histoire des Chevaliers hospitaliers de St. Jean de Jérusalem, par l'Abbé Vertot, tom.* 1. *pag.* 501. *jusqu'à* 538. *& suiv.*

Obs. I°. Ce qui me frappa dans la suppression de cet Ordre, est que le Grand-Maître, Jacques Molay, étant prêt à subir le supplice du feu sur le bûcher dressé dans une petite isle de la Seine, *où est aujourd'hui la place Dauphine*, après avoir protesté de son innocence, cita dans un an au jugement de Dieu, le Pape Boniface & Philippe le Bel; & qu'effectivement l'un & l'autre moururent dans la même année. S'il les avoit cité à comparoir dans un jour ou heure certaine & fixée, je le croirois avoir été inspiré; mais le terme d'un an me paroît trop vague, pour oser en faire fond, ou pour en tirer une conséquence en faveur de l'innocence du Grand-Maître, qui cependant sans se reposer sur un pareil événement, peut avoir été très-réelle; mais puisqu'il conste, qu'il a avoué des crimes dans ses interrogatoires, quoiqu'il les ait désavoué postérieurement & prêt à être brûlé, il ne nous convient point de porter un jugement,

IV.

Origine de l'Ordre Teutonique.

Nous avons vu que la premiere croisade donna occasion à l'établissement des Ordres militaires religieux de St. Jean de Jérusalem & des Templiers : nous allons voir maintenant, que la troisieme croisade fit naître l'Ordre des freres Chevaliers hospitaliers de Ste. Marie de Jérusalem ou *des Chevaliers Teutoniques*. Cette croisade se fit en 1160. L'Empereur *Frédéric le Barberousse* fut le Chef des croisés ; mais après bien des malheurs il eut celui de se noyer en 1190, en se baignant dans le Cidne. Frédéric, Duc de Suabe, son fils, voyant que l'armée allemande se dissipoit après la mort de son pere, se jetta sous les drapeaux de Philippe II, Roi de

soit en faveur du Grand-Maître, soit contre Boniface & Philippe le Bel.

Obs. II. Les Chevaliers de l'ancien Ordre du St. Sépulcre y ont été incorporés par Innocent VIII. vers la fin du quinzieme siecle. Touchant le nouvel Ordre des Chevaliers du St. Sépulcre. V. le §. suivant, n. II.

France, & de Richard I, Roi d'Angleterre, qui assiégerent & prirent Ptolomaïs le samedi de Paques 1191. Delà Frédéric alla visiter les saints lieux. Là il trouva un riche particulier, Allemand de nation, qui avoit fait faire un hôpital de sa maison, pour recevoir les gens de son pays, que les croisades conduisoient à Jérusalem, & que, pour raison de leur langage inconnu, personne ne vouloit loger. A côté de cet hôpital étoit un temple bâti par le même particulier à l'honneur de Dieu & de la sainte Marie. Cette piété toucha Frédéric, qui y établit aussi-tôt un Ordre (*a*) de Cheva-

(*a*) L'établissement de cet Ordre, surtout à l'égard de son Fondateur, est beaucoup embrouillé chez les Historiens, qui ont écrit à ce sujet. J'en ai sucé le sentiment le plus commun & le plus vraisemblable. V. *Limnæus*, *Jur. publ. Lib. VI. cap.* 3. *n.* 57. *Pfeffinger*, *Vitri. illustr. l. I. Tit.* 21. §. 5. *& seq. Venator*, vom Deutschen Orden, *Raymundus Duellius*, *historia Ordinis Equitum Teutonicorum*, *Viennæ* 1727. *fol.*

Obs. I. Vers la fin du douzieme siecle Mainrad alla prêcher l'Evangile en Li-

liers religieux, pour mettre davantage le ſaint Sépulcre à l'abri

---

Origine de l'Ordre des Chevaliers Porte-Glaives.

vonie, dont il devint le premier Evêque. Les Payens reſiſterent vigoureuſement à ſes efforts pour les convertir ; un grand nombre de Catholiques étrangers vinrent lui offrir du ſecours, & ils ſubjuguerent enfin la majeure partie de la Livonie, qu'Innocent III leur donna en propre. Ces étrangers croyant épouſer la cauſe du Ciel, tramerent une eſpece de confraternité entr'eux, & ſe promirent tous les ſecours réciproques pour l'extirpation du Paganiſme : on en fit un Ordre ſous le nom de *Porte-Glaives*. Innocent III. le confirma, & lui preſcrivit la regle de Citeaux ou de St. Bernard, que ſuivoient les Templiers, & leur donna un habit blanc ſur lequel étoient deux épées de gueules miſes en ſautoir ; ſon premier Grand-Maître fut Wyne de Rarbach. Cet Ordre ne ſubſiſta pas long-tems, ſes membres ſe voyant accablés des infideles & toujours en danger de vie, prirent le parti de ſe réfugier en Pruſſe. Frédéric II. les prit ſous ſa protection ; ils frayerent avec les Chevaliers Teutoniques, qui y étoient avant eux ; & obtenant la permiſſion de ſe défroquer, ils quitterent leurs regles, & furent incorporés dans l'Ordre deſdits Chevaliers Teutoniques, auxquelles le même Empereur promit autant de terres en Pruſſe, qu'eux & les Porte-Glaives pourroient

des insultes des Turcs, & pour procurer une plus grande sûreté aux pélerins. Le premier Grand-Maître fut Henri Walport de Bassenheim. Le Pape Célestin III. confirma cet Ordre en 1192; on l'appella Ordre Teutonique (der Deutsche Orden) pour deux raisons: la premiere, parce qu'il

---

convertir à la foi Catholique. V. *Struv. Corp. Jur. publ. Cap. IV.* §. *XVI.*

Obs. II. Environ cent ans après cette incorporation, on a vu naître en 1336 un nouvel Ordre de Chevalerie; sçavoir, l'Ordre des Chevaliers du St. Sépulcre. Cet Ordre fut d'abord composé de huit Moines Franciscains, que Benoît XII. envoya avec l'agrément du Sultan dans la Palestine, pour y garder le St. Sépulcre. On leur donna un Préposé que l'on nomma communément Gardien, avec pouvoir de de soigner & loger les pelérins, & de créer des Chevaliers de son Ordre. La marque caractéristique de cet Ordre, est un assemblage de cinq croix dans cette forme.

Origine du nouvel Ordre des Chevaliers du St. Sépulcre.

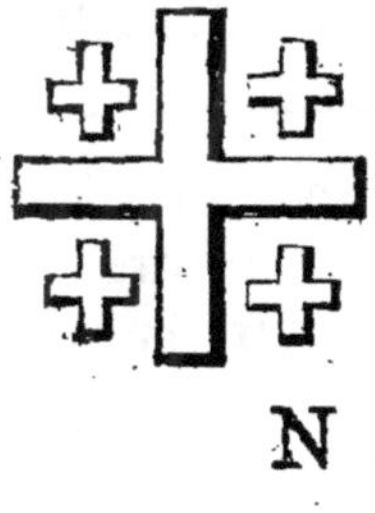

fut fondé par un Seigneur *Teuton* ou Allemand; la ſeconde, parce que l'on n'y devoit admettre que des Seigneurs de la Nobleſſe Allemande, comme il eſt démontré par le Récès d'Augsbourg de l'an 1500, titre: **der Deutſche Orden.**

V.

Les croiſades ayant pour ainſi dire pouſſé les premiers germes des différens Ordres de Chevalerie, comme nous venons de le voir, le goût d'en fonder de nouveaux à l'imitation des anciens, ſe répandit ſucceſſivement dans toute l'Europe; mais ceux, dont l'origine eſt poſtérieure au quatorzieme ſiecle, ne furent plus inſtitués comme les précédens, pour l'extirpation du paganiſme, la propagation de la foi & la protection des pélérins; mais pour honorer & récompenſer les mérites & la vertu, & pour s'attacher les Grands

---

III°. Les Chevaliers ſont obligés de dire tous les jours quarante Pater & quarante Avé. V. *Megiſerus*, vom dreyfachen Ritter-Orden, *p. II. cap.* 10. *p.* 120.

de son État, de façon que plusieurs de ces Ordres exigent encore de la part de ceux qui y aspirent un relief de sang ou de grandes dignités. Tels sont p. e. l'Ordre de la Toison d'or en Allemagne & en Espagne ; l'Ordre du St. Esprit en France (*a*) & l'Ordre de

---

Origine de l'Ordre du St. Esprit.

(*a*) L'Ordre des Chevaliers du St. Esprit fut institué par Henri III. le 1. Décembre 1578, non-seulement en mémoire de ce qu'il avoit été élu Roi de Pologne, & de ce qu'il étoit parvenu à la couronne de France, le jour de la Pentecôte ; mais encore, comptant par le serment, auquel s'engagoient les nouveaux Chevaliers, détacher les grands Seigneurs du parti Protestant, & s'opposer en même tems aux progrès de la *ligue*, dont il commençoit à n'être plus le maître. *Henault, nouvel abrégé Chron. de l'Histoire de France, tom. I. p.* 561. Cet Ordre contient 100 Chevaliars pensionnés chacun de 3000 livres, qui sont en même tems Chevaliers de l'Ordre de St. Michel, établi par Louis XI le premier Août 1469. Cet Ordre donne aux Chevaliers un collier d'or fait à chiffres & fleurs de lys avec flammes de feu, soutenant une croix de Malthe chargée d'une colombe en émail blanc, symbole du St. Esprit, qui apparut au monde en forme de colombe & en langues de feu. Parmi ces chiffres, Henri

la Jarretiere en Angleterre (*b*). Je me tiens à celui de l'Allemagne,

---

IV. a mêlé des heaumes, timbres & trophées d'armes, dont naissent les flammes & bouillons de feu, pour marques de ses batailles & victoires.

Obs. Si cet Ordre est conféré à un Ecclésiastique, il porte cette croix à un ruban de taffetas bleu céleste, & n'ose point entourer ses armoiries d'un collier d'or, ni porter un pareil collier les grands jours comme les laïques. On n'y admet que des François nés ou des Etrangers naturalisés François. V. *Moreau*, *Tableau des Armoiries de France*, *chap.* 7. *p.* 267. & *suiv.* & *Chapui*, *Traité du Domaine de France*. *tit* 2. *p.* 117.

gine l'Or- de la retiere.

(*b*) L'Ordre de la Jarretiere (Orden vom Hosen-Band) fut établi par Edouard III, Roi d'Angleterre en 1351, à l'occasion d'une danse où la jarretiere d'Adélaïde, Comtesse de Salisburi, s'étant dénouée, est tombée par terre; il l'amassa & la présenta à la Comtesse, qui rélia aussi-tôt son bas en présence du Roi. Les Spectateurs voyant la belle récompense des peines du Roi, éclatoient de rire. Cela fit rougir la Comtesse; pour la remetre à son aise, le Roi prit la parole, disant : *honi* (c. à d. maudit ou déshonoré) *soit qui mal y pense*; ajoutant : il viendra un tems, ou ceux qui viennent de rire à l'aspect d'une jarretiere, la recevront avec une grande vénération; & aussi-tôt il fonda cet Ordre,

pour ne point excéder les bornes de mon plan.

VI.

L'Ordre de la Toison d'or (Orden des guldenen Vellis oder Bliesses, ou comme l'appelle *Megiserus* (a), der Ritter-Orden des guldenen Schäppers, oder guldenen Lämmleins von Burgund) a été fondé par *Philippe le Bon*, Duc de Bourgogne, pere de *Charles le Hardi*, le jour de sa noce avec *Isabelle*, fille de *Jean I*, Roi de Portugal, célébrée le 10. Janvier 1429 (b). Cet Ordre fut établi

---

que les plus grands Princes & même quelques Rois ont reçu avec plaisir. St. George en est le Patron, & les Chevaliers au nombre de 400 (s'ils sont complêts) célébrent tous les ans leur fête le 23 Avril. Ceux qui sont curieux d'en lire les statuts, ainsi que d'en sçavoir les marques distinctives, les trouvent dans *Limnæus, Jur. publ. lib. VI. cap. 2.*

(a) Vom dreyfachen Ritterstand, *p. I. cap. 3. pag. 3.*

(b) Il y a des Historiographes qui prétendent donner un autre fondateur à cet Ordre, mais leur sentiment est généralement abandonné. V. Albins Meißnische Chronik, *tit.* 18. *p.* 664. & *Waremundus*

pour le maintien de l'Eglise. La marque de cet Ordre est un agneau

---

ab Ehrenberg, lib. I. de Fœderibus, cap. 4. *n.* 14.

Obs I. La plupart des Historiens soutiennent, que Philippe institua cet Ordre en mémoire de la captivité que son malheureux pere fut obligé de subir dans le Royaume de Colchis, après la malheureuse bataille de Nicopoli, donnée en 1396.

II. C'est dans le temple du Royaume de Colchis que doit avoir été la Toison d'Or, qui probablement étoit le trésor du Roi. En voici la fable : Jason, fils d'Oeson, Roi de Thessalie, ne pouvoit monter sur le trône de son pere qu'après la prise de la Toison d'Or, que Phryxus avoit suspendue au temple de Mars dans le Royaume de Colchis. Pour l'acquérir, il fit construire un navire nommé *Argos* (d'où ceux qui s'embarquoient avec lui, prirent le nom d'Argonautes). La plupart des héros de ce tems-là se joignirent à lui. Theseus, Hercules, Castor & Pollux, freres; Orphé & d'autres l'accompagnerent. Ayant eu traversé la mer, Jason fit sa cour à Ætas, Roi de Colchis; sa fille Médée, magicienne, en fut éprise ; & sachant le sujet de son voyage, elle lui donna un poison, pour faire crever les dragons qui gardoient *la Toison*. Jason s'en servit avantageusement, prit la Toison, & se sauva avec Médée, l'an du monde deux mille sept cent sept.

ou toiſon d'or, pendu après une chaîne du même métal, dont les anneaux repréſentent des briques & des pierres à feu, jettant des flammes. Alentour de la toiſon on lit ces paroles: *pretium non vile laborum*, tel eſt le prix des des travaux. Autrefois les Chevaliers étoient obligés de porter la chaîne d'or tous les jours; mais Charles-Quint leurs permit de porter la toiſon pendue à un cordon de ſoie, à l'exception des grands jours de l'an. Les Chevaliers étoient d'abord au nombre de 24, auxquels on ajouta ſix dans leur troiſieme aſſemblée; enfin Charles-Quint le porta en 1516 au nombre de cinquante. Anciennement les Chevaliers tenoient chapitre ou aſſemblée tous les ans le jour de St. André, leur Patron; enſuite de trois ans en trois ans, enfin on les négligea; le dernier convoqué par Philippe II, Roi d'Eſpagne, s'eſt tenu en 1559 à Gand. Depuis ce tems là les Rois d'Eſpagne ſe ſont attribué la nomination ou l'élection des Chevaliers, qui se faisoit auparavant au Chapitre à la pluralité des voix. A la mort de Charles II. (c), der-

(c) La Race Gothique des Rois d'Espagne prit fin avec la mort de Ferdinand le Catholique en 1516. Ce Prince avoit marié Jeanne, sa fille unique, à Philippe, Archi-Duc d'Autriche, fils de l'Empereur Maximilien I. en 1496. Ce Philippe prit en 1505, à la mort d'Isabelle, épouse de Ferdinand & Reine de Castille, l'administration du Royaume de Castille, quoique la défunte ordonna par testament, que l'administration en seroit laissée à Ferdinand jusqu'à ce que les enfans mâles de Philippe (savoir, Charles-Quint & Ferdinand) fussent majeurs. Philippe mourut en 1506, & Ferdinand le Catholique en 1516. Alors Charles, le Prince ainé, cinquieme de ce nom comme Empereur, & premier du même nom comme Roi d'Espagne, réunit & succéda dans tous les Royaumes d'Espagne, & les transmit à sa postérité, qui les posséda près de deux cents ans. Charles II, mort en 1700, en fut le dernier.

1°. *Obs.* Maximilien I, pere dudit Philippe, s'étant marié avec Marie, fille unique de Charles le Hardi, Duc de Bourgogne, hérita à la mort de ce Duc, tué par les Suisses près de Nancy en 1477, la Franche-Comté & les Pays-Bas, & devint par-là Grand-Maître Propriétaire de l'Ordre de la Toison d'or, qu'il transmit à tous les

nier mâle de la Maiſon d'Autriche en Eſpagne, arrivée le premier Novembre 1700, Philippe d'Anjou, ſecond fils du Dauphin & petit-neveu de Charles V, devenu Roi d'Eſpagne en vertu du Teſtament dudit Charles, conféra cet ordre malgré les oppoſitions de Charles VI, qui prétendoit que le fondateur de cet Ordre l'avoit attaché aux terres du Duché de la Franche-Comté & des Pays-Bas, & que conſéquemment il ne convenoit qu'au ſucceſſeur en ces terres, ſoit mâle, ſoit femelle, de le conférer. Pour cette raiſon ſes ſucceſſeurs, François I, ſon gendre, & après lui ſon fils Joſeph II, aujourd'hui glorieuſement regnant, exerce les droits du Grand-Maître de cet Ordre. Ce différend entre les ſucceſſeurs de Charles VI. & les

ſucceſſeurs aux mêmes terres; & les Rois d'Eſpagne, ainſi que les ſucceſſeurs de Charles VI, continuent de jouir des droits & dignités, & d'exercer les fonctions de Grand-Maître, ainſi que de créer des Chevaliers de la Toiſon d'or.

Rois d'Espagne reste encore indécis (*d*).

VII.

Je pourrois encore faire mention de plusieurs Ordres de Chevalerie établis en Allemagne; tels sont p. e. l'Ordre de St. Hubert, fondé en 1474 par Gérard, Duc de Juliers & de Bergue, & ensuite restauré par Jean Guillaume, Electeur Palatin, l'an 1708 (*a*); l'Ordre de l'Aigle blanc, institué en 1705 par Auguste II, Roi de Pologne & Electeur de Saxe (*b*); l'Ordre de l'Aigle noire, établi par Frédéric, Electeur de Brandebourg, le 18. Janvier 1701, le même

(*d*) V. *Imhoff*, *notitia procerum Imperii*, *lib. I. cap.* 8. *Ayrer*, *Differt. de Collisione protestationum Illustrium : quis sit caput legitimum Ordinis aurei velleris*, Göttingen 1749.

(*a*) V. *Historia Ordinis Equestris Sti. Huberti*, *in Exercitationibus Francofurtensibus*, *tom.* 3. *sect. I. n* 6.

(*b*) V. *Christiani Gryphii* Entwerfung der geistlichen Ritter-Orden, & *Friderici Comitis Sapieha Annotationes Historicæ de Ordine Equitum Aquilæ Albæ.*

même jour que ledit Electeur se fit proclamer Roi de Prusse, se mettant lui-même la couronne sur la tête à Königsberg, sous le nom de Frédéric I, avec l'agrément de l'Empereur Léopold (c); le fameux Frédéric II, son petit-fils aujourd'hui regnant, digne de la porter après son pere, l'affermit beaucoup sur la sienne. Et enfin l'Ordre des Chevaliers de St. George, défenseurs de l'immaculée conception de la Ste. Vierge, fondé avec approbation du Pape, par Charles Albert, Electeur de Baviere, en 1729. Cet Ordre comprend des Grands-Prieurs, Grand-Croix, des Commandeurs & une trentaine de simples Chevaliers. Il ne me convient point de m'arrêter davantage sur ces Ordres, vu qu'ils ne touchent que de certaines Provinces particulieres de l'Empire.

(c) *Desing, Auxil. Histor. part. III. p. 79.*

CHAPITRE V.

De l'Ordre Teutonique.

I.

Cet Ordre ayant été fondé (comme nous l'avons fait voir précédemment), on lui choisit un Supérieur, appellé aujourd'hui Grand-Maître, & l'on donna aux Chevaliers pour marque distinctive une croix noire (*a*) sur un manteau blanc. Ils adopterent la régle de St Augustin, faisant vœux de pauvreté & de chasteté, & promirent de défendre les pauvres & la Religion contre les Turcs, autant de fois qu'une nécessité urgente l'exigeroit. La vertu & la valeur ont rendu cet Ordre très-fameux dans les premiers siecles de son établissement. Il ne resta que très-peu de tems à Jérusalem, & transféra presqu'en naissant l'hôpital ou la maison aux pauvres à

(*a*) *Desing, l. c. part. III. pag.* 286. *& Pfeffinger, Vitriar. Illustrat. lib.* I. *tit.* 21. §. 3 *& seq.*

St. Jean-d'Acre, en y faiſant ſa principale demeure. Cette fameuſe ville, anciennement connue ſous le nom de Ptolémaïs, ayant été priſe par les Turcs en 1220, les Chevaliers furent contraints de prendre la fuite. La plupart allerent en Allemagne, ſe mettre ſous la protection de l'Empereur Fréderic II, qui les prit ſous ſa garde, & leur accorda le 21. Avril 1221 un Diplôme ou Lettres patentes, par leſquelles, en mettant le Grand-Maître au nombre des Princes d'Empire, il déclara cet Ordre & tous ſes membres francs & exempts de tous ſervices, impôts, péages & autres droits ou charges réelles & perſonnelles, que l'on a coutume de lever ſur les ſujets. Le même Empereur conſentit par d'autres Patentes datées de Rimini 1226, à ce que Conrad, Duc de Maſovie, lui fit don du pays de Culme. Henri VII. confirma ces privileges par de nouvelles Patentes, données au camp de Brixen le 12. Juillet 1311, & les étendit ſur les biens que l'Ordre avoit acquis en Poméranie. Louis de Baviere les exempta de toutes jurisdictions, à l'exception de celle de l'Empereur. Les Patentes sont du 22. Juillet 1338. Charles IV. confirma à la Diete de Nuremberg le 6. Janvier 1354, tous les privileges qu'il avoit préalablement obtenu (*b*).

II.

Les Chevaliers Teutoniques étant entré en Allemagne, se jettoient dabord dans la Hesse. Leur Grand-Maître fixa le chef-lieu de l'Ordre, ainsi que sa résidence, à Marbourg. Peu de tems après Conrad, Duc de Masovie, se voyant trop foible pour se défendre avec succès contre les Prussiens, appella cet Ordre à son secours; & pour se le rendre plus favorable, il fit un traité avec le Grand-Maître Herrmann de Sal-

---

(*b*) Tous ces privileges ont été mis au jour en 1550 par le Grand-Maître Wolfgang. On les trouve aussi dans *Dusburg, Chronicon Ordinis Teutonici* 4°. *Francof.* 1679. *vid.* Reichstags-*Theatrum p. II. cap. III. pag.* 447.

za, par lequel il céda aux Chevaliers le district de Culm, avec l'agrément de Frédéric II, pour s'y établir & le posséder en toute souveraineté, de même que tout ce qu'il pourroit conquérir sur les Prussiens (*a*). Les Chevaliers accepterent la proposition; ils passerent en Prusse, & s'unirent en 1238 avec l'Ordre des Chevaliers Porte-Glaives de Livonie, du consentement du Pape Grégoire IX. Leurs succès furent si heureux, qu'ils se soumirent en peu de tems toute la Prusse, outre les deux tiers de la Livonie, qui avoient appartenus aux Porte Glaives. S'y sentant une fois bien affermis, ils transférerent en 1309 la résidence du Grand-Maître de Marbourg, à Marienbourg en Prusse. Delà cet Ordre croissoit à vue d'œil en biens & en réputation, & s'étendit en moins de cent ans dans toute l'Allemagne, l'Italie, l'Alsace, la Bourgogne, les Pays-

(*a*) *Abrégé Chronol. de l'Histoire & du Droit public d'Allemagne, pag.* 214.

Bas, la Hollande & la Westphalie; & voyant qu'un seul Grand-Maître ne suffisoit point pour diriger tous les Chevaliers, l'Ordre en créa deux, savoir un Maître suprême & Général résidant à Marienbourg, & un Grand-Maître fixé à Mergentheim en Franconie, qui avoit la direction des Bailliages de l'Allemagne & de l'Italie (*b*).

III.

Le trop grand pouvoir des Chevaliers Teutoniques en Prusse leur fit oublier les devoirs de l'humanité envers leurs sujets & États, qui se sentant opprimés & foulés, portoient souvent leurs plaintes aux Empereurs; mais ceux-ci faisant la sourde oreille, ils s'a-

(*b*) *Imhoff*, *Notitia Procerum*, *lib.* 2. *cap.* 2. §. 6. rapporte la suite de tous les Maîtres suprêmes de cet Ordre depuis le premier, Frédéric de Walpod, Gentilhomme d'Allemagne, jusqu'à notre siecle, & y joint au §. 7. la liste de tous les Grands-Maîtres de Mergentheim, depuis le premier, Otton, Comte de Hohenlohe, jusqu'au dernier, Dietrich de Cleen, mort en 1515.

dresserent aux Rois de Pologne, leurs voisins. Uladislas Jagello prit leur cause vivement à cœur, & livra à cet Ordre en 1410 la plus sanglante bataille près de Dannenberg en Prusse. Cinquante mille Chevaliers & soldats avec le Maître Général Ulric de Junging en resterent sur la place, & près de quatorze mille furent faits captifs (*a*). Tout l'Ordre en fut étourdi & trembla. Il fit semblant de s'abaisser, & pour ne point être englouti d'un voisin jaloux de sa grandeur, il frappa à différentes reprises à la porte de l'Empereur, pour en recevoir du secours, mais vainement. Les nobles États de Prusse & une grande partie des sujets se voyant sans ressource, toujours harcelés du Roi & foulés de l'Ordre, se révolterent & se soumirent enfin à Casimir IV. Cela excita une guerre, qui dura prés de 13 ans, pen-

(*a*) Tel est le rapport de Hartknochius, tiré de *Cromer*, *Republ. Polon lib. I. cap.* 7.

dant lesquels Casimir fit de grandes conquêtes sur la Prusse. Enfin Louis d'Erlichshausen, Maître Général de l'Ordre Teutonique, conclut avec Casimir un Traité de paix à Thorn le 19. Octobre 1466, par lequel les territoires de Culm, de Thorn, de Marienbourg, d'Elbingen, de Danzig, & toute la Poméranie Prussienne, dite la Pomérellie, furent cédés en souveraineté au Roi & à la République de Pologne; le reste de la Prusse, & nommément la ville de Kœnigsberg, la Semlande & ce qui compose aujourd'hui le Royaume de Prusse, fut laissé à l'Ordre Teutonique comme un fief mouvant de la Couronne de Pologne, & les Grands-Maîtres obligés d'en recevoir l'investiture six mois après leur élection, à eux défendu de ne plus entreprendre de guerre que du sçu & de l'aveu de la Couronne de Pologne. Ce vasselage n'étoit point du goût des successeurs de Louis. Frédéric, Duc de Saxe, Maître Général de cet Ordre, ne vouloit point le reconnoître, ni faire foi & hommage au Roi. Albert, Marggrave de Brandebourg, son successeur, le refusa de même. Cependant voyant dans la suite, que son entêtement nuisoit à son projet de quitter l'Ordre & de se marier, il s'aboucha avec son oncle Sigismond, Roi de Pologne, & conclut en 1525 un traité avec lui, en vertu duquel la Prusse fut partagée en Prusse Royale, appellée encore aujourd'hui Prusse Polonoise, comprenant ce qui avoit été cédé au Roi & à la République de Pologne par le traité de Thorn, & en Prusse Ducale, qu'Albert prit pour lui & pour ses descendans comme fief mouvant de la Couronne de Pologne. Certes Albert, quoique Maître suprême, n'étoit point en droit de disposer de la sorte des biens de l'Ordre, sans son agrément; aussi Wolfgang, son successeur & Grand-Maître, ainsi que tous les Chevaliers, protesterent hautement contre cette usurpation. Charles-Quint y ayant égard, mit

Albert au ban de l'Empire en 1530; mais personne ne se présenta pour en exécuter la sentence, & la Prusse Ducale alla successivement à tous les membres de la branche Albertine jusqu'à son extinction. Elle tomba alors en 1605 à Joachim Frédéric, Electeur de Brandebourg, toujours en qualité de fief de Pologne. Frédéric Guillaume, son successeur, voyant les Polonois entiérement défaits par les Suédois à la bataille de Warsovie, profita du moment, & fit une paix particuliere avec le Roi & la République de Pologne; elle fut conclue à Wélau le 19. Septembre 1657. Par cette paix l'Electeur obtint la souveraineté sur le Duché de Prusse, & la République lui relâcha le nœud *vassalatique*, ne se réservant que la succession éventuelle à l'extinction de la Maison de Brandebourg, & le rétablissement du vasselage à l'extinction de la branche de Frédéric Guillaume. Enfin cette Prusse Ducale fut érigée en Royaume par Frédéric III, Elećteur de Brandebourg, qui se fit proclamer Roi de Prusse, & se mit lui-même la couronne sur la tête à Kœnigsberg le 15. Janvier 1701, avec l'agrément de l'Empereur Léopold, comme il a été dit.

IV.

Livo[illegible] détaché de l'Or[illegible] dre.

La perte de la Prusse étoit certainement bien sensible à l'Ordre Teutonique; mais celle de la Livonie, le grenier de l'Ordre, arrivée quarante-six ans après, le mit au désespoir. Les Russes, ses voisins, lui jetterent toujours un œil d'envie, l'incommodoient & la ravageoient sans cesse. Le différend entre le Grand-Maître provincial, Guillaume de Fürstenberg, & l'Archevêque de Riga, prépara sa perte. Pour avoir du secours, les Chevaliers s'adresserent à l'Empire; Charles Quint les renvoya en 1556 au Roi de Suéde, qui n'empêcha point les Russes de continuer leurs courses. Enfin, les Chevaliers Teutoniques se virent nécessités de se jetter entre les bras de Sigismond Auguste, Roi de Pologne, & de lui soumettre la Livonie, ſauf les droits de l'Empire ſur elle, le libre exercice de la Religion proteſtante, & leurs anciens priviléges. D'un autre côté, Gotthard Kettler, ſucceſſeur de Guillaume, & dernier Grand-Maître provincial de l'Ordre Teutonique en Livonie, imitant l'exemple d'Albert de Brandebourg, ſe fit inveſtir de la Courlande & de la Semgalle, érigées en Duchés laïques pour lui & ſa poſtérité, ſous la mouvance directe de la couronne de Pologne. Ce traité fut ſigné à Vilna le 28. Novembre 1561. Dans la ſuite la Livonie fut abandonnée à la Suéde par le traité d'Oliva; mais par la fameuſe bataille de Pultava, donnée le 8. Juillet 1709, qui raya les grandes eſpérances de Charles XII, & l'obligea à ſe ſauver juſques dans la Turquie; la Suéde fut tellement abaſourdie, qu'elle ne trouva plus le moment de ſe relever. Enfin, pour ſe procurer du repos & pour appaiſer les Ruſſes, ſes ennemis & ſes maîtres, elle conclut avec eux la paix de

Nyſtädt en Finland, appellée la paix du Nord, qui fut ſignée le 30. Août 1721, & leur céda entre pluſieurs autres terres, la fertile Livonie, que les Ruſſes auront grand ſoin de conſerver.

V.

L'Ordre Teutonique fit encore d'autres pertes, parmi leſquelles nous pouvons mettre celle du Baillage d'Utrecht (*a*), & pluſieurs terres qu'il avoit en Italie. Malgré tout cela, les biens de cet Ordre ne laiſſent pas d'être fort conſidérables, & feroient la plus grande Principauté, s'ils étoient réunis dans une même contrée. On les diviſe en onze Baillages (Balleyen) ſavoir, le Baillage d'Alſace (*b*) & de la Bour-

(*a*) *Imhoff*, *Notitia Procerum*, *lib*. 3. *cap*. 2. §. 10. dit: les Hollandois ont ſouſtrait pendant le ſiecle paſſé ce Baillage avec ſes treize Commanderies, & quoique l'Ordre en ait ſouvent demandé la reſtitution, même par l'interceſſion de l'Empereur & des Etats de l'Empire; les Hollandois firent toujours ſemblant de ne pas l'entendre.

(*b*) Le Grand Commandeur d'Alſace & de la Bourgogne y jointe, avoit autre-

gogne, celui d'Autriche, celui de Coblentz (*c*), celui du Tirol (appellé an der Etsch und im Gebürg), celui de Franconie, celui de Lorraine, celui de Westphalie, celui de Hesse, celui de Saxe & celui de Thuringe. A ces baillages il faut ajouter les biens attachés à la dignité du Grand-Maître, nommés Cammer-Güter, dont la plupart sont situés dans la Franconie, d'autres se trouvent dans les bans de certaines Villes, P. E. de Franckfort, de Nuremberg, de Spire, de Heidelberg, de Mayence, &c. (*d*).

VI.

Chaque Baillage est dirigé par un Grand-Commandeur (Land-Commenthur), élu & choisi par les

---

fois voix & séance à la Diete parmi les Prélats du Banc de Suabe.

(*c*) Le Grand Commandeur du Baillage de Coblentz a encore aujourd'hui voix & séance parmi les Prélats du Banc du Rhin.

(*d*) V. Hübners vollständige Geographie, *tom. III. pag.* 226.

Conſeillers de l'Ordre (Rathsgebietige), & confirmé par le Grand-Maître dont il dépend (*a*): à ce Grand-Commandeur ſont ſubordonnés les autres Commandeurs, ainſi que les freres de l'Ordre attachés à la Grande-Commanderie, dont les uns ſont Prêtres, les

---

(*a*) Quoique les Grand-Commandeurs dépendent immédiatement du Grand-Maître, au moins pour ce qui concerne l'obſervation de la diſcipline & des regles de l'Ordre, ils ne laiſſent point d'être aſſujettis à la ſupériorité territoriale de l'état de l'Empire, dans le territoire duquel leur Baillage eſt ſitué, & ils ſont conſéquemment obligés de ſe conformer aux loix & coutumes de ce territoire. V. *Gryphius* von Ritter-Orden *p.* 68. & *Friderici Ludovici Nob. de Berger, ſingularis diſquiſitio de Jure territoriali Archi-Ducis Auſtriæ & aliis S. R. J. Principibus in bona ab Ordinibus Equeſtribus Eccleſiaſticis poſſeſſa competente.*

Il faut cependant ſavoir, qu'il y a des Baillages immédiats qui ne dépendent point du Seigneur, dans le territoire duquel leur Baillage eſt ſitué. Tel eſt par exemple celui de Coblentz; tel étoit auſſi autrefois celui de l'Alſace & de la Bourgogne y jointe.

autres Chevaliers. Chaque Commandeur a ſa maiſon & des biens y attachés, mais ils n'en ſont qu'uſufruitiers & adminiſtrateurs. Ils ſont même obligés de rendre tous les ans compte de leur adminiſtration au Grand-Commandeur, & celui-ci au Chapitre (*b*), ainſi que de payer chacun ſa cote-part pour ſubvenir aux frais publics de l'Ordre. De-là il faut conclure, qu'ils ne peuvent aucunement diſpoſer des revenus de leurs Commanderies, par teſtament ou codicilles, puiſque n'en étant qu'uſufruitiers & adminiſtrateurs, leur pouvoir ne peut s'étendre au-delà de leur vie, au préjudice de l'Ordre qui les y a commis : ils ne peuvent

(*b*) Les Commandeurs Proteſtans de Saxe, & autres Baillages où l'on reçoit des Chevaliers de la Religion Proteſtante, au lieu de rendre compte de leur adminiſtration à l'Ordre, envoyent tous les ans à la Chambre des Finances une certaine ſomme de deniers, pour ſubvenir aux charges publiques.

peuvent même en disposer entre vifs en faveur d'un tiers, qu'autant que l'utilité & l'honneur de l'Ordre & de leurs propres personnes paroissent l'exiger ; vu que toute autre disposition est contraire aux vœux d'obéissance & de pauvreté, qu'ils sont obligés de faire lors de la profession.

VII.

Regles générales de l'Ordre.

Les regles générales de cet Ordre sont I°. Ceux qui demandent d'y être reçus à l'effet de pouvoir porter la *croix entiere*, sont obligés de faire preuve de huit degrés de noblesse, tant du côté paternel que maternel. Les autres qui se contenteront d'être Chevaliers à *demi-croix*, ou Freres & Prêtres de l'Ordre, n'ont besoin de faire aucune preuve de noblesse ; une souche & famille honnête leurs suffisent. II°. Ceux qui demandent d'être reçus Chevaliers, doivent avoir fait préalablement trois campagnes. III°. On les oblige à faire deux noviciats, le premier, chez le Grand-Commandeur dans le Baillage duquel le Candidat veut être reçu ; le second, chez le Grand-Maître de l'Ordre. Chaque noviciat est de six mois, à moins que les supérieurs n'en relâchent quelques choses pour de bonnes raisons. IV°. Lors de la profession, les Chevaliers sont tenus de faire vœu d'obéissance, de pauvreté & de chasteté. Les Protestans mêmes n'en sont point exempts (*a*). V°. On y observe une grande subordination & une bonne discipline ; ensorte que lorsqu'un membre a manqué, on l'appelle sous la

(*a*) Le noviciat étant fini, le Candidat demande d'être reçu par cette formule... Ich bitte um Gottes und Mariä der heiligsten Mutter Gottes, auch um meiner Seelen Heil willen, mich in den löblichen Teutschen Ritter-Orden auf- und anzunehmen. Alors le Grand-Maître, où en son absence, le Grand Commandeur frappe de son épée trois fois le bonnet du Candidat, lui disant... in Gottes, St. Mariä und St. Gregorii Ehr, vertrag dieß und keines mehr ; besser Ritter als Knecht. Ceux qui veulent connoître les autres rits & cérémonies usitées lors de la profession des Chevaliers Teutoniques, peuvent les lire dans *Imhoff*, *loco cit. lib.* 3. *cap.* 2. §. 25.

ſainte obéiſſance pour ſe juſtifier; s'il le refuſe, on s'en ſaiſit même à main armée, & on le condamne quelquefois à une priſon perpétuelle. VI°. L'Ordre tient de tems en tems Chapitre général, pour y traiter les affaires importantes qui le concernent. VII°. Le Grand-Maître ne peut rien entreprendre qui puiſſe porter un préjudice notable à l'Ordre, ſans la pluralité des voix des deux tiers (au moins) des Grands-Commandeurs & Conſeillers aſſemblés au Chapitre général.

La marque diſtinctive de cet Ordre étoit d'abord une croix noire dans un champ argenté. Jean, Roi de Jéruſalem, la fit emboîter dans une croix d'or. L'Empereur Frédéric II. fit mettre au milieu l'aigle noire de l'Empire dans un champ doré. Enfin, Louis IX, Roi de France, de retour de la guerre ſainte, embellit les extrêmités de cette croix d'or de quatre lys (*a*) : nous

De la croix de l'Ordre.

(*a*) Cette croix ne ſe donne aux Candidats qu'après toutes les ſolemnités de

y voyons par-là que les plus grands Princes se faisoient une vraie gloire de mettre cet Ordre sous leur protection, en lui promettant de porter leurs armes.

IX.

De l'élection & de la dignité du Grand-Maître.

Le Grand-Maître est élu par le Chapitre général, composé des Grand-Commandeurs & Conseillers de chaque Bailliage, à la pluralité des voix. Etant élu, les Chevaliers le conduisent à la chapelle, où il prête serment d'être fidele à Dieu, & de prendre la défense de la Religion Catholique & de son Ordre. Après le serment prêté, l'officiant lui met la croix du Grand-Maître, & lui présente l'anneau, les clefs & le sceau de l'Ordre. Ce Grand-Maître jouit en qualité d'état de l'Empire

la profession finies. Alors le Prêtre officiant prend la robe blanche & la croix équestre, & dit, en la présentant au Profès.... *Voici la croix que nous vous donnons, afin qu'elle vous serve pour obtenir la rémission de vos péchés. Si vous observez, ce que vous venez de promettre, nous vous assurons de la vie éternelle.* Imhoff, l. cit. p. 107. & 116.

d'une grande prérogative en Allemagne, & occupe à la Diete, ainsi que dans toute autre assemblée solemnelle des Etats, la premiere place (a) après les Archevêques sur le banc des Princes & Prélats ecclésiastiques.

CHAPITRE VI.

De l'Ordre de Malthe.

I.

Les Chevaliers de cet Ordre établis à Jérusalem, s'y soutinrent jusqu'au commencement du quatorzieme siecle, que le Soudan d'E-

(a) Ensorte qu'il précede même l'Evêque de Bamberg, quoique décoré du titre de Duc de Franconie. Il est vrai que cet Evêque lui conteste la préséance.

Obs. Les Historiens ne conviennent point du tems, que le Grand Maître de l'Ordre Teutonique a été mis au nombre des Princes d'Empire avec séance & suffrage à la Diéte. *Miræus, de Orig. Ordin. Equest. lib. I. cap.* 4. & *Dusburg, Chronicon Prussiacum p. II. cap.* 5. prétendent que cela arriva sous leur premier

gypte, après la retraite des Tartares soumis aux Ordres des Chevaliers, rentra dans la Palestine à la tête d'un puissant* corps de troupes. Alors les Chevaliers Hospitaliers, sur les nouvelles qu'il s'avançoit vers Jérusalem, se voyant hors d'état de lui résister, prirent le parti d'en sortir en 1301, & allerent se mettre sous la protection du Roi de Chypre. Mais bientôt rebutés des mauvais traitemens qu'ils en recevoient, de la dureté de sa domination, & se voyant d'ailleurs comme relégués dans un bourg, & sans un port si nécessaire à leurs armemens; ils convinrent d'abandonner un séjour si incommode, & formerent dès-lors le dessein de conquérir

---

Grand-Maître en Allemagne, Hermann de Salza, vers l'an 1230.

D'autres soutiennent que cela se fit postérieurement : quoi qu'il en soit, le Récès d'Augsbourg de l'an 1550. auquel le Grand-Maître de cet Ordre a soussigné en qualité de Prince Etat d'Empire, nous convainque, que déja à la fin du quinzieme siecle il étoit Prince d'Empire.

l'isle de Rhodes, peu éloignée de la Palestine, laquelle ayant un excellent port, leur paroissoit fort propre pour remplir les obligations & les devoirs de leur état. Vers l'an 1306, le Grand-Maître de Villaret déclara son dessein à Andronic, Empereur de Constantinople, qui paroissoit encore avoir une ombre de souveraineté sur cette isle. Cet Empereur le désapprouva hautement. Le Grand-Maître passa outre, & aborda à l'isle de Rhodes, où n'ayant trouvé qu'une foible résistance, il débarqua ses troupes, ses vivres & ses machines de guerre, & se chamailla ensuite fort souvent avec les Infideles & les Grecs habitans de cette isle. Allant de succès en succès, il forma le siege de la ville de Rhodes, qui fut changé en blocus; enfin, ayant reçu de nouvelles troupes, il sortit de ses retranchemens, & livra une bataille sanglante aux Infideles, les défit, & continua le siege avec une nouvelle ardeur. Ses Chevaliers, à la tête des troupes, montent à l'aſſaut, & tout un coup le Grand-Maître voit ſes étendarts arborés ſur le haut de la brêche, & les Chevaliers maîtres de la place en 1310. Ainſi, la Ville de Rhodes avec toute l'isle du même nom, paſſa en moins de quatre ans entre les mains des Chevaliers Hoſpitaliers (*a*), auxquelles en mémoire de cette glorieuſe conquête, toutes les Nations donnerent le nom de *Chevaliers de Rhodes*. Ils garderent cette isle près de deux cents vingt ans. Enfin les Turcs, jaloux de la puiſſance d'un voiſin auſſi inquiétant, jurerent de le chaſſer de cette isle. A cet effet Soliman II. fit aſſiéger la ville de Rhodes (*b*), les Chevaliers s'y

(*a*) Le Grand-Maître fit en peu de tems la conquête de toutes les petites isles que les Rhodiens poſſédoient pour lors, parmi leſquelles l'isle de Cos ou de Lange, célébre par la naiſſance d'Hippocrate & d'Apelles, étoit la plus conſidérable.

(*b*) L'Hiſtoire porte, que le ſiege de Rhodes fut tramé & conduit par Soliman, à l'aide de la plus criminelle trahiſon d'Amarral, Portugais de nation, Chancelier dudit Ordre, qui après la décou-

défendirent vigoureusement; mais accablés par la multitude, ils se virent forcés de la céder à leur ennemi, qui leur accorda un certain délai pour quitter & abandonner toutes les places & isles à eux appartenantes. Enfin, le premier jour de Janvier 1523, le Grand-Maître Villiers & le peu de Chevaliers qui lui restoient d'un siege long & meurtrier, se mettoient à la voile, & alloient se réfugier dans l'isle de Candie. Depuis ce tems-là cet Ordre eut beaucoup de revers, & fut pour ainsi dire errant jusqu'à ce qu'il plut à l'Empereur Charles-Quint, à la sollicitation du Pape Clément VII, de lui accorder l'isle de Malthe. Le traité (*c*) de la cession fut signé

verte de sa trahison, fut condamné à avoir la tête tranchée, son corps mis en quartiers, & exposé à la vue des Turcs, sur les principaux bastions de la place. V. *Vertot, Histoire des Chevaliers Hospitaliers de St. Jean de Jérusalem, tom. II. pag.* 502. D'autres prétendent qu'il fut égorgé par Soliman. V. *Desing, Aux. Histor. part. VIII. peg.* 648.

(c) L'instrument de ce traité fait à

le 24 du même mois de Mai à Castel-Franco, petite ville du Bourbonnois. Il porte, que l'Empereur céde & donne à perpétuité, tant en son nom que pour ses héritiers & pour ses successeurs, au très-révérend Grand-Maître dudit Ordre & de ladite Religion de St. Jean, comme fief noble, libre & franc, les châteaux, places & isles de Tripoli, Malthe & Gozo, avec tous les territoires &

Syracuse le 24 du mois de Mai 1530, se trouve tout entier dans l'*Histoire des Chevaliers Hospitaliers de St. Jean de Jérulem, par l'Abbé Vertot, tom. III. pag.* 491.

Obs. Dans ce traité, on avoit oublié d'accorder au susdit Ordre le droit de battre monnoie à son coin, ainsi que celui de tirer du bled de la Sicile, franc de tout impôt. L'omission de ces deux articles fit naître des contestations entre le Vice-Roi de Sicile, le maître de la monnoie de Malthe, & ledit Ordre. Clément VII, pour les faire lever, dépêcha à l'Empereur le Prieur Salviati, son neveu, qui, se servant du crédit qu'avoit alors le Pape auprès de l'Empereur, en obtint un nouveau traité, où les susdits deux articles furent inscrits en faveur da la religion.

jurisdictions, haute & moyenne justice, & droit de vie & de mort, avec toutes autres maisons, appartenances, exemptions, privileges, rentes, & autres immunités ; à la charge, qu'à l'avenir le Grand-Maître & les Chevaliers tiendroient ces places de lui & de ses successeurs au Royaume de Sicile, comme fiefs nobles, francs & libres, & sans être obligés à autre chose, qu'à donner tous les ans au jour de la Toussaint un faucon; & que dans la vacance de l'Evêché de Malthe, le Grand-Maître & le Couvent seroient obligés de lui présenter & à ses successeurs, trois personnes pieuses & savantes, dont il choisiroit un pour remplir cette dignité, & que le préféré seroit honoré de la grande croix de l'Ordre, avec le privilege d'entrer en cette qualité dans le Conseil. Le Pape Clément confirma cette donation par une Bulle en date du 25 Avril, & l'Ordre se mit aussi-tôt en possession de ces isles, qu'il garde encore aujourd'hui, & comme l'isle de Malthe en eſt la plus conſidérable, les Chevaliers en prirent le nom, & s'appellent depuis *Chevaliers de l'Ordre de Malthe.*

II.

Ce nouvel Ordre ſe multiplia en peu de tems, la plupart de la jeune Nobleſſe accouroient des différentes contrées de l'Europe, pour s'enrôler ſous ſes enſeignes : on prétend que Raymond diviſa déja le Corps des Hoſpitaliers en trois claſſes ; dans la premiere, on mit ceux qui par leur naiſſance & le rang qu'ils avoienr tenu autrefois dans les armées, étoient deſtinés à porter les armes ; la ſeconde comprenoit les Prêtres & les Chapelains, qui outre les fonctions ordinaires attachées à leur caractere, ſoit dans l'Egliſe ou auprès des malades, ſeroient encore obligés, chacun à ſon tour, de ſervir d'Aumôniers à la guerre; la troiſieme contenoit ceux qui n'étoient ni Nobles ni Eccléſiaſtiques, & qui prêtoient les mains aux Chevaliers, ſoit auprès des malades, ſoit dans les armées. On les appelloit *Freres ſervans.* Dans la ſuite on diviſa (*a*) ce Corps ſuivant le pays & la Nation de chaque Chevalier, en les rangeant ſous ſept langues ; ſavoir, Provence, Auvergne, France, Italie, Arragon (*b*), Allemagne & Angleterre (*c*). Cette diviſion ſubſiſte

---

(*a*) On prétend que cette diviſion ſe fit au Chapitre général tenu à Montpellier en 1329, ſous Hellon de Ville-Neuve, vingt-cinquieme Grand-Maître, & qu'on attacha à chaque langue des dignités particulieres & les Commanderies de chaque nation ; ces Commanderies furent encore partagées entre les Prieurés d'où elles dépendoient. Il y fut auſſi arrêté, que les Grands-Maîtres auroient tous les dix ans dans chaque Prieuré la nomination de deux Commanderies vacantes, par préférence au cours de chaque langue, qui commençoit à s'établir ; & que chaque Prieur, après que la langue ſeroit remplie, pourroit nommer une fois en cinq ans à une Commanderie vacante dans ſon Prieuré, pourvu qu'il y eût fait les améliorations néceſſaires, & qu'il ne dût rien au commun tréſor de ſes reſponſions particulieres.

(*b*) On y ajoute celle de Caſtille & de Portugal.

(*c*) Dans les premiers ſiecles de l'Ordre,

encore aujourd'hui, à l'exception de ce qu'on ne peut plus compter la langue d'Angleterre, depuis qu'elle a changé de Religion.

III.

Le supérieur de cet Ordre s'appelle *Grand-Maître*, nom qui lui a été donné par le Pape Clément IV. en 1267 (*a*). Sa dignité est à vie & élective; cependant il pourroit être déposé avec l'agrément du Pape, auquel cet Ordre

---

les Prieurés, les Bailliages & les Commanderies étoient communs indifféremment à tous les Chevaliers; mais depuis ces dignités ont été affectées à chaque langue & à chaque nation particuliere.

Obs. Chaque langue a une dignité particuliere qui lui est attachée. La Provence possede celle de Grand-Commandeur; le Maréchal est tiré de celle d'Auvergne. La langue de France posséde celle de Grand-Hospitalier; l'Amiral est pris dans celle d'Italie; le Drapier, qu'on appelle aujourd'hui le Grand Conservateur, est de la langue d'Arragon. Le Turcopolier, où le Général de la Cavalerie, est toujours celui qui est décoré de la dignité de Sénéchal du Grand-Maître. La langue d'Allemagne fournit le Grand-Baillif de l'Ordre, & la langue de Castille, le Grand-Chancelier.

(*a*) Vertot, *l. cit. tom. I. pag.* 406.

est immédiatement soumis, supposé qu'il eût des raisons suffisantes. P. E. une indifférence ou une grande négligence des armemens pour la défense des Fideles. Malthe est le lieu de sa résidence. Il est Président né du grand Conseil (*b*) où se traitent toutes les affaires importantes de l'Ordre (*c*).

(*b*) Cependant il n'a qu'une voix de plus que chaque Conseiller ou Piller, comme on a coutume de les appeller; & s'il y a égalité de voix, la sienne forme la décision.

(c) Vertot, *l. cit. tom. IV. dans sa dissertation au sujet du gouvernement de cet Ordre, page* 34. dit " L'Ordre Malthe est une noble république, dont le gouvernement tient plus de l'Aristrocratie que de tout autre. Le Grand-Maître, comme un autre Doge en est le Chef; mais la suprême autorité réside dans le Chapitre général, Tribunal établi dans l'origine de cet Ordre, pour décider des armemens & pour remédier aux abus publics & particuliers. On y traite de toutes les affaires ecclésiastiques, civiles & militaires: on casse & réforme d'anciens statuts dont l'observance n'est plus convenable, & on en fait de nouveaux, qui subsistent sans appel jusqu'au prochain Chapitre,,.

Obs. Il y a plus de cent ans que l'on

Clément VII. lui accorda la premiere place à la droite du trône, quand le Pape tient Chapelle (*d*). Il est souverain, & envoie dans cette qualité des Ambassadeurs aux Cours souveraines & aux Conciles. Jean de Villiers, vingt-unieme Grand-Maître, prescrivit la forme de son sceau (*e*). Il n'y a que les Chevaliers de la premiere classe, appellés Chevaliers de justice, qui puissent parvenir

n'a plus tenu de grand Chapitre ou de grand Conseil. Le dernier s'est tenu en 1631. sous Antoine de Paul, cinquante-cinquieme Grand-Maître. Les Jugemens & les Réglemens que l'on y porta, servent aujourd'hui de loix dans la décision des différens qui peuvent naître dans l'Ordre; mais au défaut du grand Chapitre, il y a toujours à Malthe quatre Conseils, le Conseil ordinaire, le complet, le secret & le criminel. V. *Vertot*, *audit lieu*, *pag.* 38.

(*d*) Dans le même acte en date du 15 Janvier 1524, ce Pontife voulut & ordonna, que dans les cavalcades il marcheroit seul immédiatement avant sa Sainteté. Vertot, *l. cit. tom. III. pag.* 30.

(*e*) Vertot, *l. cit. tom. pag.* 419.

venir à la dignité de Grand-Maître qui remit en sa personne la supériorité militaire & réguliere sur tous les Religieux de son Ordre, & en même tems la souveraineté & tous les droits régaliens sur les séculiers qui sont ses sujets. Il ne faut pourtant pas oublier qu'il est vassal de l'Empereur. (f)

IV.

Pour ne point m'écarter de mon plan, je fais trève à mille autres objets relatifs à cet Ordre, & je ne parlerai plus que de la langue d'Allemagne. Cette langue comprenoit autrefois cinq Prieurés; savoir, celui d'Allemagne proprement dite, celui de Bohême, celui de Hongrie, celui de Da-

(f) Il n'y a qu'eux non plus qui puissent parvenir aux dignités de Baillifs & de Prieurs qu'on appelle Grand-Croix.

Obs. Il est d'usage dans cet Ordre d'admettre dans le rang des Chevaliers de Justice, des personnes qu'on appelle *Chevaliers de Grace*. Ce sont ceux qui étant issus de peres nobles & de meres roturieres, ont taché de couvrir un défaut si remarquable par quelque dispense du Pape.

nemarc & celui de Brandenbourg. Mais il y a long-tems que celui de Hongrie, ainsi que celui de Danemarc, se sont détachés de l'Ordre (a). Or, pour être admis aux Commanderies du Prieuré de Bohême, il faut être Bohémien, Siléfien, Autrichien ou Tyrolois. Le grand Prieuré de Brandenbourg, malgré le changement de Religion, resta toujours attaché à l'Ordre ; ses Chevaliers & Commandeurs sont de la Religion protestante, & osent se marier. Il est sous la protection & la domination de l'Electeur, qui jouit depuis long-tems du droit de nomination & de présentation aux Baillages. Il y a des Commanderies qui sont à la collation de certains Seigneurs. P. E. la Commanderie de Supplinbourg est conférée alternativement par les Ducs de Brunswick, Guelpher-Büttel (b).

(a) *Imhoff, notitia Procerum, lib. 3. cap. 28.*

(b) En vertu d'une transaction faite & passée entre les Ducs de Brunswick & l'Ordre de Malthe en 1595. Vid. Lunig,

V.

La langue d'Allamagne a souffert beaucoup de diminutions sur-tout en Hollande où elle perdit toutes ses Commanderies. Il est vrai que le Prince Landgrave de Hesse, Cardinal & grand Prieur d'Allemagne, passa en 1668 une transaction avec le Seigneur Jean de Wigers, Conseiller pensionnaire de la Province de Hollande, par laquelle les Hollandois s'engagerent à payer à l'Ordre cinquante mille florins, en dédommagement des biens & Commanderies dont ils s'étoient emparés dans les Provinces de Hollande & de Westfrise; au moyen de ce paiement l'Ordre renonça aux droits qu'il avoit sur ces biens, sauf son recours sur les biens situés dans les autres Provinces des Pays-Bas Hollandois qui lui ont été ôtés pendant les guerres d'Espagne avec lesdits Pays-Bas, depuis 1581 jusqu'en 1648. A l'égard de ces biens &

Reichs-Archiv, *Spicileg. Eccles. Contin.* I. *pag.* 476.

autres injustement enlevés audit Ordre, l'Empereur promet par sa Capitulation (*a*) de les lui faire restituer autant que le traité d'Osnabruck & la justice le permettra.

VI.

Le grand Prieur d'Allemagne réside à Heidersheim en Brisgau: il est vassal de l'Empereur & Prince du St. Empire, ayant voix & séance à la Diete parmi les Abbés Princiers du Cercle du Haut-Rhin. Georges Schilling, Gentilhomme du Duché de Würtemberg, est le premier à qui Charles-Quint accorda cette dignité en 1546. Il reconnoît trois maîtres, le Pape, l'Empereur & le Grand-Maître; il a dans sa dépendance près de soixante-dix Commanderies, auxquelles l'on ne peut admettre que des Gentilshommes Allemans (*b*).

(*a*) V. *la Capitulat. de l'Empereur Joseph II. art.* 10. §. 8. & *Moser, observat. sur ladite Capitulat. l. cit. Vertot, tom.* 4. *pag.* 193.

(*b*) Les décrets & conclusions de la Diete faits à ce sujet en 1706 & en 1708, se trouvent dans *Lunig. Reichs-Archive, part. gener. pag.* 678.

On y obſerve fort exactement les ſtatuts preſcrits aux Chevaliers (*c*), & le grand Prieur peut ſe flatter de n'avoir qu'une très-bonne Nobleſſe ſous ſes Ordres.

(*c*) Les Statuts, tant anciens que nouveaux de cet Ordre, ſe trouvent dans Vertot au lieu cité, *tom. IV. à la fin de la diſſertat. ſur le gouvernement de l'Ordre.*

COMPILATION

DES LOIX FONDAMENTALES DE L'EMPIRE.

BULLE D'OR

OU CONSTITUTION.

De l'Empereur Charles IV, au sujet des Elections des Empereurs, des fonctions des Electeurs, des successions & droits des Princes de l'Empire. Faite partie à Nuremberg le 10 Janvier 1356, partie à Metz le 25 Décembre de la même année.

AU NOM DE LA SAINTE & indivisible Trinité. *Ainsi soit-il.*

CHARLES, PAR LA GRACE DE DIEU, Empereur des Romains, toujours Auguste & Roi de Bohême, en perpétuelle mémoire de la présente. Tout Royame divisé en soi-même sera désolé ; & parce que ses Princes se sont fait compagnons de voleurs, Dieu a répandu parmi eux un esprit d'étourdissement & de vertige, afin qu'ils marchent comme à tâtons en plein midi, de même que s'ils étoient au milieu des ténebres; il a ôté leurs flambeaux du lieu où ils étoient, afin qu'ils soient aveugles & conducteurs d'aveugles. Et en effet, ceux qui marchent dans l'obscurité se heurtent, & c'est dans la division que les aveugles d'entendement commettent des méchancetés.. Dis, orgueil! Comment aurois-tu regner en Lucifer, si tu n'avois appellé la dissention à ton secours? Dis, Satan envieux, comment aurois-tu chassé Adam du Paradis, si tu ne l'avois détourné de l'obéissance qu'il devoit à son créateur? Dis, colere, comment aurois-tu détruit la République Romaine, si tu ne t'étois servi de la division pour animer Pompée & Jules à une guerre intestine, l'un contre l'autre? Dis, luxure, comment aurois-tu ruiné les Troyens, si tu n'avois séparé Helene d'avec son mari? Mais toi, envie, combien de fois t'es-tu efforcée de ruiner par la division l'Empire Chrétien que Dieu a fondé sur les trois Vertus Théologales, la Foi, l'Espérance & la Charité, comme sur une sainte & invisible Trinité, vomissant le vieux venin de la dissention parmi les sept Electeurs, qui sont les colomnes, & les sept principaux membres du Saint Empire, & par l'éclat desquels le saint Empire doit être éclairé comme par sept flambeaux dont la lumiere est fortifiée par les sept dons du saint Esprit? C'est pourquoi étant obligés, tant à cause du devoir que nous impose la dignité Impériale, dont nous sommes revêtus, que pour maintenir notre droit d'Electeur en tant que Roi de Bohême, d'aller au devant des dangereuses suites que les divisions & dissentions pourroient faire naître à l'avenir entre les Electeurs, dont nous sommes du nombre; Nous, après avoir mûrement délibéré en notre Cour & Assemblée solemnelle de Nuremberg, en présence de tous les Princes Electeurs, Ecclésiastiques & Séculiers & autres Princes, Comtes, Barons, Seigneurs, Gentilshommes & Villes, étant assis dans le trône Impérial, revêtu des habits Impériaux avec les ornemens en main, & la couronne sur la tête, par la pleinitude de la puissance Impériale, avons fait & publié, par cet Edit ferme & irrévocable, les loix suivantes, pour cultiver l'union entre les Electeurs, établir une forme d'élection unanime, & fermer tout chemin à cette division détestable, & aux dangers extrêmes qui la suivent. Donné l'an du Seigneur mil trois cents cinquante-six, Indiction neuvieme, le dixieme Janvier, de notre regne le dixieme, & de notre Empire le second.

CHAPITRE PREMIER.

Comment & par qui les Electeurs doivent être conduits au lieu où se fera l'élection d'un Roi des Romains.

I. Nous déclarons & ordonnons par le présent Edit Impérial qui durera éternellement, de notre certaine science, pleine puissance & autorité Impériale, que toutes les fois qu'il arrivera à l'evenir d'élire un Roi des Romains pour être Empereur, & que les Electeurs, suivant l'ancienne & louable coutume, auront à faire voyage au sujet de telle Election, chaque Prince Electeur sera obligé, en étant requis, de faire conduire & escorter sûrement & sans fraude par ses Pays, terres & lieux, & plus loin même s'il peut, tous ses Coélecteurs ou leurs Députés vers la Ville où l'élection se devra faire, tant en allant qu'en retournant, sous peine de parjure, & de perdre (mais pour cette fois seulement) la voix & le suffrage qu'il devoit avoir dans cette élection; déclarant celui ou ceux qui se feront rendus en ceci négligens ou rebelles, avoir encouru dès-lors lesdites peines, sans qu'il soit besoin d'autre déclaration que la présente.

II. Nous ordonnons de plus & mandons à tous les autres Princes qui tiennent des fiefs du saint Empire Romain, quelque nom qu'ils puissent avoir, comme à tous

Comtes, Barons, Gens de guerre & Vassaux, tant Nobles que non Nobles, Bourgeois & Communautés de Bourgs, de Villes & de tous autres lieux du saint Empire, qu'ils aïent, lorsqu'il s'agira de procéder à l'élection d'un Roi des Romains pour être Empereur, à conduire & escorter sûrement & sans fraude, comme il a été dit, par leurs territoires, & ailleurs le plus loin qu'il se pourra, chaque Prince Electeur ou les Députés qu'il envoiera à l'élection; pour lesquels aussi bien que pour lui, il leur aura demandé ou à aucun d'eux tel sauf-conduit; & en cas que quelqu'un ait la présomption de contrevenir à notre présente Ordonnance, qu'il encoure aussi toutes les peines suivantes; savoir, en cas de contravention par les Princes, Comtes, Barons, Gentilshommes, Gens de guerre & Vassaux, la peine du parjure & la privation de tous les fiefs qu'ils tiennent du saint Empire Romain, & de tous autres quelconques; comme aussi de toutes leurs autres possessions de quelque nature qu'elles soient; & à l'égard des Communautés & Bourgeois contrevenans à ce que dessus, qu'ils soient aussi réputés parjures, & qu'avec cela ils soient privés de tous les droits, libertés, privileges & graces qu'ils ont obtenues du saint Empire, & encourent en leurs personnes & en leurs biens le ban & la proscription Impériale; & c'est pourquoi nous les privons dès-à-présent, comme pour lors, le cas arrivant, de tous droits quelconques. Permettons aussi à tous & un chacun de courre ſus aux proſcrits, & de les attaquer, offenſer & outrager impunément d'autorité privée, ſans pour ce demander autre permiſſion des Magiſtrats, ni avoir à craindre aucune punition de la part de l'Empire ou de quelqu'autre que ce ſoit; attendu que leſdits proſcrits ſont convaincus de crimes & de félonie envers la République, & même contre leur honneur & leur ſalut, ayant mépriſé témérairement & comme rebelles, déſobéiſſans & traîtres, une choſe importante au bien public.

III. Nous ordonnons & mandons auſſi aux Bourgeois de toutes les Villes & aux Communautés, de vendre ou faire vendre à chaque Electeur ou à leurs Députés pour l'élection, tant en allant qu'en retournant, à prix raiſonnable & ſans fraude, les vivres & autres choſes dont ils auront beſoin pour eux & pour ceux de leur ſuite; le tout ſous les mêmes peines ci-deſſus mentionnées à l'égard deſdits Bourgeois & Communautés, que nous déclarons par eux encourues de fait.

IV. Que ſi quelque Prince. Comte, Baron, homme de guerre, Vaſſal, Noble ou ignoble, Bourgeois ou Communauté de Villes, étoit aſſez téméraire, pour apporter quelque empêchement ou tendre quelques embûches aux Electeurs ou à leurs Députés, allant pour l'élection du Roi des Romains ou en revenant, & les attaquer, offenſer ou inquiéter en leurs perſonnes ou en celles de leurs domeſtiques & ſuite, ou même en leurs équipages, soit qu'ils eussent demandé le sauf-conduit ordinaire, soit qu'ils n'eussent pas jugé à propos de le demander, nous déclarons celui-là & tous ses complices avoir encouru de fait les susdites peines selon la qualité des personnes, ainsi qu'il est ci-dessus marqué.

V. Et même si un Prince Electeur avoit quelque inimitié, différend ou procès avec quelqu'un de ses Collégues, cette querelle ne le doit point empêcher de donner, en étant requis, ladite conduite & escorte à l'autre ou à ses Députés pour ladite élection, sous peine de parjure & de perdre sa voix en l'élection, pour cette fois-là seulement, comme il est dit ci-dessus.

VI. Comme aussi les autres Princes, Comtes, Barons, Gens de guerre, Vassaux, Nobles & ignobles, Bourgeois & Communautés de Villes, vouloient du mal à quelque Electeur ou à plusieurs, ou s'il y avoit quelque différend ou guerre entr'eux, ils ne laisseront pas sans contradiction ou fraude aucune, de conduire & d'escorter le Prince Electeur ou les Princes Electeurs ou leurs Députés, soit en allant au lieu où se devra faire l'élection, soit en s'en retournant, s'ils veulent éviter les peines dont ils sont menacés par cet Edit, lesquelles ils encoureront de fait au même temps qu'ils en useront autrement.

VII. Et pour une plus grande fermeté & plus ample assurance de toutes les choses ci-dessus mentionnées, nous voulons & ordonnons, que tous & chacun les Princes

Electeurs & autres Princes, Comtes, Barons, Nobles, Villes ou leurs Communautés promettent par lettres & par serment toutes lesdites choses, & qu'ils s'obligent de bonne foi & sans fraude de les accomplir & mettre en effet; & que quiconque refusera de donner telles lettres, encoure de fait les peines ordonnées pour être exécutées contre les refusans, selon la condition des personnes.

VIII. Que si quelque Prince Electeur ou autre Prince relevant de l'Empire, de quelque qualité & condition qu'il soit, Comte, Baron ou Gentilhomme, leurs successeurs ou héritiers, tenans des fiefs du saint Empire, refusoit d'accomplir nos Ordonnance & Loix Impériales ci-dessus & ci-après écrites, ou qu'il eût la présomption d'y contrevenir; si c'est un Electeur, que dès-lors ses Coélecteurs l'excluent dorénavant de leur société, & qu'il soit privé de sa voix pour l'élection, & de la place, de la dignité & du droit de Prince Electeur, & qu'il ne soit point investi des fiefs qu'il tiendra du saint Empire. Et si c'est quelqu'autre Prince ou Gentilhomme, comme il a été dit, qui contrevienne à ces mêmes Loix, qu'il ne soit point non plus investi des fiefs qu'il peut tenir de l'Empire, ou de qui que ce soit qu'il les tienne; & cependant qu'il encoure dès-lors les mêmes peines personnelles ci-dessus spécifiées.

IX. Et encore que nous entendions & ordonnions que tous Princes, Comtes, Barons, Gentilshommes, Gens de guerre,

Vassaux, Villes & Communautés soient obligés indifféremment de donner ladite escorte, & conduite à chaque Electeur ou à ses Députés, comme il a été dit: nous avons toutefois estimé à propos d'assigner à chaque Electeur une escorte & des conducteurs particuliers selon le pays & les lieux où il aura à passer, comme il se verra plus amplement par ce qui suit.

X. Premierement, le Roi de Bohême, Archi-Echanson du saint Empire, sera conduit par l'Archevêque de Mayence, par les Evêques de Bamberg & de Würtzbourg, par les Bourggraves de Nuremberg, par ceux de Hohenloë, de Vertheim, de Bruneck & de Hanau, & par les Villes de Nuremberg, de Rotembourg & de Windesheim.

XI. L'Archevêque de Cologne, Archi-Chancelier du saint Empre, en Italie, sera conduit par les Archevêques de Mayence & de Tréves, par le Comte Palatin du Rhin, par le Landgrave de Hesse, par les Comtes de Catzellenbogen, de Nassau, de Dietz, d'Issembourg, de Westerbourg, de Runckel, de Limbourg & de Falckenstein, & par les Villes de Wetzlar, de Greylnhausen & de Fridberg.

XII. L'Archevêque de Tréves, Archi-Chancelier du saint Empire dans les Gaules & au Royaume d'Arles, sera conduit par l'Archevêque de Mayence, par le Comte Palatin du Rhin, par les Comtes de Spanheim & de Veldens, par les Rugraves & wildgraves de Nassau, d'Issembourg, de Westerbourg, de Runckel, de Limbourg, de Dietz, de Catzenellenbogen, d'Eppenstein & de Falckenstein, & par la Ville de Mayence.

XIII. Le Comte Palatin du Rhin, Archi-Maître d'Hôtel du saint Empire, sera conduit par l'Archevêque de Mayence.

XIV. Le Duc de Saxe, Archi-Maréchal du saint Empire, sera conduit par le Roi de Bohême, les Archevêques de Mayence & de Magdebourg, les Evêques de Bamberg & de Würtzbourg, le Marggrave de Misnie, le Landgrave de Hesse, les Abbés de Fulde & de Hirschfelt, les Bourggraves de Nuremberg, ceux de Hohenloë, de Wertheim, de Bruneck, de Hanau & de Falckenstin; comme aussi par les Villes d'Erford, Mulhausen, Nuremberg, Rotembourg & Windesheim.

XV. Et tous ceux qui viennent d'être nommés seront pareillement tenus de conduire le Marggrave de Brandebourg, Archi-Chambelan du saint Empire.

XVI. Voulons en outre & ordonnons expressément que chaque Prince Electeur qui voudra avoir tel sauf-conduit & escorte, le fasse dûment savoir à ceux, par lesquels il voudra être conduit & escorté, leur indiquant le chemin qu'il prendta, afin que ceux qui sont ordonnés pour ladite conduite, & qui en auront été ainsi requis, s'y puissent préparer commodement & assez à tems.

XVII. Déclarons toutefois que les présentes constitutions faites au sujet de ladite conduite, doivent être étendues, en sorte que chacun des sus-nommés, ou tout autre qui n'a pas peut-être été ci-dessus dénommé, à qui dans le cas susdit il arrivera d'être requis de fournir ladite conduite & escorte, soit obligé de la donner dans ses terres & pays seulement, & même au-delà, si loin qu'il le pourra; le tout sans fraude, sous les peines ci-dessus exprimées.

XVIII. Mandons & ordonnons de plus, que l'Archevêque de Mayence, qui tiendra alors le Siege, envoïe ses Lettres Patentes par Courriers exprès à chacun desdits Princes Electeurs, Ecclésiastiques & Séculiers, ses Collégues, pour leur intimer ladite élection, & que dans ces Lettres soit exprimé le jour & le terme dans lequel vraisemblablement elles pourront être rendues à chacun de ces Princes.

XIX. Ces Lettres contiendront que dans trois mois, à comter du jour qui y sera exprimé, tous & chacuns les Princes Electeurs aïent à se rendre à Francfort sur le Meyn en personne, ou à y envoyer leurs Ambassadeurs par eux authentiquement autorisés & munis de procuration valable, signée de leur main, & scellée de leur grand sceau, pour procéder à l'élection d'un Roi des Romains, futur Empereur.

XX. Or, comment & en quelle forme ces sortes de Lettres doivent être dressées, & qu'elle solemnité y doit être observée inviolablement, & en quelle forme & maniere les Princes Electeurs auront à dresser & faire leurs pouvoirs, mandemens & procurations pour les Députés qu'ils voudront

dront envoyer à l'élection, cela se trouvera plus clairement exprimé à la fin de la présente Ordonnance ; laquelle forme en cet endroit prescrite, ordonnons de notre pleine puissance & autorité Impériale, être en tout & par tout observée.

XXI. Quand les choses seront venues à ce point que la nouvelle certaine de la mort de l'Empereur ou du Roi des Romains sera arrivée dans le Diocese de Mayence, nous commandons & ordonnons que dès-lors dans l'espace d'un mois, à compter du jour de l'avis reçu de cette mort, l'Archevêque de Mayence, par ses Lettres Patentes, en donne part aux autres Princes Electeurs, & fasse l'intimation dont il est ci-dessus parlé. Que si par hazard cet Archevêque négligeoit ou apportoit de la lenteur à faire ladite intimation, alors les autres Princes Electeurs, de leur propre mouvement, sans même être appellés, & par la fidélité avec laquelle ils sont obligés d'assister le saint Empire, se rendront dans trois mois, ainsi qu'il a été dit, en ladite Ville de Francfort, pour élire un Roi des Romains, futur Empereur.

XII. Or, chacun des Princes Electeurs ou ses Ambassadeurs ne pourront entrer dans le tems de ladite élection en ladite Ville de Francfort, qu'avec deux cents chevaux seulement, parmi lesquels il pourra y avoir cinquante Cavaliers armés, ou moins s'il veut, mais non pas davantage.

XXIII. Le Prince Electeur, ainsi appellé & invité à cette élection, & n'y venant pas, ou n'y envoyant pas ses Ambassadeurs avec ses Lettres Patentes scellées de son sceau, contenant un plein, libre & entier pouvoir d'élire un Roi des Romains, ou bien y étant venu ou y ayant envoyé à son défaut des Ambassadeurs; si ensuite le même Prince ou sesdits Ambassadeurs se retiroient du lieu de l'élection, avant que le Roi des Romains, futur Empereur eût été élu, & sans avoir substitué solemnellement & laissé un Procureur légitime, afin d'y agir pour ce que dessus; que pour cette fois il soit privé de sa voix pour l'élection, & du droit qu'il y avoit, & qu'il a ainsi abandonné.

XXIV. Enjoignons & mandons aussi aux Bourgeois de Francfort, qu'en vertu du serment que nous voulons qu'ils prêtent à cette fin sur les saints Evangiles, ils aïent à protéger & à défendre avec tout soin, fidélité & vigilance, tous les Princes Electeurs en général, & un chacun d'eux en particulier, ensemble leurs gens, & chacun des deux cents Cavaliers qu'ils auront amenés en ladite Ville, contre toute insulte & attaque, en cas qu'il arrivât quelque dispute ou querelle entr'eux, & ce, envers & contre tous; à faute de quoi, ils encoureront la peine de parjure, avec perte de tous leurs droits, libertés, graces & indults qu'ils tiennent ou pourront tenir du saint Empire; & seront dès aussi-tôt mis avec leurs personnes & tous leurs biens au ban Impérial. Et dès-lors, comme dès-à-présent, il sera loisible à tout homme, de sa propre autorité, sans être obligé de recourir à un Magistrat, d'attaquer impunément ces mêmes Bourgeois, que nous privons en ce cas dès-à-présent comme pour lors de tout droit, comme traîtres, infidelles & rebelles à l'Empire, sans que ceux qui les attaqueront pour ce sujet, en doivent apprehender aucune punition de la part de l'Empire ou d'aucune autre part.

XXV. De plus, lesdits Bourgeois de la Ville de Francfort n'introduiront & ne permettront, sous quelque prétexte que ce soit, de laisser entrer en leur Ville aucun Etranger de quelque condition ou qualité qu'il puisse être, pendant tout le tems qu'on procédera à l'élection, à l'exception seulement des Princes Electeurs, leurs Députés ou Procureurs, chacun desquels pourra faire entrer deux cents chevax comme il a été dit.

XXVI. Mais si après l'entrée des mêmes Electeurs il se trouvoit dans la Ville ou en leur présence quelque Etranger, lesdits Bourgeois, en conséquence du serment qu'ils auront prêté pour ce sujet, en vertu de la présente Ordonnance, sur les saints Evangiles, comme il a été ci-devant marqué, seront obligés de le faire sortir incontinent & sans retard, sous les mêmes peines ci-dessus prononcées contr'eux.

CHAPITRE II.

De l'élection du Roi des Romains.

I. Après que les Electeurs ou leurs Plénipotentiaires auront fait leurs entrées en la Ville de Francfort, ils se transporteront le lendemain de grand matin en l'Eglise de saint Bathelemi, Apôtre; & là ils feront chanter la Messe du saint Esprit, & y assisteront tous jusqu'à la fin, afin qu'éclairés par le même saint Esprit, & fortifiés par sa grace, ils élisent pour Roi des Romains & futur Empereur un homme juste, bon & utile pour le salut du peuple Chrétien.

II. Aussi-tôt après la Messe, tous les Electeurs ou les Plénipotentiaires s'approcheront de l'Autel, où la Messe aura été célébrée; & là les Princes Electeurs Ecclésiastiques, l'Evangile de saint Jean, *In principio erat Vebum*, &c. étant exposé devant eux, mettront leurs mains avec révérence sur la poitrine, & les Princes Electeurs Séculiers toucheront réellement de leurs mains ledit Evangile, à quoi tous avec toute leur suite assisteront non armés. Et alors l'Archevêque de Mayence leur présentera la formule du serment; & lui avec eux, & eux ou les Plénipotentiaires des absens avec lui, prêteront le serment en cette maniere.

III. *Je N. Archevêque de Mayence, Archi-Chancelier du saint Empire en Allemagne, & Prince Electeur, jure sur ces saints Evangiles ici mis devant moi, par la foi avec laquelle je suis obligé à Dieu, & au saint Empire Romain, que selon tout mon discernement & jugement, à l'aide de Dieu, je veux élire un Chef temporel au peuple Chrétien, c'est-à-dire, un Roi des Romains, futur Empereur, qui soit digne de l'être autant que par mon discernement & mon jugement je le pourrai connoître; & sur la même foi je donnerai ma voix & mon suffrage en ladite élection, sans aucun pacte ni espérance d'intérêt, de récompense ou de promesse, ou d'aucune chose semblable de quelque maniere qu'elle puisse être appellée* : Ainsi Dieu m'aide, & tous les Saints.

IV. Après avoir prêté serment en la forme & maniere susdite, les Electeurs ou les Ambassadeurs des absens procéderont à l'élection; & dès-lors ils ne sortiront plus de la Ville de Francfort, qu'auparavant ils n'aïent, à la pluralité des voix, élu & donné au monde, ou au peuple Chrétien, un Chef temporel, à savoir, un Roi des Romains, futur Empereur.

V. Que s'ils différoient de le faire dans trente jours consécutifs, à compter du jour qu'ils auront prêté le serment; alors les trente jours expirés, ils auront pour nourriture du pain & de l'eau; & ne sortiront pas de la Ville qu'auparavant tous, ou la plus grande partie d'eux n'aïent élu un conducteur ou Chef temporel des fidelles, comme il a été dit.

VI. Or, après que les Electeurs ou le plus grand nombre d'eux l'auront ainsi élu dans le même lieu, cette élection tiendra, & sera réputée comme si elle avoit été faite par tous unanimement, sans contradiction d'aucun.

VII. Et si quelqu'un des Electeurs ou desdits Ambassadeurs avoit tardé quelque peu de tems à arriver à Francfort, & que toutefois il y vint avant que l'élection fut achevée, nous voulons qu'il soit admis à l'élection en l'état qu'elle se trouvera lors de son arrivée.

VIII. Et d'autant que par une coutume ancienne, approuvée & louable, tout ce qui est ci-dessus écrit a été invariablement observé jusqu'à présent: Nous, pour cette raison, voulons & ordonnons de notre pleine puissance & autorité Impériale, qu'à l'avenir celui qui de la maniere susdite aura été élu Roi des Romains, aussi-tôt après son élection, & avant qu'il puisse se mêler de l'administration des autres affaires de l'Empire, confirme & approuve sans aucun délai par ses Lettres & son sceau à tous & chacuns les Princes Electeurs, Ecclésiastiques & Séculiers, comme aux principaux membres de l'Empire, tous leurs privileges documents, droits, libertés, immunités, concessions, anciennes coûtumes & dignités, & tout ce qu'ils ont obtenu & possédé de l'Empire jusqu'au jour de son élection; & qu'après qu'il aura été couronné de la couronne Impériale, il leur confirme de nouveau toutes les choses susdites.

IX. Cette confirmation ſera faite par le Prince élu à chacun des Princes Electeurs en particulier, premierement ſous le nom de Roi, & puis renouvellée ſous le titre d'Empereur; & ſera tenu ledit Prince élu d'y maintenir ſans fraude & de bonne grace les mêmes Princes en général, & chacun d'eux en particulier, bien loin de les y troubler ou de les en empêcher.

X. Voulons enfin & ordonnons qu'au cas que les trois Electeurs préſens, ou les Ambaſſadeurs des abſens éliſent un quatrieme d'entr'eux; ſavoir, un Prince Electeur préſent ou abſent, Roi des Romains, la voix de cet élu, s'il eſt préſent, ou la voix de ſes Ambaſſadeurs, s'il étoit abſent, ait ſa vigueur, & augmente le nombre & la plus grande partie des éliſants à l'inſtar des autres Princes Electeurs.

CHAPITRE III.

De la séance des Archevêques de Mayence, de Cologne & de Tréves.

Au nom de la sainte & indivisible Trinité, & à notre plus grand bonheur. Ainsi soit-il.

Charles quatrieme, par la grace de Dieu, Empereur des Romains, toujours Auguste, Roi de Bohëme, en mémoire perpétuelle de la présente.

I. L'union & la concorde des vénérables & illustres Princes Electeurs, fait l'ornement & la gloire du saint Empire Romain, l'honneur de la Majesté Impériale, & l'avantage des autres Etats de cette République, dont ces Princes soutiennent l'édifice sacré comme en étant les principales colomnes par leur piété égale à leur prudence. Ce sont eux qui fortifient le bras de la puissance Impériale; & l'on peut dire que plus le nœud de leur amitié mutuelle se reserre, plus le peuple Chrétien jouit abondamment de toutes les commodités qu'aportent la paix & la tranquillité.

II. C'est pourquoi pour d'orénavant prévenir les disputes & les jalousies qui pourroient naître entre les vénérablas Archevêques de Mayence, de Cologne & de Tréves, Princes Electeurs du saint Empire, à cause de la primauté ou du rang qu'ils doivent avoir pour leurs séances dans les Assamblées Impériales & Royales, & faire en sorte qu'ils demeurent entr'eux dans un état tranquille de cœur & d'esprit, & puissent travailler unanimément & employer tous leurs soins aux affaires & avantages du saint Empire pour la consolation du peuple Chrétien; Nous avons par délibération & par le Conseil de tous les Electeurs, tant Ecclésiastiques que Séculiers, arrêté & ordonné, arrêtons & ordonnons, de notre pleine puissance & autorité Impériale par ce présent Edit perpétuel & irrévocable, que lesdits vénérables Archevêques auront séance; savoir, celui de Tréves, vis-à-vis la face de l'Empereur; celui de Mayence, tant en son Diocese & en sa Province, soit même hors de sa Province dans l'étendue de sa Chancellerie Allemande (excepté en la Province de Cologne seulement) à la main droite de l'Empereur : ainsi que l'Archevêque de Cologne l'aura en sa Province & en son Diosece, & hors de sa Province en toute l'Italie & dans les Gaules, à la main droite de l'Empereur; & ce, en tous les Actes publics Impériaux; de même qu'aux Jugemens, Collations & Investitures des Fiefs, Festins, Conseils, & en toutes leurs autres Assemblées où il s'agira, & ou l'on traitera de l'honneur & du bien de l'Empire Romain. Voulant que cet ordre de séance soit observé entre lesdits Archevêques de Cologne, de Tréves & de Mayence, & leurs Successeurs à perpétuité, sans que l'on puisse à jamais y apporter aucun changement ou y former aucune contestation.

CHAPITRE III.

Des Princes Electeurs en commun.

I. Ordonnons aussi que toutes les fois que l'Empereur ou le Roi des Romains se trouvera dans les Assemblées Impériales, soit au Conseil, à table ou en tout autre rencontre avec les Princes Electeurs, le Roi de Bohême comme Prince couronné & sacré occupe la premiere place immédiatement après l'Archevêque de Mayence ou celui de Cologne; savoir, celui d'eux deux, qui pour lors, selon la qualité des lieux & variété des Provinces, sera assis au côté droit de l'Empereur, ou du Roi des Romains, suivant la teneur de son privilege; & que le Comte Palatin occupe après lui la seconde place du même côté droit; & qu'au côté gauche le Duc de Saxe occupe la premiere place après l'Archevêque, qui sera assis à la main gauche de l'Empereur, & que le Marggrave de Brandebourg se mette après le Duc de Saxe.

II. Toutes & quantes fois que le saint Empire viendra à vacquer, l'Archevêque de Mayence aura le pouvoir qu'il a eu d'ancieneté d'inviter par Lettres les autres Princes ses confreres, de venir à l'élection.

III. Tous lesquels, ou ceux d'entr'eux qui auront pu ou voulu assister à ladite élection étant assemblés pour y procéder, ce ſera à l'Electeur de Mayence, & non à autre de recueillir particulierement les voix de ſes Coélecteurs en l'ordre ſuivant.

IV. Il demandera premierement l'avis à l'Archevêque de Treves, à qui nous déclarons que le premier ſuffrage appertient, ainſi que nous avons trouvé qui lui avoit appartenu juſqu'à préſent; ſecondement à l'Archevêque de Cologne, à qui appartient l'honneur & l'Office de mettr le premier le Diadême ſur la tête du Roi des Romains; troiſiemement au Roi de Bohëme qui tient la primauté par l'éminence, le droit & le mérite de ſa dignité Royale entre les Electeurs Laïques; en quatrieme lieu, au Comte Palatin du Rhin; en cinquieme lieu, au Duc de Saxe; en ſixieme lieu, au Marggrave de Brandebourg. L'Archevêque de Mayence ayant ainſi & en l'ordre ſuſdit, recueilli les ſuffrages de tous, fera entendre aux Princes ſes confreres, & leur découvrira ſes intentions, & à qui il donne ſa voix, en étant par eux requis.

V. Ordonnons auſſi qu'aux cérémonies des feſtins Impériaux, le Marggrave de Brandebourg préſentera à l'Empereur ou au Roi des Romains, l'eau pour laver les mains; le Roi de Bohëme lui donnera la premiere fois à boire; (lequel ſervice toutefois il ne ſera pas tenu de rendre avec la couronne royale ſur la tête, conformément aux privileges de ſon Royaume, s'il ne le veut de ſa propre & libre volonté); le Comte Palatin du Rhin ſera tenu d'apporter la viande; & le Duc de Saxe exercera sa charge d'Archi-Maréchal, comme il a accoutumé de faire de toute ancienneté.

CHAPITRE V.

Du droit du Comte Palatin du Rhin, & du Duc de Saxe.

I. De plus, toutes les fois que le saint Empire viendra à vacquer, comme il est dit, l'Illustre Comte Palatin du Rhin, Grand-Maître d'Hôtel du saint Empire Romain, sera Proviseur ou Vicaire de l'Empire dans les parties du Rhin & de la Suabe, & de la Jurisdiction de Franconie; à cause de la Principauté ou du privilege du Comté Palatin, avec pouvoir d'administrer la Justice, de nommer aux bénéfices Ecclésiastiques, de rcevoir le revenu de l'Empire, d'investir des Fiefs, & de recevoir les foi & hommage de la part & au nom du saint Empire; toutes lesquelles choses toutefois seront renouvellées en leurs tems par le Roi des Romains après avoir été élu, auquel les foi & hommage devront être de nouveau prêtés, à la réserve des fiefs des Princes, & de ceux qui se donnent ordinairement avec l'Etendart, dont nous réservons spécialement l'investiture & la collation à l'Empereur seul, ou au Roi des Romains. Le Comte Palatin saura toutefois qu'il lui est défendu expressément d'aliéner ou d'engager aucune chose appartenant à l'Empire pendant le tems de son administration ou Vicariat.

II. Et nous voulons que l'Illustre Duc de Saxe, Archi-Maréchal du saint Empire, jouisse du même droit d'administration dans les lieux où le droit Saxon est observé, en toutes les mêmes manieres & conditions qui sont ci-dessus spécifiées.

III. Et quoique par une coutume fort ancienne, il ait été introduit que l'Empereur ou le Roi des Romains est obligé de répondre dans les causes intentées contre lui pardevant le Comte Palatin du Rhin, Grand-Maître d'Hôtel, Prince Electeur du saint Empire, ledit Comte Palatin ne pourra toutefois exercer cette Jurisdiction qu'en la Cour Impériale où l'Empereur ou le Roi des Romains sera présent en personne, & non ailleurs.

CHAPITRE VI.

De la comparaison des Princes Electeurs avec les autres Princes.

Nous ordonnons qu'en toutes les cérémonies & assemblées de la Cour Impériale qui se feront dorénavant; les Princes Electeurs Ecclésiastiques & Séculiers tiendront invariablement leurs places à droite & à gauche, selon l'ordre & la maniere prescrite, & que nul autre Prince de quelqu'état, dignité, prééminence ou qualité qu'il soit, ne leur puisse être ou à aucun d'eux préféré dans les actes quelconques, qui regardent les Assemblées Impériales, soit en marchant, séant ou demeurant de bout; avec cette condition expresse que le Roi de Bohême nommément précédéra invariablement dans tous & chacuns actes & solemnités des susdites Assemblées Impériales, tout autre Roi, quelque dignité ou prérogative particuliere qu'il puisse avoir, & pour quelque cause ou cas qu'il y puisse venir ou assister.

CHAPITRE VII.

De la succession des Princes Electeurs.

Au nom de la sainte & indivisible Trinité, & à notre plus grand bonheur. Ainsi soit-il.

Charles quatrieme, par la grace de Dieu, Empereur des Romains, toujours Auguste & Roi de Bohême, en mémoire perpétuelle de la présente.

I. Parmi les soins innombrables que nous apportons journellement pour mettre en un état heureux le saint Empire où nous présidons par l'assistance du Seigneur; notre principale application est à faire fleurir & à entretenir toujours parmi les Princes Electeurs du saint Empire, une union salutaire & une concorde & charité sincere; étant certain que leurs conseils sont d'autant plus utiles au monde Chrétien, qu'ils se trouvent éloignés de toute erreur, que la charité regne plus purement entr'eux, que tout doute en est banni, & que les droits d'un chacun sont clairement déclarés & spécifiés. Certes, il est généralement manifeste & notoire à tout le monde, que les Illustres, le Roi de Bohême, le Comte Palatin du Rhin, le Duc de Saxe & le Marggrave de Brandebourg, le premier en vertu de son Royaume, & les autres en vertu de leurs Principautés ont droit, voix & séance en l'élection du Roi des Romains, futur Empereur, avec les Princes Ecclésiastiques leurs Coélecteurs, avec lesquels ils sont tous réputés comme ils sont en effet vrais & légitimes Princes Electeurs du saint Empire.

II. Néanmoins afin qu'à l'avenir on ne puisse susciter aucun sujet de scandale & de division entre les Princes Electeurs Séculiers touchant lesdits droits, voix & faculté d'élection, & qu'ainsi le bien public ne coure aucun risque d'être retardé ou troublé par des délais dangereux, nous, avec l'aide de Dieu, desirant en prévenir les périls à venir.

III. Statuons & ordonnons de notre puissance & autorité Impériale, par la présente Loi perpétuelle, que le cas avenant que lesdits Princes Electeurs Séculiers, & quelqu'un d'eux vienne à décéder, le droit, la voix & le pouvoir d'élire sera dévolu librement & sans contradiction de qui que ce soit à son fils aîné, légitime Laïque, & en cas que l'aîné ne fut plus au monde, au fils aîné de l'aîné semblablment Laïque.

IV. Et si ledit fils aîné venoit à mourir sans laisser d'enfans mâles légitimes Laïqnes; le droit, la voix & le pouvoir de l'élection seront dévolus, en vertu du présent Edit, à son frere puîné descendu en ligne directe légitime paternelle, & ensuite au fils aîné Laïque de celui-ci.

V. Cette succession des aînés & des héritiers de ces Princes sera perpétuellement observée en ce qui regarde le droit, la voix & le pouvoir susdit.

VI. A cette condition, & en sorte toutefois que si le Prince Electeur ou son fils aîné, ou le fils puîné Laïque venoit à décéder, laissant des héritiers mâles légitimes Laïques mineurs, le plus âgé frere de ce défunt aîné sera tuteur & administrateur desdits mineurs, jusqujà ce que l'aîné d'entr'eux ait atteint l'âge légitime, lequel âge en un Prince Electeur voulons & ordonnons être à toujours de dix-huit ans accomplis; & lorsque l'Electeur mineur aura atteint cet âge, son tuteur ou administrateur sera tenu de lui remettre incontinent & entierement le droit, la voix & le pouvoir, avec l'office d'Electeur, & généralement tout ce qui en dépend.

VII. Et si quelqu'une de ces Principautés venoit à vaquer au profit de l'Empire, l'Empereur ou le Roi des Romains d'alors en pourra disposer comme d'une chose dévolue légitimément à lui & au saint Empire.

VIII. Sans préjudice néanmoins des privileges

privileges, droits & coûtumes de notre Royaume de Bohëme, pour ce qui regarde l'élection d'un nouveau Roi en cas de vacance, en vertu desquels les regnicoles de Bohëme peuvent élire un Roi de Bohëme, suivant la coûtume observée de tout tems, & la teneur desdits privileges obtenus des Empereurs ou Rois nos prédecesseurs; auxquels privileges nous n'entendons nullement préjudicier par la présente sanction Impériale; au contraire, ordonnons expressément que notredit Royaume y soit maintenu, & que ses privileges lui soient conservés à perpétuité, selon leur forme & teneur.

CHAPITRE VIII.

De l'immunité du Roi de Bohëme & des habitans dudit Royaume.

I. Comme les Empereurs & Rois nos prédecesseurs ont accordé aux illustres Rois de Bohëme nos aïeuls & prédecesseurs, aussi bien qu'au Royaume & à la couronne de Bohëme, le privilege qui par grace a été accordé, & qui a eu son effet dans ledit Royaume, sans interruption depuis un tems immémorial, par une louable coûtume incontestablement observée pendant tout ce tems, & prescrite par l'usage sans contradiction & interruption aucune, qui est qu'aucun Prince, Baron, Noble, homme de guerre, Vassal, Bourgeois, Habitant, Paysan & autre perſonne de ce Royaume & de ſes appartenances, de quelque état, dignité, prééminence ou condition qu'il puiſſe être, ne puiſſe, pour quelque cauſe ou ſous quelque prétexte, ou par quelque perſonne que ce ſoit, être ajourné & cité hors le Royaume, & pardevant d'autre Tribunal que celui de Bohême & des Juges de ſa Cour Royale; nous deſirant renouveller & confirmer ledit indult, uſage & privilege, ordonnons de notre autorité & pleine puiſſance Impériale par cette conſtitution perpétuelle & irrévocable à toujours, que ſi nonobſtant ce privilege, coûtume & indult, quelque Prince, Baron Noble, Vaſſal, Bourgeois ou Payſan, ou quelqu'autre peſonne ſuſdite étoit citée ou ajournée à quelque Tribunal que ce fût hors du Royaume, pour cauſe quelconque, civile, criminelle ou mixte, il ne ſoit nullement tenu d'y comparoître & d'y répondre en aucun tems en perſonne ou par Procureur; & ſi le Juge étranger, & qui ne demeure point dans le Royaume, quelqu'autorité qu'il ait, ne laiſſe pas de procéder contre les défaillans ou le non-comparant, & de paſſer outre juſques à jugement interlocutoire ou définitif, & de rendre une ou pluſieurs Sentences dans les cauſes & affaires ſuſdites de quelque maniere que ce ſoit; nous déclarons de notre autorité & pleine puiſſance Impériale toutes leſdites citations, commandemens, procédures, ſentences & exécutions faites en conſéquence généralement quelconques, nulles & de nul effet, sans qu'il puisse être rien exécuté ou attenté au préjudice de ce privilege.

II. Sur quoi nous ajoûtons expressément & ordonnons par cet Edit Impérial, perpétuel & irrévocable, de la même pleine puissance & autorité, que comme dans ledit Royaume de Bohëme il a été toujours & de temps immémorial observé qu'il n'étoit permis à aucun Prince, Baron, Noble, Homme de guerre, Vassal, Citoyen, Bourgeois, Paysan, ni à tout autre Habitant du Royaume de Bohëme susdit, de quelque état, prééminence, dignité ou condition qu'il soit, d'appeller à autre Tribunal de quelconques procédures, sentences interlocutoires & définitives, mandemens ou jugemens du Roi de Bohëme ou de ses Juges; comme aussi de l'exécution desdites sentences & jugemens rendus contre aucun d'eux par les Tribunaux du Roi, du Royaume & des autres Juges susdits, & s'il arrive qu'au préjudice de ce, l'on interjette de tels appels, qu'ils soient déclarés nuls, & que les appellans encourent dès-lors réellement & de fait la perte de leur cause.

CHAPITRE IX.

Des mines d'or, d'argent & autres métaux.

Nous ordonnons par la présente constitution perpétuelle & irrévocable, & déclarons de notre science, que nos successeurs Rois de Bohëme, comme aussi tous & chacuns les Princes Ecclésiastiques & Séculiers, présens & à venir, pourront justement & légitimement avoir & posséder toutes les mines & minieres d'or, d'argent, d'étain, de cuivre, de fer & de plomb, & de toutes sortes d'autres métaux; comme aussi les salines découvertes, ou qui se découvriront avec le tems en notredit Royaume & dans les terres & pays sujets audit Royaume, de même que lesdits Princes dans leurs Principautés, terres, domaines & appartenances, avec tous droits, sans en excepter aucun, comme ils peuvent ou ont accoûtumé de les posséder. Pourront aussi donner retraite aux Juifs, & recevoir à l'avenir les droits & les péages établis par le passé, tout ainsi qu'il a été jusqu'à-présent observé & pratiqué légitimement par nos prédecesseurs Rois de Bohëme d'heureuse mémoire, & par les Princes Electeurs & leurs prédecesseurs, suivant l'ancienne, louable & approuvée coûtume & de tems immémorial.

CHAPITRE X.

De la monnoie.

I Nous ordonnons de plus que le Roi de Bohëme, qui après nous succédera à à ce Royaume, pourra pendant le tems de son regne faire battre monnoie d'or & d'argent en tous les endroits & lieux de son Royaume ou terres en dépendantes qu'il lui plaira & ordonnera, dans la forme & maniere jusqu'à-présent observée dans ledit Royaume, ainsi que de tout tems il a été loisible à nos prédecesseurs Rois de Bohëme de faire, suivant la possession continuelle qu'ils ont de ce droit. Voulons & ordonnons aussi par la présente constitution Impériale & grace perpétuelle que les Rois de Bohëme puissent acheter & acquérir des autres Princes, Seigneurs, Comtes & de toute autres pesonne, des châteaux, terres & héritages de quelque nature qu'ils puissent être, en recevoir en don & par engagement, à condition qu'ils seront tenus de les laisser en même nature qu'ils les auront trouvés, fiefs comme fiefs, franc-alleu comme tels, &c. en sorte toutefois que des biens que les Rois de Bohëme auront ainsi acquis ou reçus, & qu'ils auront jugé à propos d'unir au Royaume de Bohëme, ils seront obligés d'en payer les redevances ordinaires & accoûtumées qui en étoient duës à l'Empire.

II. Laquelle présente constitution &

grace nous étendons aussi en vertu de notre présente loi Impériale à tous les Princes Electeurs, tant Ecclésiastiques que Séculiers & leurs successeurs & légitimes héritiers, aux charges & conditions ci-dessus prescrites.

CHAPITRE XI.

De l'exemption des Princes Electeurs.

I. Ordonnons aussi que les Comtes, Barons, Nobles, Feudataires, Vassaux, Chevaliers, Clients, hommes de Villes ou de Bourgs, & toutes autres personnes de quelque état, dignité & condition qu'elles soient, qui seront sujettes des Eglises de Cologne, Mayence & Tréves, ne devront ni ne pourront à l'avenir, comme ils n'ont pû ni dû par le passé être citées, tirées ni traduites hors le territoire ni les bornes & limites de la jurisdiction desdites Eglises & de leurs dépendances, à l'instance de quelque demandeur que ce soit, ni obligées de comparoître en justice pardevant d'autres Tribunaux & Juges, que pardevant les Juges ordinaires des Archevêques de Mayence, de Tréves & de Cologne, comme nous trouvons que de tout tems il a été ainsi observé.

II. Et s'il arrivoit que nonobstant notre présente constitution, quelqu'un des sujets des Eglises de Tréves, de Mayence & de Cologne fût ajourné ou cité pour quelque cause que ce soit, civile, criminelle ou mixte, ou autre affaire, pardevant quelqu'autre Juge hors des territoires, bornes & limites desdites Eglises ou d'aucune d'icelles, celui qui aura été cité ne sera nullement tenu de comparoître ou de répondre; déclarant la citation, les procédures & sentences interlocutoires ou définitives rendues ou à rendre contre les défaillans par tels Juges qui seront hors du ressort desdites Eglises, & tout ce qui s'en seroit ensuivi par exécution ou autre attentat, nul & de nul effet.

III. A quoi nous ajoutons expressément que les Comtes, Barons, Feudataires, Nobles, Vassaux, Chevaliers, Citoyens, Paysans, & tous autres sujets desdites Eglises de quelque état, dignité ou condition qu'ils soient, ne pourront pas appeller des procédures, sentences interlocutoires & définitives, ou mandemens desdits Archevêques & de leurs Eglises ou de leurs Officiaux, ou Juges Séculiers, non plus que des exécutions faites ou à faire en conséquence contr'eux dans la Jurisdiction des Archevêques ou desdits Officiaux, à quelqu'autre Tribunal que ce soit, pendant que la Justice ne sera point déniée aux complaignans dans les Tribunaux desdits Archevêques & de leurs Officiaux; faisons défenses à tous autres Juges de recevoir semblables appellations, & les déclarons nulles & sans effet.

IV. Mais en cas de déni de Justice, nous permettons à tous les sus-nommés à qui la Justice aura été déniée, d'appeller, non pas indifféremment à tout autre Juge ordinaire ou Subdélégué, mais immédiament au Tribunal de la Cour Impériale & au Juge qui y présidera alors, cassant & annullant toutes les procédures qui auront été faites ailleurs au préjudice de cette constitution.

V. Laquelle en vertu de notre présente loi Impériale, nous étendons aussi aux illustres Comte Palatin de Rhin, Duc de Saxe, & Marggrave de Brandebourg, Princes Electeurs Séculiers ou Laïques, & à leurs successeurs héritiers & sujets, en la même forme & maniere que dessus.

VI. Nous voulons cependant que cette loi, pour raison de quelques doutes en provenus, s'entende seulement des Feudataires & Vassaux, qui possédans des fiefs ou autres biens mouvans & descendans des Princes Electeurs Ecclésiastiques & Séculiers, y ont aussi leur demeure actuelle & réelle; mais si les Vassaux & hommes desdits Princes Electeurs possedent en même tems de semblables fiefs mouvans d'autres Archevêques, Evêques ou Princes, & que dans ces fiefs ils aïent fixé leur domicile; dès-lors, les mêmes Archevêques, Evêques ou Princes, s'ils ont le droit de ban & le privilege de Jurisdiction, permettront que les défis ainsi que les autres causes desdits Feudataires, soient décidées devant eux; & en cas de refus, les parties litigantes se retireront pardevant le Juge de la Cour Impériale.

CHAPITRE XII.

De l'assemblée des Princes Electeurs.

Au nom de la sainte & indivisible Trinité, & à notre plus grand bonheur. Ainsi soit-il.

I. Charles quatrieme, par la grace de Dieu, Empereur des Romains, toujours Auguste & Roi de Bohême, en perpétuelle mémoire de la présente. Parmi les divers soins qui occupent continuellement notre esprit pour le bien public, notre Hautesse Impériale a considéré que les Princes Electeurs du saint Empire qui en sont les bases solides & les colomnes immobiles, ne pouvant pas avoir commodément communication ensemble, à cause de leur trop grand éloignement les uns des autres, il est nécessaire que pour le bien & le salut du même Empire, ils s'assemblent plus souvent que de coûtume, afin que comme ils sont informés des abus & désordres qui regnent dans les Provinces qui leur sont connues, ils puissent en faire rapport & conférer ensemble, & aviser aux moyens d'y apporter des remedes par leurs salutaires conseils, & leur sage prévoyance.

II. C'est pourquoi dans notre Cour solemnelle tenue par notre Altesse à Nuremberg, avec les vénérables Princes Electeurs Ecclésiastiques, & les illustres Princes Ecclecteurs Séculiers, & plusieurs autres Princes & grands Seigneurs, après une mure délibération avec les mêmes Princes Electeurs, & de leur avis pour le bien & le salut commun, nous avons jugé à propos avec lesdits Princes Electeurs, tant Ecclésiastiques que Séculiers, d'ordonner qu'à l'avenir les mêmes Princes Electeurs s'assembleront en personne une fois l'an, en une de nos Villes Impériales, quatre semaines consécutives après la Fête de Pâques; & que pour la présente année au même tems prochainement venant, il sera célébré par nous, & les mêmes Princes une conférence, Cour ou Assemblée de cette sorte en notre Ville Impériale de Metz; & alors en l'un des jours de la tenue de ladite Assemblée, il sera par nous & de leur avis nommé un lieu auquel ils auront à s'assembler l'année suivante. Et cette présente constitution ne durera que tant qu'il plaira à nous & à eux; & pendant qu'elle aura lieu, nous prenons en notre protection & sauvegarde lesdits Princes Electeurs, tant en venant en notre Cour qu'en y séjournant & s'en retournant.

III. Et afin que la négociation & l'expédition des affaires communes concernant le salut & le repos public, ne soient point retardées par les festins qui se font ordinairement en de semblables Assemblées; nous ordonnons aussi, de leur consentement unanime, que pendant lesdites Assemblées il ne sera loisible à qui que ce soit de faire aucun festin général aux Princes;

mais ſeulement des repas particuliers qui n'apportent point d'empêchement à l'expédition des affaires, & feront leſdits repas faits avec modération.

CHAPITRE XIII.

De la révocation des privileges.

Statuons & déclarons auſſi par notre préſent Edit Impérial, perpétuel & irrévocable, que tous les privileges & toutes Lettres de conceſſion que nous ou les Empereurs & Rois des Romains nos prédeceſſeurs de glorieuſe mémoire, aurions octroyés de notre propre mouvement, ou d'une autre maniere, ſous quelques termes que ce pût être, ou que nous ou nos ſucceſſeurs Empereurs & Rois pourroient à l'avenir accorder à qui que ce ſoit, & de quelque état, prééminence ou condition qu'il ſoit; même aux Villes, Bourgs ou Communautés de quelques lieux que ce ſoit, pour des droits, graces, immunités, coûtumes ou autre choſe, ne pourront préjudicier, ni déroger aux libertés, Juriſdictions, droits, honneurs & ſeigneuries des Princes Electeurs du ſaint Empire Ecléſiaſtiques & Séculiers, ni d'aucun d'eux; encore que dans leſdits priviliges & leſdites lettres accordées, comme dit eſt, en faveur de quelques perſonnes que ce ſoit, & de quelque prééminence, dignité & état qu'elles ſoient, ou deſdites Communautés, il fût expreſſément porté qu'elles ne pourroient être révoquées, si ce n'est en cas qu'on eût spécialement, & de mot à mot inséré dans tout le corps & contenu desdites lettres, cette clause de non révocation; lesquels privileges & lettres, en tant qu'ils préjudicient & dérogent en quelques choses aux libertés, Jurisdictions, droits, honneurs & seigneuries desdits Princes Electeurs, ou d'aucun d'eux, nous avons, de notre certaine science, pleine puissance & autorité Impériale, révoqué & cassé, révoquons & cassons, entendons & tenons pour révoqué & cassé par ces présentes.

CHAPITRE XIV.

De ceux auxquels on ôte les biens féodaux comme en étant indignes.

Et d'autant qu'en plusieurs lieux de l'Empire les Vassaux & Feudataires font à contre tems & malicieusement une résignation ou désistement verbal des fiefs qu'ils tiennent de leurs Seigneurs, pour avoir lieu après ladite résignation de les défier & de leur déclarer la guerre, & sous prétexte d'une hostilité ouverte, pouvoir attaquer, envahir, occuper & retenir lesdits fiefs & terres au préjudice des mêmes Seigneurs.

Nous ordonnons par cette constitution perpétuelle, que telles & semblables résignations ou renonciations seront réputées comme non faites, si elles ne sont faites librement & réellement, & si les résignataires ne sont mis en possession corporelle & réelle desdits fiefs; en sorte que ces faiseurs de défits ne troublent jamais ou par eux ou par d'autres, & ne donnent conseil, faveur & assistance à quelqu'un pour troubler ou inquiéter leurs Seigneurs dans les fiefs ou bénéfices qu'ils auront résignés.

Voulons que ceux qui feront le contraire & attaqueront leurs Seigneurs dans leurs bénéfices & fiefs résignés, en quelque maniere que ce soit, ou les troubleront ou endommageront, ou prêteront conseil, assistance ou faveur à ceux qui commettront semblables attentats, perdent en même tems, & par cela même lesdits fiefs & bénéfices, & soient déclarés infâmes, & mis au ban de l'Empire, sans qu'ils puissent jamais rentrer sous quelque prétexte que ce soit dans lesdits fiefs & bénéfices, & sans qu'on les leur puisse de nouveau en aucune maniere conférer; déclarant que la concession ou l'investiture qu'on leur en pourroit avoir donnée ensuite, contre la présente constitution, soit sans aucun effet.

Ordonnons en dernier lieu que ceux ou celui qui oseront ou osera agir frauduleusement contre leurs Seigneurs, ou son Seigneur, & les iront attaquer de dessein prémédité, sans avoir fait ladite résignation, oit que le défit ait été fait ou non fait, encourent par cela même lesdites peines en vertu de la présente sanction.

CHAPITRE XV.

Des conſpirations.

I. Nous déſaprouvons auſſi, condamnons, & de notre certaine ſcience déclarons nulles toutes conſpirations, conventicules ou ſociétés illicites, déteſtées & défendues par les loix dans & hors des Villes, entre Ville & Ville, entre particulier & particulier, entre Ville & particulier, ſous prétexte de parenté, de réception de bourgeois, bourgeoiſie, ou telle autre couleur qu'elle puiſſe être; comme auſſi toutes confédérations & pactes; & toutes coûtumes ſur ce introduites, que nous tenons plutôt pour abus; leſquelles Villes ou perſonnes de quelque dignité, condition ou état qu'elles puiſſent être, auroient fait juſqu'à préſent, ou préſumeroient de faire à l'avenir, ſoit entr'eux, ſoit avec d'autres, ſans l'autorité des Seigneurs dont ils ſont ſujets, Officiers ou Serviteurs, demeurans dans leur diſtrict, ces mêmes Seigneurs n'étant pas nommément exceptés, ainſi qu'elles ont été défendues & caſſées par les ſacrées loix des divins & Auguſtes Empereurs nos prédeceſſeurs; à l'exception toutefois des confédérations & ligues que l'on ſçait avoir été faites par les Princes, les Villes, & autres pour la conſervation de la paix générale des Provinces & pays entr'eux, leſquelles réſervant ſpécialement à notre déclaration, nous ordonnons qu'elles demeureront dans leur force & vigueur, jusques à ce que nous trouvions à propos d'en ordonner autrement.

II. Nous ordonnons que tout particulier qui osera à l'avenir faire des ligues, conspirations & pactes de cette sorte contre la disposition de cet Edit & de notre ancienne loi sur ce publiée, outre la peine portée par la même loi, encourra dès-lors la note d'infâmie, & la peine de l'amende de dix livres d'or ; & que toute Ville qui pareillement violera notre présente loi encourra aussi la peine de l'amende de cent livres d'or, avec la perte & privation de ses priviléges Impériaux, desquelles amendes pécuniaires la moitié sera applicable au Fisc Impérial, & l'autre au Seigneur territorial, au préjudice duquel lesdites ligues auront été faites.

CHAPITRE XVI.

Des Pfalburgers ou gens déchus de leur Bourgeoisie.

I. Au reste, il nous a été souvent fait plainte que certains bourgeois & sujets des Princes, Barons & autres, cherchant à secouer le joug de leur juste subordination, & même par une entreprise téméraire n'en tenant aucun comte, se font recevoir bourgeois d'autres Villes, comme ils l'ont fait plus fréquemment par le passé, & que nonobstant qu'ils continuent de résider en personne dans les terres, Villes,

Bourgs & Villages de leurs premiers Seigneurs, qu'ils ont osé & osent abandonner par cette fraude, ils prétendent jouir des libertés des Villes, où par ce moyen ils ont acquis le droit de bourgeoisie, & être par elles protégés, lesquels bourgeois sont vulgairement appellés en Allemagne *Pfalbulgers*.

Or, d'autant qu'il n'est pas juste que quelqu'un profite de son dol & de sa fraude, nous, après avoir sur ce pris l'avis des Princes Electeurs Ecclésiastiques & Séculiers, & de notre science, pleine puissance & autorité Impériale, avons ordonné & ordonnons par cette présente loi perpétuelle & irrévocable, que lesdits bourgeois & sujets qui se mocqueront ainsi de ceux sous la Jurisdiction desquels ils sont, ne pourront de ce jour à l'avenir dans toutes les terres, lieux & Provinces du saint Empire, jouir en aucune façon des droits & libertés des Villes, où par une telle fraude ils se feront ou se sont fait recevoir jusqu'à présent bourgeois; si ce n'est que se transférant réellement en personne dans lesdites Villes, pour y établir un domicile actuel, & y faire une résidence continuelle, vraie & non feinte, ils y subissent les impositions accoûtumées, & les charges municipales; & si quelques-uns y ont été reçus, ou le sont à l'avenir, leur réception sera réputée nulle; & les reçus, de quelque dignité, condition & état qu'ils soient, ne jouiront en aucun cas & sous quelque prétexte que ce soit, des droits & libertés desdites Villes; & ce, nonobstant quelconques

quelconques droits & privileges obtenus & coûtumes observées en quelque tems que ce soit, lesquels en tant qu'ils sont con traires à notre présente loi, nous, de notre certaine science & pleine puissance Impériale, les révoquons par ces présentes, & ordonnons qu'ils soient privés de toute force & valeur.

III. A la réserve & sans préjudice à jamais touchant ce que dessus, des droits que les Princes, Seigneurs & autres personnes qui de cette maniere ont été ou seront à l'avenir abandonnés, ont sur les personnes & les biens de leurs sujets qui les abandonnent ainsi, & pour ceux qui contre la disposition de notre présente loi ont osé par le passé, ou oseront à l'avenir recevoir lesdits bourgeois & sujets d'autrui, s'ils ne les renvoyent absolument dans un mois après la publication à faire des présentes, nous déclarons que toutes les fois qu'ils transgresseront notre présente loi, ils encoureront la peine de l'amende de cent marcs d'or pur, dont la moitié sera applicable irrémissiblement au Fisc Impérial, & l'autre aux Seigneurs de ceux qui auront été ainsi reçus.

CHAPITRE XVII.

Des Défis.

I. Nous déclarons en outre que ceux qui feignent d'avoir juste raison de défier quelqu'un, l'auront envoyé défier à contre-temps, en des lieux où il n'a pas son domicile établi, & où il ne demeure pas ordinairement, ne pourront pas avec honneur ravager ses terres ni brûler ses maisons, ou par une autre voie endommager ses héritages.

II. Et d'autant qu'il n'est pas juste que le dol & la fraude soient profitables à personne, nous voulons & ordonnions par cette présente constitution perpétuelle, que les défits faits ou à faire à l'avenir de cette sorte, à quelques Seigneurs ou autres gens que ce soit, avec lesquels on auroit été en société, familiarité ou honnête amitié, soit de nulle valeur; & qu'il ne soit nullement permis sous prétexte de tel défi, d'outrager quelqu'un par incendies, pilleries & saccagement; à moins que le défi n'eût été dénoncé publiquement pendant trois jours naturels à la personne même défiée, ou dans le lieu de son domicile ordinaire & accoûtumé, & que par témoins affidés l'on ne puisse rendre témoignage de cette dénonciation. Ordonnons que quiconque osera défier & attaquer quelqu'un d'une autre maniere que celle, qui vient d'être indiquée, encourre dès-lors la note d'infamie, comme s'il n'avoit été fait aucun défi, & qu'il soit châtié comme traître par tous Juges, suivant la rigueur des loix.

III. Défendons & condamnons aussi toute sorte de guerres & querelles, & pareillement les incendies, les ravages & les violences injustes, les péages & impositions illicites & non usitées, comme aussi les exactions que l'on a coûtume de faire pour les sauf-conduits & les sauves-gardes que l'on veut faire prendre par force aux gens; & sur les peines dont les saintes Loix ordonnent que cesdits attentats soient punis.

CHAPITRE XVIII.

Lettres d'Intimation.

A vous Illustre & magnifique Prince, Seigneur, &c. Marggrave de Brandebourg, Archi-Chambellan du saint Empire Romain, notre Coélecteur & très-cher ami.

Nous vous intimons par ces présentes l'élection du Roi des Romains, qui pour causes raisonnables doit être faite incessament, & vous appellons selon le devoir de notre charge & la coutume de ladite élection, afin que dans trois mois consécutifs, à comter de tel jour, &c. vous ayez à venir par vous-même ou par vos Ambassadeurs ou Procureurs, soit un ou plusieurs, ayant charge & mandement suffisant, au lieu dû, selon l'exigence des loix sacrées qui ont été sur ce faites, pour délibérer, traiter & convenir avec les autres Princes vos & nos Coélecteurs de l'élection d'un Roi des Romains, qui par la grace de Dieu sera après créé Empereur; & pour y demeurer jusqu'à la consommation de cette élection, & autrement faire & procéder comme il est exprimé dans les Loix sacrées sur ce établies; à faute de quoi nous y procéderons finalement avec les autres Princes vos & nos Coélecteurs, suivant que l'ordonne l'autorité desdites Loix, nonobstant votre absence ou celle des vôtres.

CHAPITRE XIX.

Forme de procuration à donner par le Prince Electeur qui envoyera ses Ambassadeurs à l'élection.

Nous N. par la grace de Dieu, &c. du saint Empire, &c. savoir faisons à tous par ces présentes, que comme pour des causes raisonnables l'on doit incessamment procéder à l'élection d'un Roi des Romains; & que nous desirons ardemment, ainsi que nous y oblige l'honneur & l'état du saint Empire, qu'il ne soit exposé à aucuns éminens dangers, nous ayant une ferme croyance & une confiance sincere en la fidélité, suffisance & prudence de nos chers & bien amés tels,

&c. les avons faits, constitués & ordonnés, comme nous les faisons, constituons & ordonnons avec tout droit, maniere & forme le mieux & le plus efficacement que nous pouvons, nos véritables & légitimes Procureurs & Ambassadeurs spéciaux, eux ou chacun d'eux solidairement, en sorte que la condition de celui qui occupera ne soit pas meilleure; mais que ce qui aura été commencé par l'un se puisse finir & dûment terminer par l'autre; & ce, pour traiter par tout avec les autres Princes nos Coélecteurs, tant Ecclésiastiques que Séculiers, convenir avec eux & conclure sur le choix d'une personne qui ait les qualités propres pour être élu Roi des Romains; & pour assister aux traités qui se feront sur l'élection d'une telle personne, & y traiter & délibérer pour nous en notre place & en notre nom; comme aussi pour en notre même nom & place nommer la même personne, & consentir qu'elle soit élue Roi des Romains & élevée au saint Empire; & pour faire sur notre propre conscience tout serment qui sera nécessaire, convenable & accoutumé; même pour en ce qui concerne les choses susdites ou quelqu'une desdites choses, substituer & révoquer solidairement un autre ou d'autres Procureurs, & faire toutes & chacunes choses qui seront nécessaires & utiles à faire en ce qui concerne les affaires susdites jusqu'à la consommation des traités de cette nomination, délibération & élection, ou

telles autres semblables & aussi utiles & importantes choses, encore qu'elles ou quelqu'une d'icelles demandassent un mandement plus spécial, ou qu'elles fussent de plus grande conséquence & plus particulieres que les susdites ; le tout comme nous pourrions faire nous-mêmes, si nous étions personnellement présens aux négociations desdits traités de délibération, nomination & élection future, ayant & voulant avoir, & promettant fermement d'avoir perpétuellement agréable & pour ratifié tout ce qui sera négocié, traité ou fait, ou de quelque maniere ordonné dans les affaires susdites, ou en quelques-unes d'icelles par nosdits Procureurs ou Ambassadeurs, comme aussi par leurs Subdélégués ou par ceux qui seront substitués par eux, ou par quelqu'un d'eux.

CHAPITRE XX.

De l'union des Principautés des Electeurs, & des droits y annexés.

Au nom de la ſainte & indiviſible Trinité, & à notre plus grand bonheur. Ainſi ſoit-il.

Charles quatrieme, par la grace de Dieu, Empereur des Romains, toujours Auguſte & Roi de Bohème, en perpétuelle mémoire de la préſente.

Comme toutes & chacunes les Principautés, en vertu deſquelles l'on ſait que les Princes Electeurs Séculiers ont droit & voix en l'élection du Roi des Romains, futur Empereur, ſont tellement attachées & inſéparablement unies à ce droit & aux fonctions, dignités & autres droits y appartenans & en dépendans, que le droit & la voix, l'office & la dignité, & les autres droits qui appartiennent à chacune deſdites Principautés, ne peuvent écheoir qu'à celui qui poſſede notoirement la Principauté avec la terre, les vaſſelages, fiefs, domaines & ſes appartenances, Nous ordonnons par ce préſent Edit Impérial, perpétuel & irrévocable, qu'à l'avenir chacun deſdites Principautés demeurera & ſera ſi étroitement & indiviſiblement conjointe & unie avec la voix d'élection, l'office & toutes autres dignités, droits

& appartenances concernant la dignité Electorale, que quiconque sera paisible possesseur d'une desdites Principautés, jouira aussi de la libre & paisible possession du droit, de la voix, de l'office, de la dignité & de toutes autres appartenances qui la concernent, & sera réputé de tous vrai & légitime Electeur; & comme tel on sera tenu à l'inviter, recevoir & admettre, & non autres, avec les autres Princes en tout tems & sans contradiction aucune aux élections des Rois des Romains, & à toutes les actions qui concernent l'honneur & le bien du saint Empire, sans qu'aucune des choses susdites, attendu qu'elles sont ou doivent être inséparables, puisse être en aucun tems divisée ou séparée l'une de l'autre, ou puisse en jugement ou dehors être repetée séparément, ou évincée par Sentence; voulant que toute audience soit refusée à celui qui demandera l'une sans l'autre; & que si par surprise ou autrement il l'obtenoit, & qu'il s'en ensuivit quelque procédure, jugement, sentence ou quelqu'autre semblable attentat contre notre présente constitution, le tout en tout ce qui pourroit émaner en quelque façon que ce pût être, soit de nul effet & actuellement nul.

CHAPITRE XXI.

De l'ordre de la marche entre les Archevêques Electeurs.

I. Or, d'autant que nous avons suffisamment expliqué au commencement de nos présentes constitutions l'ordre de la séance, lorsque les Princes Electeurs seront ci-après obligés de s'assembler avec l'Empereur ou le Roi des Romains ; sur quoi nous avons appris qu'il y avoit eu par le passé plusieurs disputes : nous avons aussi cru qu'il étoit expédient de prescrire l'ordre par eux observé aux processions & marches publiques.

C'est pourquoi nous ordonnons par ce présent Edit Impérial & perpétuel que toutes les fois que dans les Assemblées générales où seront l'Empereur ou le Roi des Romains & les dits Princes, l'Empereur ou le Roi des Romains voudra sortir en public & en cérémonie, & qu'il fera porter devant lui les ornemens Impériaux, l'Archevêque de Tréves marchera le premier & le seul devant l'Empereur ou le Roi en ligne droite & diamétrale, en sorte qu'entre l'Empereur ou le Roi & lui, il n'y ait que les Princes à qui il appartient de porter les marques Impériales ou Royales.

III. Mais quand l'Empereur ou le Roi marchera sans faire porter lesdites marques, alors le même Archevêque précédera l'Empereur ou le Roi en la maniere susdite; en sorte qu'il n'y ait absolument personne entr'eux, les deux autres Archevêques Electeurs gardant dans lesdites processions chacun la place qui lui a été ci-dessus assignée pour la séance, selon la Province en laquelle ils se trouveront.

CHAPITRE XXII.

De l'ordre de la marche des Princes Electeurs, & par qui sont portées les marques d'honneur.

Pour déclarer le rang que les Princes Electeurs doivent tenir en marchant avec l'Empereur ou le Roi des Romains en public & en cérémonie, & dont nous avons ci-dessus fait mention, nous ordonnons que toutes les fois que pendant la tenue d'une Diete Imperiale, il faudra que les Princes Electeurs marchent processionellement avec l'Empereur ou le Roi des Romains en quelques actions ou solemnitez que ce soit, & qu'ils y portent les ornemens Imperiaux ou Roïaux, le Duc de Saxe portant l'Epée Imperiale ou Roïale, marchera immédiatement devant l'Empereuer, étant au milieu entre lui & l'Electeur de Tréves, ledit Electeur de Saxe aura à sa droite le Comte Palatin du Rhin, qui portera le Globe ou la Pomme Imperiale, & à sa gauche le Marggrave de Brandebourg portant le Sceptre, tous trois marchant defront; le Roi de Bohême suivra immédiatement l'Empereur ou le Roi des Romains, sans que personne marche entre l'Empereur ou ledit Roi & lui.

CHAPITRE XXIII.

Des bénédictions des Archevêques en la présence de l'Empereur.

I. Toutes les fois qu'on celebrera solemnellement la Messe devant l'Empereur ou le Roi des Romains, & que les Archevêques de Mayence, de Tréves & de Cologne, ou deux d'entreux s'y trouveront présens, on observera à la confession qui se dit à l'entrée de la Messe, au baiser de l'Evangile & de la paix qu'on présente après l'*Agnus Dei*, & même aux bénédictions qui se donnent à la fin de la Messe, & à celles qui se font à l'entrée de table & aux graces qui se rendent après le repas, cet ordre que nous avons éstimé à propos d'y établir de leur avis & consentement, qui est que le premier aura cet honneur le premier jour; le second le second jour, & le troisiéme le troisiéme jour.

II. Nous déclarons en ce cas que l'ordre de la primauté ou postérité entre les Archevêques doit être réglé sur l'ordre & le tems de leur consécration. Et enfin qu'ils préviennent les uns les autres par des témoignages d'honneur & de déférence, & que leur exemple oblige les autres Elećteurs à s'honnorer mutuellement; nous desirons que celui que cet ordre, touchant les choses susdites, regardera le premier, fasse à ses Collegues une civilité & une honnêteté charitable pour les inviter à prendre cet honneur; & qu'aptès cela il procede aux choses susdites ou à quelqu'une d'elles.

CHAPITRE XXIV.

Les Loix suivantes ont été publiées en la Diète de Metz le jour de Noël l'an 1355. par Charles IV. Empereur des Romains toujours Auguste, Roi de Bohême, assisté de tous les Princes Electeurs du saint Empire, en présence du vénérable Pere en Dieu le Seigneur Théodoric Evêque d'Albe, Cardinal de la sainte Eglise Romaine, & de Charles fils aîné du Roi de France, l'illustre Duc de Normandie & Dauphin de Viennois. Le jour de la nativité de Jesu Christ.

I. Si quelqu'un étoit entré dans quelque complot criminel, ou auroit fait serment de s'y engager avec des Princes & Gentilshommes, ou avec des particuliers & autres personnes quelconques, même roturieres pour attenter à la vie des révérends & illustres Princes Electeurs du saint Empire Romain, tant ecclésiastiques que séculiers ou de quelqu'un d'eux, qu'il périsse par le glaive, & que tous ses biens soyent confisqués comme criminel de lèze-Majesté; car ils sont partie de notre corps; & en ces rencontres les loix punissent la volonté avec la même sévérité que le crime même. Et bien qu'il fut juste que les fils d'un tel parricide mourussent d'une pareille mort, parce que l'on en peut appréhender les mêmes exemples; néanmoins par une bonté particuliere Nous leur donnons la vie. Mais nous voulons qu'ils soient frustrez de la succession de leur mere ou aïeule; comme aussi de tous les biens qu'ils pourroient esperer par droit d'hérédité & de succession, ou par testament de leurs autres parens & amis, afin qu'étans toujours pauvres & nécessiteux, l'infamie de leur pere les accompagne toujours; qu'ils ne puissent jamais parvenir à aucun honneur & dignité, même à celles qui sont conférées par l'Eglise, & qu'ils soient réduits à telle extrêmité, qu'ils languissent dans une nécéssité continuelle, & trouvent par ce moyen leur soulagement dans la mort, & leur supplice dans la vie. Nous voulons aussi que ceux qui oseront intercéder pour telles sortes de gens, soyent notez d'une infamie perpétuelle.

II. Pour ce qui est des filles de ces criminels, en quelque nombre qu'elles puissent être, nous ordonnons qu'elles prennent la falcide ou la quatrième partie en la succession de leur mere, soit qu'elle ait fait testament ou non, afin qu'elles aïent plûtôt une médiocre nourriture de filles qu'un entier avantage ou nom d'héritiers. Car en effet la sentence doit être d'autant plus modérée à leur égard, que Nous sommes persuadez que la foiblesse de leur sexe les empêchera de commettre des crimes de cette nature.

III. Déclarons aussi les émancipations que telles gens pourroient avoir faites de leur fils ou filles depuis la publication de la présente Loi, nulles & de nul effet. Pareillement nous déclarons nulles & de nulle valeur toutes les constitutions de dot, donations, & toutes les alienations qui auront été faites par fraude & même de droit depuis le tems qu'ils auront commencé à faire le premier projet de ces conspirations & complots. Si les femmes aïant retiré leur dot se trouvent en cet état, que ce qu'elles auront reçû de leurs maris à titre de donations, elles le doivent réserver à leurs fils, lors que l'usufruit n'aura plus lieu; qu'elles sachent que toutes ces choses, qui selon la loi devroient retourner aux fils, seront appliquées à notre fisc, à la reserve de la falcidie ou quarte qui en sera prise pour les filles & non pour les fils.

IV. Ce que nous venons de dire de ces criminels & de leur fils doit aussi être entendu de leurs satelites, complices & ministres, & de leurs fils. Toutefois si aucun des complices touché du désir d'une véritable gloire, découvre la conspiration en son commencement, il en recevra de Nous récompense & honneur: mais pour celui qui aura eu part à ces conspirations & ne les aura révelées que bien tard, avant néanmoins qu'elles ayent été découvertes, il sera estimé digne seulement d'absolution & du pardon de son crime.

V. Nous ordonnons aussi que s'il est révélé quelque attentat commis contre lesdits Princes Electeurs ecclésiastipues ou séculiers, l'on puisse même après la mort du coupable poursuivre de nouveau la punition du crime.

VI. De même l'on poutra pour ce crime de leze-Majésté à l'égard desdits Princes Electeurs, donner la question aux esclaves ou serviteurs du Maître qui en aura été accusé.

VII. Ordonnons de plus par ce present Edit Imperial, & voulons que, même après la mort du coupable, l'on puisse commencer à informer contre lui, afin que le crime étant avéré, sa mémoire puisse être comdamneé, & ses biens confisqués. Car du moment que quelqu'un a formé le dessein d'un crime aussi détestable, il devient coupable en son ame & doit être régardé comme un homme perdu de raison.

VIII. C'est pourquoi dès que quelqu'un se trouvera coupable d'un tel attentat; nous voulons qu'il ne puisse plus ni vendre, ni aliener, ni donner la liberté à ses esclaves, & même qu'on ne lui puisse plus payer ce qui lui est dû.

IX. Pareillement ordonnons qu'à ce sujet on applique à la question les esclaves du criminel, c'est-à-dire pour le crime du complot détestable fait contre les Princes Electeurs écclésiastiques & séculiers.

X. Et si quelqu'un de ces criminels meurt pendant l'instruction du procès nous voulons que ces biens, à cause qu'on est encore incertain qui en sera le successeur, soient mis entre les mains de la Justice.

CHAPITRE XXV.

De la conservation des Principautés des Electeurs en leur entier.

S'il est expedient que toutes Principautés soient conservées en leur entier, afin que la Justice s'affermisse, & que les bons & fidels sujets jouissent d'un parfait repos & d'une paix profonde; il est encore sans comparaison beaucoup plus juste que les grandes Principautés, domaines, dignités & droits des Princes Electeurs, demeurent aussi en leur entier; car là où le péril est le plus à craindre, c'est là où il faut user de plus grandes précautions; de peur que les colomnes venant à manquer, tout le bâtiment ne tombe en ruine.

I. Nous voulons donc & ordonnons par cet Edit Impérial perpetuel, qu'à l'avenir & à perpétuité les grandes & magnifiques Principautés, telles que sont les Royaumes de me de Bohème, la Comté Palatine du Rhin, le Duché de Saxe, & le Marggraviat de Brandebourg, leurs territoires, jurisdictions, hommages, & vasselages avec leurs apartenances & dépendances ne puissent être partagées, divisées ou démembrées en quelque façon que ce soit, mais qu'elles demeurent à perpétuité unies & conservées en leur entier.

II. Que le fils aîné y succéde, & que tout le domaine & tout le droit appartienne à lui seul; si ce n'est qu'il soit insensé, ou qu'il ait tel autre grand & notable défaut qui l'empêche absolument de gouverner; auquel cas la succession lui étant défendue, Nous voulons que le second fils, s'il y en a un en la même ligne, y soit appellé; sinon l'aîné des freres ou parens paternels laïque, qui se trouvera être le plus proche en ligne directe & masculine. Lequel toutefois sera tenu de donner des preuves continuelles de sa bonté & libéralité envers ses autres freres & sœurs, contribuant à leur subsistance selon sa bonne volonté, & les facultez de son patrimoine; lui défendant expressément tout partage, division & démembrement des Principautés & de leurs appartenances & dépendances en quelque façon que ce puisse être.

CHAPITRE XXVI.

Ceremonies de la procession pour aller à la Cour Imperiale.

De la Cour Imperiale & de sa Séance.

I. Le jour que l'Empereur ou le Roi des Romains voudra tenir solemnellement sa Cour, les Princes Electeurs, tant Ecclésiastiques que Séculiers, se rendront, à une heure ou environ à l'hôtel ou reste l'Empereur ou le Roi des Romains. Là l'Empereur ou le Roi étant revêtu de tous les ornemens Imperiaux montera à cheval, avec tous les Princes Electeurs qui l'accompagneront jusqu'au lieu préparé pour la séance, chacun en l'ordre & en la maniere qui a été ci-dessus prescrite & inserée dans l'Ordonnance qui regle les marches des mêmes Princes Electeurs.

II. L'Archichancelier dans l'Archichancellariat duquel la Cour Imperiale se tiendra, portera aussi au bout d'un bâton d'argent tous les Sceaux & cachets Imperiaux ou Roïaux.

III. Mais les Princes Electeurs Seculiers porteront le Sceptre, la Pomme & l'Epée en la maniere qui a été dite ci-dessus.

IV. Quelques autres Princes inferieurs

qui seront députez par l'Empereur, & à son choix, porteront immédiatement devant l'Archevêque de Tréves, marchant en son rang, premierement la Couronne d'Aix-la-chapelle, & en second lieu, celle de Milan. Ce qui ne se pratiquera que devant l'Empereur orné de la Couronne Imperiale.

V. L'Imperatrice, ou la Reinedes Romains, étant revêtuë des habits & des ornemens de cérémonie, marchera après l'Empereur ou le Roi des Romains, & aussi après le Roi de Boheme qui suit immédiatement l'Empereur; mais éloignée d'un espace competent, & accompagnée de ses principaux Officiers, & de ses Dames d'honneur, & ce jusqu'au lieu de la séance.

CHAPITRE XXVII.

Des fonctions des Princes Electeurs dans les cas où les Empereurs ou Rois des Romains tiennent solemnellement leur Cour.

NOUS ordonnons que toutes les fois que l'Empereur ou le Roi des Romains voudra tenir solemnellement sa Cour, & où les Princes Electeurs seront obligés de faire les fonctions de leurs Charges, on observe en cela l'ordre suivant.

I. Premierement l'Empereur ou le Roi des Romains étant assis sur son trône Royal ou Imperial, le Duc de Saxe fera ses fonctions de la maniere suivante. On mettra devant l'hôtel de la Cour Imperiale ou Roïale, un tas d'avoine de telle hauteur, qu'il aille jusqu'au poitrail, ou jusqu'à la selle du cheval sur lequel le Duc sera monté. Et le Duc aïant en ses mains un bâton d'argent, & une mesure aussi d'argent, qui peseront ensemble douze marcs, distribuera ledit monceau d'avoine au peuple, remplira la mesure d'avoine, & la donnera au premier Palfrenier qu'il rencontrera. Après quoi fichant le bâton dans l'avoine, il se retirera, & son Vicemaréchal, sçavoir de Papenheim, s'approchant, ou, lui absent, le Maréchal de la Cour distribuera ledit monceau d'avoine au peuple.

II. Dès que l'Empereur ou le Roi des Romains se sera mis à table, les Princes Electeurs Ecclésiastiques, c'est-à-dire, les Archevêques étant debout devant la table avec les autres Prélats, la béniront suivant l'ordre qui a été ci-dessus par Nous prescrit. La bénédiction étant faite, les mêmes Archevêques, s'ils y sont présens, ou bien deux, ou un d'entr'eux, prendront les Sceaux Imperiaux ou Roïaux des mains du Chancelier de la Cour, & l'Archevêque dans l'Archichancellariat duquel la Cour se tiendra, marchant au milieu des deux autres Archevêques qui seront à ses côtez, tenant avec lui le bâton d'argent où les Sceaux seront suspendus; tous trois les porteront ainsi, & les mettront avec respect sur la table devant l'Empereur ou le Roi. Mais l'Empereur ou le Roi les leur rendra aussi-tôt; & celui dans l'Archichancellariat duquel les cérémonies se feront, comme il a été dit, pendra à son col le plus grand Sceau, & le portera ainsi durant tout le dîner, & après, jusqu'a ce qu'il soit retourné à cheval du Palais à son logis. Or le bâton, dont nous venons de parler, doit être d'argent du poids de douze marcs, & les trois Archevêques doivent païer chacun le tiers, tant du poids de l'argent que du prix de la façon. Le bâton, les sceaux & les cachets demeureront au Chancelier de la Cour qui en fera ce qu'il lui plaira; & c'est pourquoi aussi-tôt que celui des Archevêques auquel il aura appartenu de porter le grand Sceau au col, depuis le Palais jusqu'à son logis, comme il a été dit, y sera arrivé, il envoïera par quelqu'un de ses domestiques audit Chancelier de la Cour Imperiale ledit Sceau sur le même cheval; & l'Archevêque, selon la décence de sa propre dignité, & l'amitié qu'il portera audit Chancelier de la Cour, sera tenu de lui donner aussi le cheval.

III. Ensuite le Marggrave de Brandebourg viendra à cheval; aïant en ses mains un bassin, & une aiguiere d'argent du poids de douze marcs, avec de l'eau & une belle serviette. Et mettant pied à terre il présentera à l'Empereur ou au Roi des Romains de l'eau pour laver les mains.

IV. Le Comte Palatin du Rhin entrera de même à cheval, portant quatre écuelles d'argent remplies de viande, chaque écuelle du poids de trois marcs; & aïant mis pied à terre, mettra les écuelles sur la table devant l'Empereur, ou le Roi des Romains.

V. Aprés eux viendra le Roi de Boheme, Archiéchanson, étant aussi à cheval, & tenant à la main une coupe ou gobeler d'argent du poids de douze marcs, couvert & plein de vin & d'eau; & aïant mis pied à terre, presentera à boire à l'Empereur, su au Roi des Romains.

VI. Nous ordonnons aussi que suivant ce qui a été pratiqué jusqu'ici, les Princes Electeurs Seculiers aïant fait leurs fonctions, le Vice-Chambellan de Falkenstein ait le cheval, le bassin, & l'éguiere du Marggrave de Brandenbourg; le Maître de cuisine de Nortemberg, le cheval & les écuelles du Comte Palatin du Rhin; le Vice-Echanson de Limbourg, le cheval & le gobelet du Roi de Boheme; & le Vice-Maréchal de Pappenheim, le bâton & la mesure du Duc de Saxe. Bien entendu que c'est en cas que ces Officiers se trouvent en personne à la Cour Imperiale ou Roïale; & y fassent les fonctions de leurs Charges, autrement, & s'ils sont tous absens, ou quelquesuns d'eux; alors les Officiers ordinaires de l'Empereur ou du Roi des Romains serviront au lieu des absens, chacun en sa Charge; & comme ils en feront les fonctions, aussi joüiront-ils des émolumens.

CHAPITRE XXVIII.

Des Tables Imperiales & Electorales.

I. La Table Imperiale ou Roïale doit être disposée en sorte qu'elle soit plus haute de six pieds que les autres tables de la sale: & aux jours des Assemblées solemnelles, personne ne s'y metra que l'Empereur ou le Roi des Romains seul.

II. Et même la place & la table de l'Imperatrice ou Reine sera dressée à côté, & plus basse de trois pieds que celle de l'Empereur ou Roi des Romains; mais plus haute que celle des Electeurs aussi de trois pieds. Pour les tables & places des Princes Electeurs, on les dressera toutes d'une même hauteur.

III. On dressera sept tables pour les sept Electeurs Ecclésiastiques & Seculiers au bas de la table Imperiale; sçavoir trois du côte droit, & trois du côté gauche, & la septiéme vis-à-vis de celle de l'Empereur ou Roi des Romains, dans le même ordre que nous avons dit ici au Chapitre des Séances, & du rang des Princes Electeurs; en sorte que personne de quelque qualité & condition qu'il soit, ne se puisse metre enttre deux, ou à leurs tables.

IV. Il ne sera permis à aucun des susdits Princes Electeurs Séculiers, qui aura fait ses fonctions, de s'aller mettre à la table qui lui aura été préparée, que tous les autres Electeurs ses Collegues n'aïent fait aussi leurs fonctions: Mais dés que quelqu'un d'eux, ou quelquesuns auront fait la leur, ils se retireront auprés de leur table, & se tiendront là debout jusqu'à ce que tous les autres aïent achevé les fonctions susdites de leurs Charges; & alors ils s'asseoiront tous en même tems chacun à sa table.

V. D'autant que nous trouvons par des relations trés-certaines, & par des traditions si anciennes, qu'il n'y a point de mémoire du contraire, que par nos bienheureux predécesseurs il a été constamment observé de célebrer l'élection du Roi des Romains futur Empereur en la Ville de Franckfort sur le Mein): le couronnement à Aix-la-Chapelle; & la premiere Cour Royal à Nuremberg, c'est pourquoi Nous voulons, pour plusieurs raisons, qu'il en soit usé de même à l'avenir, si ce n'est qu'il y ait empêchement légitime.

VI. Toutes les fois que quelque Electeur Ecclésiastique ou Séculier, qui aura été appellé à la Cour Imperiale, ne pourra pour quelque raison légitime, s'y trouver en personne, ou qu'il y envoïera un Ambassadeur ou Député; cet Ambassadeur, de quelque condition ou qualité qu'il soit, quoiqu'en vertu de son pouvoir il doive être admis en la place de celui qu'il represente, ne se mettra pas à la table que l'on aura destinée pour celui qui l'aura envoïé.

Enfin toutes les cérémonies de cette Cour Imperiale étant achevées, tout l'échaffaut ou bâtiment de bois qui aura été fait pour la séance, & pour les tables de l'Empereur ou Roi des Romains, & des Princes Electeurs assemblez pour ces cérémonies solemnelles, ou pour donner l'investiture des fiefs, appartiendra au Maître d'Hôtel.

CHAPITRE XXIX.

Des droits des Officiers, lorsque les Princes font hommage de leurs Fiefs à l'Empereur, ou au Roi des Romains.

ORDONNONS par le present Edit Imperial que lorsque les Princes Electeurs, tant Ecclésiastiques que Séculiers, recevront leurs fiefs ou droits régaliens des mains de l'Empereur ou Roi des Romains, ils ne soient point obligez de païer ou de donner aucune chose à qui que ce soit, Car comme l'argent que l'on paie sous ce prétexte est dû aux Officiers, & que les Princes Electeurs président eux mêmes aux Offices de la Cour Imperiale, aïant même en ces sortes d'Offices leurs Substituts établis & gagez à cet effet par les Empereurs, il feroit absurde que des Officiers substituez demandassent de l'atgent ou des presens à leurs Superieurs; si ce n'est que lesdits Princes Electeurs leur veuillent donner quelque chose de leur propre volonté & liberalité.

II. Mais les autres Princes de l'Empire, tant Ecclesiastiques que Seculiers, en recevant leurs fiefs, comme nous venons de dire, de l'Empereur ou du Roi des Romains, donneront aux Officiers de la Cour Imperiale ou Roïale, chacun soixante-trois marcs & un quart d'argent; si ce n'est que quelqu'un d'eux pût verifier son exemption, & faire voir que par son privilege Imperial ou Roïal il soit dispensé de païer ladite somme, & tous les autres droits que l'on a accoûtumé de païer quand on prend l'investiture; & ce sera le Maître d'Hôtel de l'Empereur ou du Roi des Romains qui fera le partage de ladite somme de soixante-trois marcs & un quart d'argent en la maniere qui suit.

Premierement, il en prendra dix marcs pour lui. Il en donnera autant au Chancelier de l'Empereur ou du Roi des Romains; aux Secretaires, Notaires & Directeurs trois marcs, & à celui qui scelle pour la cire & le parchemin un quart, sans que le Chancelier & les Secretaires soient tenus de donner pour cela autre chose, sinon un certificat du fief reçu, ou de simples lettres d'investiture. Semblablement le Maître d'Hôtel donnera de ladite somme dix marcs à l'Echanson de Limbourg, dix au Maître de cuisine de Nortemberg, dix au Vice-Marechal de Pappenheim, & dix au Vice-Chambellan de Falkenſtein, pourvû qu'ils ſe trouvent en perſonne à ces inveſtitures, & qu'ils y faſſent les fonctions de leurs Charges ; autrement & en leur abſence, les Officiers de la Cour de l'Empereur ou du Roi des Romains qui feront la charge des abſens, & qui en auront eu la peine, en recevront auſſi le profit & les émolumens.

III. Mais lorſque le Prince monté ſur un cheval ou tout autre bête, recevra l'inveſtiture de ſes fiefs de l'Empereur ou du Roi des Romains ; quelle que ſoit cette bête, elle appartiendra au grand Marêchal, c'eſt-à-dire, au Duc de Saxe, s'il eſt pteſent, ſinon à ſon Vice-Marêchal de Pappenheim, & en ſon abſence, au Marêchal de la Cour de l'Empereur.

CHAPITRE XXX.

De l'inſtruction des jeunes Princes des Electeurs ou de leurs Succeſſeurs dans les langues.

I. D'AUTANT que la Majeſté du ſaint Empire Romain doit preſcrire des Loix, & commander à pluſieurs peuples de diverſes Nations diſtinquées entre elle par leurs moeurs, leurs manieres de vivre, & leurs langues ; il convient, ainſi que les plus prudens l'ont jugé à propos, que les Princes Electeurs qui ſont les colomnes & appuys de l'Empire ſoient inſtruits.

& aïent la connoissance de plusieurs langues, parce qu'étans obligez de soulager l'Empereur en ses plus importântes affaires, il est necessaire qu'ils entendent plusieurs personnes, & que réciproquement ils se puissent faire entendre à plusieurs.

II. C'est pourquoi Nous ordonnons que les fils ou heritiers, & successeurs des illustres Princes Electeurs; sçavoir du Roi de Boheme, du Comte Palatin du Rhin, du Duc de Saxe & du Marggrave de Brandebourg, qui sçavent apparemment la langue Allemande, parcequ'ils la doivent avoir apprise dès leur enfance, étant parvenus à l'âge de sept ans, se fassent instruire aux langues Latine, Italiene, Sclavonne, en telle sorte qu'aïant atteint la quatorziéme année de leur âge ils y soient sçavans, selon le talent que Dieu leur aura donné; ce que nous ne jugeons pas seulement utile, mais aussi necessaire, à cause que l'usage de ces langues est fort ordinaire dans l'Empire pour le maniment de ses plus importantes affaires

III. Nous laissons toutefois au choix des peres la maniere d'instruire leurs enfans, en forte qu'il dépendra d'eux d'envoïer leurs fils ou les parens qu'ils jugeront leur devoir apparemment succeder en l'Electorat, aux lieux où ils pourront apprendre commodément ces langues, ou de leur donner chez eux des gouverneurs & des maitres ainsi que de leurs associer des jeunes gens expérimentés dans ces langües, par l'enseignement & conversation desquels ils les puissent apprendre.

CONCORDAT Germanique fait entre le Pape Nicolas V. d'une part, & l'Empereur Frideric III. & l'Empire d'autre sur la maniere de pourvoir aux Bénéfices d'Allemagne, confirmé par une Bulle du même Pape, du 10. de Mars 1448.

NICOLAS Evêque, Serviteur des Serviteurs de Dieu, en mémoire perpetuelle de ce qui s'ensuit. Etant élevez par la disposition divine sur le Siege Apostolique, nous emploïons volontiers notre prévoïance Apostolique à toutes les choses que nous croïons devoir servir pour l'union, la paix & la tranquillité de l'Eglise Universelle, & nous donnons le plus efficacement que nous pouvons tous nos soins pour la poursuite & la consommation heureuse de toutes ces choses. Et comme dernierement notre trés-cher Fils en Jesus-Christ Frideric, l'illustre Roi des Romains, & quelques autres de nos bien aimez fils Princes Ecclésiastiques & Seculiers de la célebre Nation Germanique d'une part; & notre bien aimé fils Jean Cardinal Diacre du titre de Saint Ange,

Legat *à Latere* en ces parties-la du Siege Apostolique, envoïé par Nous esdites parties, autorisé à cet égard d'un suffisant pouvoir de Nous & du Siege Apostolique d'autre part; firent & conclurent diverses Ordonnances & Statuts raisonnables & utiles, approuvez de part & d'autre par lesdites parties, tant au nom de l'Eglise Romaine qu'en celui de ladite Nation, pour l'union de ladite Eglise, & pour affermir & conserver à perpetuité la paix & la tranquillité entre l'Eglise & ladite Nation; & qu'ils Nous plût y ajoûter la force de l'affermissement Apostolique, & une plus grande autorité, & notre Decret pour leur plus ferme & plus assûrée subsistance.

Nous donc, qui avons fait examiner & diligement discuter lesdits Statuts, Ordonnances & Concordats par quelquesuns de nos vénérables freres Cardinaux de la sainte Eglise Romaine, personages de grande maturité, autorité & litterature, & qui avons trouvé quils seroient utiles & salutaires tant à l'Eglise qu à ladite Nation, du conseil & consentement des susdits & autres nos vénérables Freres Cardinaux de ladite Eglise, d'Autorité Apostolique, & de certaine science, Nous les approuvons, ratifions, loüons, acceptons & autorisons par ce présent ecrit, selon la maniere & la forme suivante:

Il nous plait dont pour la provision des Eglises & Benéfices Ecclésiastiques, quels qu'ils soient, de nous servir de la rèserve du Droit écrit & des Constitutions qui commencent par ces mots : *Execrabilis & ad regimen*, modifiées comme il s'ensuit.

Etant appellez, quoi qu'indignes, au gouvernement de l'Eglise Universelle, par l'Ordonnance souveraine, nous souhaitons comme nous devons, que par le soin & l'attention particuliere de notre exactitude, il soit choisi pour le gouvernement des Eglises, quelles qu'elles soient Monasteres & autres bénéfices Ecclésiastiques, des personnes qui soient, selon la volonté de Dieu & le zèle de notre intention, propres & capables de gouverner & de procurer le bien des Eglises, Monasteres & autres Bénéfices qui leur seront commis.

I. Etant donc portés par la considération de ce que dessus, & par d'autres causes raisonnables, suivant les traces & les pas de quelques Pontifes Romains nos prédécesseurs, Nous, d'autorité Apostolique & du conseil de nos freres les Cardinaux, après avoir eu une pleine conférence & une mûre délibération sur toutes & chacunes les choses susdites, réservons à notre ordination, disposition & provision, toutes les Eglises Patriarchales, Archiépiscopales, Episcopales, & même les Monasteres, Prieurés, Dignités, Personats & Offices, comme aussi les Canonicats, Prébendes, Eglises & tous autres Bénéfices Ecclésiastiques, avec charge d'ames & sans charge d'ames, séculiers & réguliers, de quelque qualités qu'ils soient, quand bien ils auroient accoutumé & devroient être obtenus par élection ou par quelqu'autre moyen, lesquels sont à présent vacans de quelque maniere que ce soit, en la Cour Apostolique ou en Cour de Rome, ou y vacqueront dorénavant, même les vacans par déposition, privation ou translation par Nous ou de notre autorité, faite ci-devant ou à faire, en quelque lieu que ce soit; & pareillement les Bénéfices de ceux qui étant élûs ou postulés en concorde ou discorde: leur élection a été cassée, & leur postulation refusée; ou qui ayant resigné, la résignation a été admise d'autorité Apostolique, ou desquels à élire ou à postuler, il arrivera que l'élection sera cassée; ou la postulation refusée, ou la résignation admise par Nous ou de notre autorité pardevers ledit Siege Apostolique, ou ailleurs, & en quelque lieu que ce soit: de même les Bénéfices vacans par le décès des Cardinaux de la même Eglise Romaine, & des Officiers dudit Siege, tant qu'ils tiendront lesdits Offices; (c'est à savoir, de Vice-Chancelier, de Camerier, des sept Notaires, d'Auditeurs des Lettres contredites & des Auditeurs des Causes du Palais Apostolique, Correcteurs, cent & un Ecrivains des Lettres Apostoliques, & vingt quatre de la penitencerie dudit Siege, & vingt cinq Abbreviateurs); comme aussi de nos vrais Commensaux, & d'autres vingt quatre Chapelains dudit Siege décrits dans le rôle, & de tous les Légats ou Collecteurs, ou des Recteurs dans les territoires de l'Eglise Romaine, & des Tréforiers

Trésoriers députez ou envoïez à present, ou à deputer & envoïer dorénavant, qui vacquent maintenant, ou qui vacqueront ci-après en quelque lieu que lesdits Legats, Collecteurs ou Recteurs & Trésoriers viendront à mourir avant qu'ils soient retournez en Cour de Rome, ou qu'ils y soient venus; même de tous ceux qui venant pour quelque affaire que ce soit, ou s'en retournant de ladite Cour, seroient peut-être déja décedés dans les lieux non distans de ladite Cour au-delà de deux journées de chemin légales, ou qui seroient dès-auparavant décedés, & même par semblable moïen de tous ceux qui suivent la Cour de Rome, se retirant pour cause de Pélerinage, dinfirmité, de recréation ou toute autre cause, en quelque lieu que ce soit, s'il étoit arrivé qu'ils fussent décedés, ou que ci-après il arrivât qu'ils décedassent dans les lieux qui ne seroient éloignés de ladite Cour que de deux journées, comme il a été dit ci-dessus, avant que d'être retournés en ladite Cour, (pourvû que ce lieu ne soit point le lieu de leur propre domicile;) même ceux qui vacquent dès-à-présent par semblables déces, ou qui vaqueront dorénavant: Comme encore les Monasteres, Prieurés, Dignités, Personats, Doïenés, Administrations, Offices, Canonicats, Prébendes & Eglises, & tous autres Bénéfices Ecclésiastiques, séculiers & réguliers avec charge & sans charge d'ames, quels qu'ils soient, bien qu'ils eussent coûtume ou dûssent être obtenus par élection ou quelqu'autre moïen, lesquels les promûs par Nous ou d'autorité Apostolique au gouvernement des Eglises Patriarchales, Archiepiscopales, & Episcopales, & des Monasteres, obtenoient lors des promotions faites de leurs personnes, vacquants maintenant, & en quelque façon que ce soit, & qui vacqueront à l'avenir. Et même par l'obtention pacifique de quelques Prieurés que ce soit, Personats, Offices, Canonicats, Prébendes, Eglises ou autres Bénéfices par Nous, ou de l'autorité de nos Lettres, conferés immédiatement, ou qui seront conferés ci-après, excepté si l'impération s'est faite en vertu de graces expectatives, maintenant vacquants, ou qui auront vacqué ci-devant; ordonnant dès à-présent que tout ce qui sera fait & attenté à cet égard par qui que ce soit, de quelque autorité que ce soit, sera nul & sans force.

II. Il Nous plaît encore que dans les Eglises Métropolitaines & Cathédrales, même non sujettes immédiatement, & dans les Monasteres sujets immédiatement au Siege Apostolique, il soit fait des élections Canoniques, qui soient portées audit Siege, que Nous attendrons jusqu'au tems de la Constitution du Pape Nicolas III. d'heureuse mémoire, qui commence par ce mot, *Cupientes*. Et ledit tems passé, si elles n'ont été présentées, ou si aïant été présentées, elles sont peu Canoniques, Nous y pourvoirons; & si elles sont Canoniques, Nous les confirmerons, si ce n'est que pour cause évidente, ou du conseil de nosdits freres, Nous estimons devoir y pourvoir d'une personne plus digne & plus utile à l'Eglise, à la charge que lesdits confirmés & par Nous pourvûs prêtent les sermens dûs & accoûtumés à leurs Métropolitains, & autres choses ausquelles ils sont tenus de droit.

III. Et dans les Monasteres qui ne sont immédiatement sujets audit Siege, & autres Bénéfices réguliers, à l'égard desquels on n'a pas accoûtumé d'avoir recours audit Siege, pour la confirmation & provision, les Elûs ou ceux qui doivent prendre des provisions, ne seront point obligés de venir à ladite Cour, pour leur confirmation ou provision, & même les Bénéfices réguliers ne tomberont point sous les expectatives; & où on aura accoûtumé de venir ou envoïer à ladite Cour, Nous ne confirmerons ni pourvoirons autrement, que comme il a été dit ci-dessus, pour les Eglises Cathedrales. Et Nous ne disposerons en façon quelconque des Monasteres des Moniales & Religieuses, si ce n'est qu'ils soient exempts, & alors Nous le ferons par commission sur les lieux. Et de toutes les autres dignités & Bénéfices quelconques, séculiers & réguliers, qui viendront à vacquer hors les susdites réserves, excepté les premieres dignités & les plus grandes après les Pontificales dans les Cathedrales, & les principales dans les Collégiales, desquelles il est pourvû de droit ordinaire par les inferieurs, ausquels il appartient.

IV. Il nous plaît aussi, que par quelque réserve que ce puisse être, graces expectatives, ou quelqu'autre disposition que ce soit, faite par Nous, sous quelque forme de parole que ce puisse être, ou à faire de notre autorité, nous n'empêcherons point qu'il n'y soit pourvû, & n'en soit disposé librement, quand ils vacqueront dans les mois de Février, Avril, Juin, Août, Octobre & Decembre, par ceux ausquels en appartenoit la collation, provision, présentation, élection ou quelqu'autre disposition, faite ou à faire de notre autorité.

V. Et quand vacance arrivant d'aucun Bénéfice dans les mois de Janvier, Mars, Mai, Juillet, Septembre & Novembre, qui sont particulierement réservés à la disposition dudit Siege, il n'apparoîtra point, que dans les trois mois de la vacance, connuë dans le lieu du Bénéfice, qil y ait été pourvû d'aucunes personnes d'autorité Apostolique, de ce jour, & non auparavant; l'Ordinaire ou autre à qui la disposition en appartiendra, pourra en disposer librement.

VI. Et afin que cette disposition des Collations des Bénéfices non réservés, à faire alternativement & de mois en mois, puisse etre rendue publique par ladite Nation, & que ceux qui voudront joüir d'icelle, aïent un temps convenable de l'accepter: alors pour le regard dudit Siege elle commencera à courir du troisiéme des

Kalendes du mois de Juin prochain venant, & s'obſervera dorénavant, s'il n'en eſt ordonné autrement au futur Concile, du conſentement de ladite Nation.

VII. Il nous plaît pareillement, qu'à l'égard de l'ordre qui doit être apporté pour les proviſions à faire par ledit Siege, la meſure des annates coure de cette ſorte; Que de toutes les Egliſes Cathedrales, & Monaſteres d'hommes ſeulement, qui ſont vacantes & viendront à vacquer, il ſoit païé des fruits de la premiere année, à compter du jour de la vacance, les ſommes d'argent taxées dans les livres de la Chambre Apoſtolique, qui ſont appellés les ſervices communs. Et ſi quelques unes ſont trop & exceſſivement taxées, qu'elles ſoient de nouveau taxées, & qu'il ſoit pourvû dans les païs trop chargés, ſelon la qualité des Egliſes, des tems, & des païs, à ce quils ne ſoient trop chargés: pour raiſon dequoi Nous donnerons des Commiſſaires ſur les lieux, aux demandeurs pour s'en informer diligemment, & les taxer de nouveau.

VII. Et ſoient païées leſdites taxes pour la moitié dans l'an de la priſe de poſſeſſion pacifigue, du tout ou de la plus grande partie des revenus, & pour l'autre partie dans l'autre année ſuivante. Et ſi dans la même année ils vacquent deux ou pluſieurs fois, que leſdites taxes ne ſoient païées qu'une fois; & que cette dette ne paſſe au ſucceſſeur dans ladite Egliſe ou Monaſtere, & pour ce qui eſt de toutes autres Dignités, Perſonats, Offices, & Bénéfices séculiers & réguliers quelconques qui seront conferez de l'autorité dudit Siege, où ausquels il sera pourvû, non toutesfois en vertu de graces expectatives, ou pour cause de permutation, les annates ou la moitié des fruits en seront païées selon la taxe accoûtumée, dans l'an de la possession; & cette dette pareillement ne passera point au successeur du Bénéfice. Mais des bénéfices qui n'excedent point vingt-quatre florins d'or de la Chambre, qu'il n'en soit rien païé. Et que cet ordre soit ainsi gardé dorénavant, s'il n'est changé dans le futur Concile, du consentement de ladite Nation, & pour toutes les autres choses qui ont été permises, concedées, accordées, & ordonnées par Eugene IV. d'heureuse mémoire, notre Prédecesseur, pour ladite Nation, jusques au tems du futur Concile, & qui ont été confirmées par Nous, en tant qu'ils ne contredisent point au présent Concordat, Nous ne voulons point qu'il y soit rien changé pour cette fois.

IX. Et à cause que dans lesdits Concordats, ou dans d'autres Lettres à expedier à l'occasion diceux, pour abréger, l'on emploïe spécialement le nom d'Allemagne, l'on ne doit pas entendre que ce soit une Nation séparée ou distinguée de la Nation Germanique.

X. Et en outre, parce qu'il seroit difficile que ces présentes Lettres fussent portées en tous les lieux, dans lesquels il faudroit peut être en justifier, Nous ordonnons de la même autorité, qu'aux copies d'icelles, confirmées par le Sceau des Métropolitains de la Nation, il y ſoit pleine foi ajoûtée, comme il ſeroit à ces préſentes, ſi elles étoient repréſentées, & que l'on ſi conforme, de même que ſi leſdites préſentes étoient repréſentées ou montrées.

XI. Et en outre Nous déclarons nul & de nul effet tout ce qui ſera attenté à ces préſentes, par qui que ce ſoit, de quelque autorité que ce ſoit, de deſſein ou par ignorance.

Qu'il ne ſoit donc permis à perſonne d'enfraindre cette page de notre approbation, ratification, agrément, acceptation, commutation, réſervation, conſtitution, & volonté; & où il arriveroit d'y contrevenir par aucune témeraire tentative, & que quelqu'un préſumât d'y attenter, qu'il ſçache qu'il encourra l'indignation du Dieu trés-puiſſant, & de ſes ſaints Apôtres Pierre & Paul.

Donné à Rome, à ſaint Pierre, l'an de l'Incarnation de Notre-Seigneur 1448. le quatorziéme des Kalendes d'Avril, la deuxième année de notre Pontificat.

B. DE CALLIO.

Pris & extrait du Regiſtre des Bulles du Pape Nicolas V. Livre 2. des Secrets, feuillet 203. & s'accorde aprés collation.

DECLARATION

du Pape Gregoire XIII. sur la Constitution faite par Nicolas V. touchant la Collation des Benefices vacans ès mois reservez au Siege Apostolique, selon la forme des Concordats faits avec la Nation Germanique.

GREGOIRE Evêque, serviteur des serviteurs de Dieu, en mémoire perpétuelle de ce qui s'ensuit. C'est à Nous de songer & de prendre garde de près à détourner les choses qui peuvent apporter du dommage à l'Eglise de Dieu. Comme donc il a été accordé par les Lettres du Pape Nicolas V. d'heureuse mémoire, à la Nation Germanique, en considération de sa vertu & de sa concorde avec le Siege Apostolique, que toutes les fois que dans la vacance d'un Bénéfice Ecclésiastique dans les mois de Janvier, Mars, Mai, Juillet, Septembre & Novembre, dans lesquels la disposition des Bénéfices qui vacquent en Allemagne, a été spécialement réservée audit Siege, on n'aura pas fait apparoître dans trois mois du jour de la vacance connuë dans le lieu du Bénéfice, que quelqu'un en ait été pourvû par l'autorité Apostolique, dès-lors, & non pas auparavant, l'Ordinaire ou un autre à qui la disposition en appartient, en disposera. Mais d'autant qu'il arrive souvent qu'avant qu'on acheve l'information qu'il faut faire dans le concours de plusieurs, soit sur les lieux, ou pardevant ledit Siege, des vie, mœurs, & doctrine de ceux qui sont à pourvoir par le même Siege, ou avant que les Lettres Apostoliques soient expediées des mêmes provisions, ou des Mandemens que l'on obtient du Siege pour faire ces informations & ces provisions, ou qui s'expedient de propre mouvement, ou aussi avant que les Mandemens soient reçûs par les Juges ausquels ils sont adressés, ou étant reçus, soient par eux expediés; & quelquefois aussi les Lettres Apostoliques étant expediées, & la grace accomplie, ou les Mandemens reçus, & l'information achevée avant que l'exécution entiere en soit faite, à cause des divers empêchemens qui arrivent fréquemment, le tems de trois mois, à commencer du jour que la vacance du Bénéfice est connuë dans le lieu, est expiré; & pour cette raison les Ordinaires ou autres, à qui la disposition des Bénéfices appartient, quand dans ledit tems les réserves Apostoliques cessent, prétendent néanmoins de les conferer, quoique la grace de la provision ou de toute autre disposition en eût été faite par ledit Siege devant l'expiration du tems: pour laquelle cause ceux qui ont pris les devants par l'obtention de semblable Collation ordinaire, impugnent le titre de beaucoup de gens de pieté, lorſque ceux-ci vont pour joüir des Bénéfices qui leur ont été conferés après la preuve faite de leur vertu & doctrine, & y avoir conſumé bien du tems & de la dépenſe: Nous donc, eſtimant qu'il eſt indigne de ſouffrir que le retardement du tems, qu'il eſt néceſſaire pour l'utilité de l'Egliſe d'avoir, afin de s'enquerir plus exactement de la probité, de la ſcience, & des autres qualités qui ſont requiſes en ceux qui doivent être pourvûs de tels Bénéfices, donne lieu à des procès; & conſiderant que ces mots (*in loco Beneficii*) doivent être conjoints & relatifs à ceux (*notæ vacationis*) qui les précedent de près; & que la volonté du concédant & le ſens de la conceſſion & deſdites Lettres, ſont tels que la diſpoſition du Bénéfice ſe doit faire par ledit Siege dedans trois mois du jour de la vacance connuë, & qu'il doit apparoître en quelque lieu de la grace accordée, comme il ſe voit que la choſe après avoir été depuis long-tems diſputée entre les Interpretes de l'un & de l'autre Droit, a été jugée avec très-grande raiſon. Car il ne ſe peut faire que très-difficilement qu'une perſonne qui vient à Rome d'un païs ſi éloigné, quand même il feroit expedier ſon affaire en trés-peu de tems, pût néanmoins s'en retourner ſi promptement dans ce même païs. C'eſt pourquoi, ſuivant la juſtice & l'équité, Nous déclarons par l'autorité des préſentes, que la conceſſion du Pape Nicolas, & les ſuſdites Lettres, ne donnent aucunement lieu aux Ordinaires ou aux autres Collateurs, aprés l'expiration des trois mois du jour de la vacance connuë dans le lieu du Bénéfice, de diſpoſer deſdits Bénéfices autrefois compris ſous ladite conceſſion & leſdites Lettres, de quelque maniere qu'ils ſoient vacans hors la Cour de Rome dans les mêmes mois, deſquels Bénéfices le Pape & le ſaint Siege auront pourvû dans le tems deſdits trois mois, par quelque grace, diſpoſition ou conceſſion que ce puiſſe être. Toutefois il ne ſera permis à qui que ce ſoit de cacher trop longtems une telle diſpoſition faite par ledit Siege: C'eſt pourquoi ceux à qui dorénavant telles graces ſeront accordées, ſeront tenus ou de ſignifier auſdits Collateuts la preuve & le témoignage deſdites conceſſions, dans l'eſpace de trois mois du jour de la vacance connuë dans le lieu du Bénéfice, ou de les publier de quelque maniere que ce ſoit dans le même lieu du Bénéfice, déclarant nulles & invalides, & de nulle force & valeur toutes les diſpoſitions faites par leſdits Collateurs après telle ſignification ou publication; & que cela ſe doit juger ainſi en toutes les cauſes qui ſont pendantes à préſent, & qui le ſeront à l'avenir. Et tout ce qui pourra être attenté autrement, ſciemment ou ignoramment de la part deſdits Collateurs, ſera vain & d'aucun effet. Que ſi peut-être quelqu'un de ces Collateurs entreprenoit de violer ces préſentes,

Nous le suspendons de la Collation des Bénéfices, & Offices, jusqu'à ce qu'en aïant demandé pardon, il mérite d'obtenir dudit Siege la grace de sa restitution. Au reste Nous voulons qu'aux copies imprimées des présentes signées de la main d'un Notaire public, & munies d'une personne pourvûë d'une dignité Ecclésiastique, la même foi soit ajoûtée par tout en Justice & hors d'icelle, qu'on ajoûteroit à ces présentes, si elles étoient représentées. Qu'il ne soit donc licite à personne d'enfraindre notre présente déclaration, ordonnance, suspension & volonté, & d'y contrevenir témerairement. Que si quelqu'un présumoit d'y attenter, qu'il sçache qu'il encourreroit l'indignation du Dieu tout-puissant, & celle des bienheureux Apôtres Pierre & Paul. DONNE' à Rome le premier Novembre l'an 1576. & de notre Pontificat le cinquiéme.

PAIX GENERALE
DE L'EMPIRE

Déclarée, renouvellée, faite & conclüe à la Diete d' Augsbourg, l'an 1548.

Nous Charles Quint, par la grace de Dieu, Empereur Romain, toujours Auguste, Roi de Germanie, de Castille, d'Arragogne, de Leon, des deux Siciles, de Jerusalem, de Hongrie, de Croatie, de Navarre, de Grenate, de Tollete, de Valence, de Gallice, de Majorque, d'Hispale, de Sardaigne, de Cordouë, de Corse, de Murcie, d'Algarbe, d'Algézire, de Gibraltar, des Isles de Canaries, des Indes & terre ferme de l'Ocean &c. Archi-Duc d'Autriche, Duc de Bourgogne, de Lorraine, de Brabant, de Styrie, de Carniole, de Carinthie, de Limbourg, de Lützenbourg, de Gueldres, de Würtemberg, de la Calabre, d'Athenes, de Neupatrie, Comte de Habsbourg, de Flandres, de Tyrol, de Görtz, de Parsilon, d'Artois, de Bourgogne, Comte Palatin du Hennegau, de Hollande, de Séelande, de Ferrette, de Kybourg, de Namur, de Roussillion, de Céritan, de Zutphen, Landgrave d'Alsace, Marggrave du Bourgau, d'Oristagni, de Gotiani, & Prince du St. Empire en Suabe, en Catalogne, en Asturie &c. Seigneur de frisie, de la Marche des Venétes, de Port de Naon, de Biscaïe, de Molin, de Salins, de Tripoli, de Mecklen &c. a tous & chacun, du St. Empire les Electeurs, Princes Ecclesiastiques & Séculiers, Prélats, Comtes, Barons, Seigneurs, Chevaliers & Servants, Commandans, Prêvots, Bourguemâitres, juges, Conseillers, Bourgeois & Communautés, & tous autres Sujets de nôtre Majesté & du St. Empire, de quelle dignité, état ou condition, qu'ils soient, qui ces présentes ou copies d'ycelles verront, grace & Salut.

I.

Bien que l'Empereur Maximilien, nôtre amé bis-Ayeul, d'heureuse memoire, conduit & poussé par de grandes & importantes raisons & motifs ait fait & conclu avec les Electeurs Princes & Etats du St. Empire une paix générale a l'honneur & à l'avantage ainsi que pour le bien commun du dit Empire & de tous ses Sujets. Nous vîmes & sentîmes cependant tout au commencement de nôtre regne, que bien des puissances étrangeres etoient en mouvement contre les Membres du St. Empire & leurs adhérans, & qu'àmoins de les prevenir par des conseils & avis salutaires Suivis d'une paix solide & stable, non seulement les Etats de l'Empire en général, mais encore toute la chrêtienté, seroient exposés a des dégats & dévastations horribles, ainſi qu'à la perte de leurs ames honneurs & dignités. Cela Nous determina de ſuivre les traces du dit nôtre amé biſayeul; & fut la raiſon, qu'à la prémiere Diete, que nous avons tenue à Worms, nous Sommes convenus avec les Etats d'Empire de l'établiſſement dune paix générale, ainſi que celle de nôtre Biſayeul a d'abord eté faite à Worms & par aprés aux Diétes ſuivantes plus amplement diſcutée, éclaircie & conſolidée, laquelle paix generale de l'avis des venerables & trés biennés nos chers, Neveux, Oncles, Electeurs, & Princes, Eccleſiaſtiques & Seculiers, Prélats, Comtes, Seigneurs & Etats du St. Empire, préſents a la dite Diete, avons réſtauré, établi, & ſelon léxigence du tems & des circonſtances amélioré, augmenté & éclairci pour le bien-être & la conſervation d'une parfaite & perpetuelle paix & tranquilité du St. Empire, & reſtaurons, établiſſons, amélicrons, augmentons & déclarons la même derechef par ces préſentes, en vertu des quelles, dés le moment de leurs publication, perſonne de quelle dignité, état ou condition qu'il ſoit, n'oſéra pour cauſes quelconques, ſous quel nom ou pretexte que ce puiſſe être, défier, faire la guerre, aſſieger, attaguer à main armée, rendre priſonnier, ni faire aucune conſpiration ou ligue contre quiconque, de même aucun ne ſ'aviſera de dejetter l'autre de la poſſeſſion de ſes biens ou defenſes, ſoit châteaux, villes, villages, Egliſes, monasteres, hospices, cens, rentes, dixmes, meubles ou immeubles, droits régaliens, jurisdiction, justice, Superiorité territoriale Ecclesiastique ou Seculiere, peages, eaux, pâturages ainsi que tous autres droits sans exception quelconque, à main armée, avec violence temerairement & malicieusement. Il est également défendu de detacher les Sujets de leurs Seigneurs, de leur inspirer de la désobeissance, ou de les prendre sous sa protection sans le sû & gré des dits seigneurs & autrement qu'il n'etoit de tout tems de bonne & louable coutume chez nos prédecesseurs, Empereurs & Rois des Romains, & encore aujourd'hui en usage. Mais on laissera un chacun dans une tranquille & paisible possession de ses biens, & qu'on laissera passer librement & en toute sureté les sujets des autres soit Ecclesiastiques ou aïques par ses terres, Principautés, provinces, Comtés, Seigneuries, domaines & Ressort & personne ne souffrira d'aucune maniere, que ses propres gens ou Sujets ne les attaquent, violent ou offensent en leurs honneurs & libertés contre tout droit & justice.

II.

Et personne ne donnera à celui, qui par de pareils faits aura troublé & rompu la dite paix, des conseils ou des secours ni par lui même ni par d'autres en son nom, soit en lui accordant des châ-

teaux

teaux, Villes Frontieres, Forteresses, Villages, Métayries ou juettes, soit en les prenant de force & a l'insçu d'un autre, ou en les brulant ou en les endommageant de façon quelc onque. En outre personne ne le logera chez lui sciemment & au péril des autres, ni ne lui donnera à boire ou à manger, ni ne le retiendra, ni le souffrira chez lui, mais celui, qui voudra le proteger ou prendre fait & cause pour lui, doit le faire là & pardevant les tribunaux, cy-devant ou à present par l'ordonannce de notre chambre Imperiale destinés ou à destiner à la discussion & décision de telles affaires.

I.

Abolition des Défis.

En consequence Nous avons abolis & defendu tous les défis publics par tout l'Empire & de nôtre Romaine Imperiale pleine puissance & en vertu de ces présentes les defendons & abolisons.

II.

Comment & sous quelle peine il fut ordonné d'observer la paix générale.

Nous Ordonnons aussi à tous & à chacun des Electeurs, Princes, Ecclesiastiques & Laïques, Prelats, Comtes, Seigneurs, Noblesse équestre, Villes, & à tous autres de Nous ainsi que du St. Empire les chers & fideles sujets: ordonnant severement, que par les devoirs, serment & obeissance par eux à Nous & au St. Empire promis & engagés, comme ils sont obligés de faire, & sous peine de deux mille marcs d'or pur payable irremissiblement moitié au fisc Imperiale, & moitié à la partie lezée, & en outre sous peine de perdre tous & chacuns des droits & privileges, que chacun d'eux auroit obtenu de Nous & du St. Empire: ils observent & maintiennent ladite paix telle qu'elle est préscrite avec toute la ferveur, fidelité & diligence possible, & qu'en outre ils ordonnent à tous leurs gens superieurs ou inferieurs, Capitaines, Baillifs, Commandans & sujets sous serment de l'observer aussitôt & sans replique: si mieux n'aiment encourrir la disgrace de nôtre Majesté & du St. Empire, ainsi que de subir la peine susmentionnée.

III.

Peine des violateurs de la paix.

§. 1. Et tous ceux de haute ou basse extraction, qui ou qu'ellesconque, qui contre l'un ou l'autre des susdits articles agissent, ou oseront agir dorénavant, tomberont de fait & de droit, outre les autres peines aux quelles ils sont assujetis, dans la proscription du St. Empire: & il sera permis à tout le monde de courrir sus, de les depouiller de leurs biens & même de leur vie, aussitôtque par Nous, & en notre absence hors de l'Empire, par notre amé frère le Roi des Romains, ou par la chambre Imperiale, avec préalable ajournement & citation ils auront été declarés proſcrits & auſſitôt toutes les obligations, engagements, hypotheques, quils pourroient prétendre ſous les perſonnes ou biens de qui que ce ſoit, ſeront diſſous, degagés & anéantis; & les fiefs par eux poſſedés ouverts aux ſeigneurs directs, qui, la vie durant des dits proſcrits ne pourront être contraints de les remettre en tout ou en partie ni à eux ni à leurs heritiers; cependant ſeront tenus les dits ſeigneurs directs d'abandonner les fruits, deduction faites des frais d'adminiſtration & d'entretenement, à la partie lezée & plaignante ſelon qu'ils lui auront été adjugés par Nous, ou en nôtre abſence par nôtre amé frère Roi des Romains, ou enfin par la chambre Imperiale & cela pendant toute la vie des violateurs de la paix ou juſqu'à ce que lesdits violateurs, ayant été relevé de la proſcription, ſe ſoient réunis & racommodés avec la dite partie lezée.

§. II. Lorſque les affaires entre le proſcrit & la partie lezée auront été terminées & arrangées, le ſeigneur direct remettra auſſitot au proſcrit relevé tous ſes fiefs. De même ſi, le proſcrit étant mort dans la proſcription, ſes héritiers aprés avoir dedommagé la partie plaignante, demandent d'etre inveſtis dans les fiefs, que le défunt proſcrit avoit préalablement poſſedé, le ſeigneur direct ſera obligé de les en inveſtir ſelon l'uſage des lieux ou ils ſont ſitués. Sauf toute fois les droits & prerogatives des agnats, mais ſi la rupture de la paix a été faite contre le Seigneur direct lui même, alors & en pareils cas on observera ce que le droit & les coutumes féodales exigent. Mais en attendant une pareille convention & accommodement & avant que la dite declaration s'en suive, il sera libre à la partie lezée ainsi qu'à ses alliez & adhérens de se defendre & de poursuivre les infracteurs, ainsi que leurs aides & consorts, toutes & quantes fois elle sera attaquée, ou qu'elle pourra se saisir de ses ennemis, ainsi que d'en faire part aux Electeurs, Princes & Etats d'Empire pour les appeller à son secours & pour raison de cette défense & poursuite la partie lezée ainsi que ses adherans, n'encourreront aucune peine & ne seront point regardés comme transgresseurs de la loi, pourvu que le tort & l'infraction de la paix à leur égard soient ou deviennent notoires & connus.

IV.

De l'éxecution de la proscription, & autres peines & punitions.

Et d'autant que pour le maintien & observation de notre Imperiale & générale paix, il est de nécéssite absolue de faire mettre en exécution, la proscription de l'Empire, de même les autres peines & punitions contre les infracteurs & violateurs de ladite paix. Nous, avons conjointement avec les Electeurs, Princes & Etats, avisé & déterminé les voyes & moyens, qu'il faudra employer lors de l'éxecution des dites peines contre les infracteurs, & les avons faits mettre ſous la rubrique de l'ordonnance de la chambre Imperiale.

V.

Des dépouilles ou ſpoliations legeres.

Et puiſqu'il arrive de tems en tems des petits vols & dépouilles legeres; les quelles cependant n'étant point faites de main armée & avec violence, quoique contre tout droit & equité, ne tombent point ſous la loi préſente, ni ſous ſes peines & punitions; qui neamoins pourroient a l'avenir, cauſer des troubles & inimitiés dans l'Empire & par là mettre obſtacle au maintient de la dite paix. Il a été jugé à propos d'y mettre ordre, & d'aſſigner à celui qui aura été ainſi depouillé, les moyens de s'en faire reſtituer. En conſequence Nous avons conjointement avec les Electeurs, Princes & Etats aviſé les dits moyens par commiſeration pour les dits depouillés, les quels moyens ſe trouvent dans l'ordonnance de la chambre Imperiale dreſſée dans la préſente aſſemblée, ſous le titre *des depouilles legeres.*

VI.

De l'établiſſement de la paix générale.

§. I. En outre Nous ſommes convenus avec les Etats comparus, & avons conformement aux devoirs & obligations, que

Nous & chacun des Etats devons à l'Empire : promis, & nous nous sommes obligés de tenir & exécuter, voulons & ordonnons par ces présentes, qu'à l'avenir aucun de Nous ne donnera à l'autre ni aux siens des secours sous main, ni le laissera faire du tort, & n'accordera à celui qui contre la présente paix aura lezé un autre aucune retraite, ni ne facilitera son évasion, en un mot ne lui prêtera aucune assistance de façon quelconque comme dit est cy-dessus. Mais dés que quelqu'un de nous aura découvert & reconnu de pareils infracteurs de paix, ou qu'au flagrant délit il en aura été averti, ou que connoissant le fait il soit dans son pouvoir de les arrêter, il se mettra aussitôt en mouvement, & les poursuivra en toute diligence & avec tout le zele possible, comme s'il s'agissoit de ses propres affaires.

§. 2. De même Nous tous & chacun, comme cy-dessus, devons ordonner & faire en sorte, que nos Baillifs, sujets & alliez s'obligent & promettent de tenir & exécuter la même chose, ainsi que de veiller soigneusement chacun dans son département & jurisdiction à ce que ladite paix soit fidelement & inviolablement gardée, & qu'en consequence l'on prévienne tous secours, aides, rétraites & qu'on ne les accorde aucunement, le tout fidelement & sans fraude.

§. 3. Et si quelqu'un soumis au St. Empire s'aviseroit de violenter, défier, & d'outrager quelqu'un ou de prendre le sien de force & sans droit, ou de faire la guerre a Nous, les Electeurs, Princes, & Etats également ſoumis & ſous la protection de l'Empire, tous ceux qui en auront connoiſſance, ou que l'on avertiroit au moment du delit, doivent courrir ſus en toute diligence, prêter leur ſecours, l'arrêter, le garder & agir comme ſi c'étoit leur propre affaire. Mais ſi lors du delit commis perſonne n'eſt venu & ne pouvoit venir au ſecours, & qu'en ſuite les malfaiteurs, leurs aides & adhérans, par Nous, & en notre abſence hors du St. Empire, par notre amé frere, le Roi des Romains, ou par la chambre Imperiale, auroient été déclarés proſcrits conformement a l'ordonnance du St. Empire: & qne ladite déclaration ainſi que l'excommunication, au cas que la partie plaignante l'ait demandée (vûe qu'il dependra toujours d'elle de léxiger ou de ne pas léxiger) n'ait produit aucun bon effet en faveur de la partie lezée. Alors le Prince, dans le territoire du quel le malfaiteur étoit domicilié, à nôtre requiſition, ou en nôtre abſence hors de l'Empire, à la demande de nôtre amé frere Roi des Romains, ou à celle de nôtre chambre Imperiale, executera ſans delai ladite ſentence de proſcription: ou en cas que ledit Prince pour des cauſes & raiſons plauſibles s'en excuſe auprès de Nous, ou en nôtre abſence hors de l'Empire, auprès de nôtre dit amé frere, ou auprés de ladite chambre: dans le Cercle, ou le dit delinquent a été domicilié, ſera chargé a nôtre requiſition, ou en nôtre abſence hors de l'Empire, à la demande de notre amé frere Roi des Romains, ou à celle de la chambre Imperiale, de l'execution de ladite sentence. Puisque Nous sommes ainsi convenus avec tous les Etats y assemblés, & avons fait inserer nôtre convention dans l'ordonnance de la chambre Imperiale dressée à la même Diete, comme il a été dit cy-devant: & le tout afin que la paix générale soit vigoureusement observée & maintenue, & les infracteurs severement punis: sauf cependant l'Article susmentionné, *que l'infracteur doit avoir encourru la proscription de fait.*

VII.

Peine de ceux qui n'observent point ou qui négligent de faire observer la présente ordonnance.

Ceux qui méprisent la présente ordonnance & obligation, & qui refusent ou negligent de la faire suivre: si cela est notoire & ne sçauroit être nié, sont par Nous declarés avoir pour un pareil mépris encouru la peine de l'infraction de la paix: & en consequence ou peut & doit par Nous & en nôtre absence hors de l'Empire par nôtre amé frere Roi des Romains ou par la chambre Imperiale agir & procéder contre eux en toute rigueur soit par dénonciation, déclaration, execution & injonction des peines & punitions, susdites.

VIII.*

Des Mandemens de la chambre contre les infracteurs, & de quelle maniere on doit les observer.

§. 1. S'il arrivoit que quelqu'un contre cette paix générale, projettoit d'attaquer un autre avec des troupes armées ou d'une autre maniere violente, alors notre chambre Imperiale, à la requisition de celui, qui dans la crainte d'être opprimé & couvert, cherche à se faire droit, ou à la demande du procureur fiscal Imperial, aura plein pouvoir d'ordonner sous peine & punition de la proscription, à celui ou ceux qui s'occupent à recruter & à faire des preparatifs de guerre, de s'abstenir de pareils projets & attaques violentes & de se contenter des voyes de droit & de justice.

§. 2. Et si celui ou ceux, auxquels de tels ordres ont été donnés, refusoient de les suivre : alors notre procureur fiscal Imperial poursuivra les désobeissans en toute rigueur, & notre chambre les déclarera, ainsi qu'il appartiendra, avoir encouru la proscription & autres peines de la dite paix. Et en outre notre chambre sera tenue d'ordonner sans delai à ce que les Communautés aient à s'opposer vigoureusement sous peine de proscription à tous & chacun de ceux qui feroient des préparatifs pour une telle attaque, de même ladite chambre mandera aux voisins & les engagera à prêter des secours & defendre ceux qui se voyent en danger d'être violentés.

IX.

Les frais & dommages faits & soufferts pour avoir maintenu la paix & soutenu les droits d'autrui, peuvent être repetés devant la chambre Imperiale.

Si quelqu'un en vûe de maintenir la paix & les droits d'un autre, lui auroit en vertu de la présente prêté des secours, & par là fait des dépenses & souffert des domages: l'infracteur de la paix sera tenu de l'en dedomager, & il dependra de la volonté de celui qui aura donné du secours, de contraindre l'infracteur sur le fait à la réstitution & à l'indemnisation, ou de ne l'exiger que consequemment au Decret & modération de la chambre, qui sera obligée de lui fournir sans delai tous les moyens pour y parvenir.

X.

A la chambre Imperiale l'on peut former une demande principale non seulement pour les peines & punitions, mais encore pour être restitué & dedommagé.

Nous voulons aussi, qu'au cas, qu'un quelqu'un de quel état ecclesiastique ou laïque, qu'il soit, a été lezé, violenté, ou privé du sien, quel nom qu'il puisse avoir, par violation & contre la dite paix.

Il lui ſoit libre de demander pardevant la chambre Imperiale, a ce qu'elle inflige à l'infracteur toutes les peines de droit & de notre paix générale, ou l'une au l'autre ſeulement d'y celles, enſemble de le condamner à la réſtitution, & réparation des torts, dommages & interêts avec & outre les dites peines: ou de ne demander principalement que la reſtitution & indemniſation, & ſera notre dite chambre & aſſeſſeurs tenus de rendre bonne & brieve juſtice, saufs cependant en tous cas les droits du fiſc Imperial pour raiſon de la peine encourruë.

XI.

L'action en réparation des torts & dommages, ainſi que pour la réſtitution des choſes, pourra être intentée à l'encontre des héretiers dès violateurs de la paix.

S'il arrivoit que dans l'intervalle de la procedure aux fins civiles & criminelles, ou aux fins civiles ſeulement, & avant le jugement définitif, ſoit avant ou après la guerre affermie, l'infracteur venoit à mourir; la juſtification & l'inſtance ſur les torts & privations ſeront repriſes par ſes heritiers dans l'état qu'elles ſe trouveront pour lors, & continuées jusqu'à leurs entiere déciſion, & ſeront lesdits heritiers tenus de ſatisfaire à la ſentence définitive, à moins qu'ils ne ſe ſoient autrement arrangés avec la partie plaignante.

XII.

Des anciennes ſpoliations & privations faites contre la paix générale ou autrement.

Ceux qui avant ce tems ont été dépouillés de leurs biens ſans y avoir été réſtitués, & ſans qu'en vertu de cette préſente ils ſe fuſſent accomodé avec leur partie adverſe, que les privations ou déjections de poſſeſſion aient été faites contre la teneur de la paix générale ou autrement, pourront en vertu de la précedente ainſi que de la préſente paix génétale, ou comme de droit, former leur demande en réſtitution & réparation & la conduire à ſa fin. Sauf cependant au defendeur ſes exceptions & repliques.

XIII.

Du pouvoir de la Chambre Impériale à l'égard de la proſcription & autres peines desdits infracteurs.

Et d'autant qu'il arrive quelques fois, que vuë les forces & la témérité, ou autres raiſons & circonſtances, il ſeroit dangereux de faire exécuter la ſentence de proſcription & d'autres peines contre les infracteurs de ladite paix, & que cependant la juſtice veut, que le delinquent ſoit puni, & que ſa peine ſoit proportionnée à la gravité du fait & des circonstances ; Nous nous réservons le pouvoir ainsi que nous l'accordons en notre absence hors de l'Empire à notre amé frere, le Roi des Romains, de même à notre Chambre Impériale, de convertir d'office, ou à la requisition de la partie plaignante la peine de l'infraction de la paix en une peine pécuniaire, ainsi que de modérer la peine pécuniaire statuée par ladite paix, ou de changer cette derniere en une autre conformément au droit commun, le tout selon qu'on l'estimera utile, honnête & équitable. Saufs cependant en toutes manieres les droits de notre fisc.

XIV.

Comment l'on doit procéder contre ceux, qui sont suspect d'infraction, ou que l'on croit avoir clandestinement & sousmains secourus les iufracteurs, aux fins de se purger.

§. I. Et s'il arrivoit, que quelqu'un des Electeurs, Princes, Prélats, Comtes, Seigneurs, Nobles, Villes ou autres, de quelque dignité ou condition, ecclésiastiques ou laïques, ou leurs gens, seroient attaqués contre ladite paix, ou clandestinement enlevés, faits prisonniers, vendus à d'autres, leurs chateaux, villes & maisons à la sourdine assaillies & saisies, tués ou massacrés iniquement & de desſein premédité, endommagés en leurs corps ou biens par incendies ou autre maniere quelconque contre tout droit, & notamment contre notre préſente paix; & que les malfaiteurs n'étant point aſſez connus, le plaignant ne voudroit ou ne pourroit ſe charger de leur conviction; & que cependant il y auroit des indices aſſez forts & ſuffiſants contre eux, ou que la clameur & le dire du peuple les ſuſpecteroient, ou que par de pareils indices un quelqu'un deviendroit ſuſpect, d'avoir donné à ces infracteurs, contre ladite paix, ſecours, aides, retraite, paſſage, à boire ou à manger, ou de les avoir autrement favoriſé en les logeant & les retenant chez lui, & que cependant tout cela ne fut point notoire. Dans ces cas, pour faire parvenir plus promtement & à moins de frais l'accuſateur aux fins de ſa plainte ainſi que l'accuſé à ſa juſtification, il nous plait, que la partie lezée ait droit de faire ajourner pardevant ſon juge competant, ou bien par devant Nous, & en cas de notre abſence hors de l'Empire, pardevant notre amé frere le Roi des Romains, ou devant la Chambre Impériale, celui qui eſt ſoupçonné du fait, ou d'avoir fomenté & favoriſé le délinquent, aux fins de s'en purger par ſerment. Sera cependant la partie plaignante obligée d'inſtruire le juge, qu'elle aura choiſi, par des Mémoires articulés, des cauſes & raiſons pour leſquelles il prétend ſuſpecter l'accuſé. Et ſi le juge reconnoit ces indices pour ſuffiſans & convainquans de ſuſpicion, & les plaintes admiſibles, il décretera la comparution, & fera inſérer dans ſon décret les articles de ſoupçon, en aſſignant au ſoupçonné un certain jour pour comparoir en perſonne (ſi ce n'eſt un Electeur ou Prince) & répondre ſur les articles du ſoupçon, s'en juſtifier & s'en purger par ſerment. Le décret d'ajournement perſonnel ſera accompagné d'un ſauf conduit, qu'en notre nom & en celui du St. Empire, le juge accordera à l'accuſé, tant pour lui que pour tous ceux de ſa ſuite, afin qu'il puiſſe venir & s'en retourner chez lui avec tous ſes gens ſains & ſaufs; lequel décret d'ajournement, au cas qu'il ne puiſſe point être ſignifié à la perſonne dudit accuſé, ou en ſa maiſon & domicile ordinaire, doit être affiché en deux ou trois endroits où & par où il en aura probablement connoiſſance, & ſera là-deſſus ledit accuſé obligé de comparoître en perſonne (à moins qu'il ne ſoit Electeur ou Prince, qui en ce cas ſont tenus de comparoir au moins par procureur ayant plein pouvoir) pour répondre ſur faits & articles: & ſera le refuſant de comparoir ou de répondre, après que la partie plaignante aura par de ſuffiſans indices ou par renommé, angoiſe, ou par un témoin irréprochable, qui atteſte le fait, c. à d. la præſtation des ſecours, ou la favoriſation, prouvé la ſolidité du ſoupçon, ou bien ſi l'accuſé ſeroit d'une baſſe condition & l'accuſateur au contraire étant d'une haute naiſſance affirmeroit par ſerment les articles, par lui produits être véritables: alors l'accuſé ſera tenu, & lui enjoint par sentence de s'en purger par un serment personnel, à moins que le juge pour des bonnes & suffisantes raisons & excuses autorisées par les loix n'ait constitué un Commissaire pour recevoir le serment corporel de l'accusé chez lui, ou dans un autre lieu commode & convenable ce qui lui sera loisible; mais si le serment devoit être prêté en présence d'un Commissaire par une Communauté soupçonnée, ecclésiastique ou laïque, alors la moitié des membres du Sénat de la communauté, prêteront serment personnellement. Et si parmi le Sénat il se trouvoit quelques personnes, sur lesquelles la partie plaignante auroit jetté des soupçons particuliers, ces personnes outre ladite moitié, seroient également assermentées; mais si quelques particuliers seulement d'une Communauté ou d'un Magistrat auroient été suspectées, on agira avec eux comme avec d'autres particuliers, ainsi qu'il a été statué plus haut. Et au cas que l'accusé seroit si fortement soupçonné, que la compurgation devint nécessaire, il dependra de l'arbitrage du juge, d'ordonner des compurgateurs, qui prêteront le serment de crédulité, comme quoi ils croient que celui ou celle, qui s'est purgé par serment, a juré vérité & après le serment de crédulité prêté, l'accusé sera déchargé du soupçon, & les deux serments envisagés comme bien prêtés jusqu'à ce que l'accusé soit juridiquement convaincu du contraire, alors on procedera contre lui comme atteint & convaincu du contraire, alors on procédera contre lui comme atteint & convaincu de l'infraction & du parjure & on prononcera contre lui les peines duës.

§. II. Et si l'accusé refuse en aucune façon de se justifier ou de se purger; ou bien, si ensuite de l'ajournement personnel, sans pouvoir justifier de légitimes empêchemens, il ne comparoit point au jour & heures marquées: pourlors il sera tenu pour convaincu de ce, dont il a été suspecté ou accusé, & l'on permettra à la partie plaignante, ou à notre fiscal Impèrial de le réajourner pour entendre & se voir déclarer proscrit, & être condamné aux peines de l'infraction de la paix générale, comme étant réellement convaincu du chef de l'accusation: & sera ensuite sans autre preuve du fait, si ce n'est que l'accusé seroit prêt de justifier sur le champ son innocence, (devant dans ce cas être écouté) déclaré avoir encouru la peine de ladite paix, & l'on procédera & agira contre lui comme de droit.

§. III. Et dèslors qu'il sera déclaré proscrit, personne en ayant connoissance, soit Electeurs, Princes, Comtes, Seigneurs, Magistrats ou autre quiconque n'osera plus le garder, le loger, lui donner à boire ou à manger, ni ouvertement, ni en cachette, mais tant qu'il sera proscrit, on doit le mépriser, le regarder & le tenir pour un infame; & chacun agira à son égard conformément à la paix générale.

§. IV. Mais en cas, que celui, qui a eté ainsi personnellement ajourné, ne pourroit pour raisons de maladie & incommodités, ou d'autres légitimes empêchemens & excuses connues, comparoître personnellement, il sera tenu d'envoyer au juge un certificat autentique de la part du Seigneur ou du Magistrat de son domicile, ou du plus prochain endroit, signé & cacheté par eux, & justifier ainsi ses exoines & empêchemens. Sur lequel certificat le juge lui accordera un nouveau délai pour comparoir ; pourvu que l'on puisse raisonnablemenr espérer, que ces empêchemens ne seront pas de longue durée : sans cela & autrement le juge commettra un commissaire, qui poursuivra la cause comme dit a été cy devant.

§. V. Si cependant le soupçonné étoit un Electeur ou Prince, il pourra faire jurer sur son ame par devant le juge par un procureur fondé de procuration spéciale à cet effet, qui sera au moins un noble, & l'on procédera en ces choses sommairement, conformément à l'ordonnance de l'Empire faite au sujet de l'infraction de la paix.

§. VI. Nous devons & voulons, & en notre absence hors du St. Empire, notre amé frère le Roi des Romains ou la Chambre Impériale, non seulement sur la plainte des parties, ou l'accusation de notre fiscal Impérial, mais aussi de notre chef & d'office, ordonner & entreprendre une telle purgation & justification, & l'enjoindre & imposer à ceux, qui se trouveroient suspects d'une des choses cy-dessus.

§. VII. Et il sera loisible à un chacun, qui est prêt à prouver, qu'un certain *quidam* est non seulement suspect du fait ou d'assistance, mais qu'il en est vraiment coupable, de l'accuser par devant Nous ou en notre absence, ainsi qu'il a déja été dit souvent, par devers notre amé frère le Roi des Romains, ou par devant la chambre Impériale, ou par devant d'autres tribunaux competents, ou on lui fournira tous les moyens de parvenir sans délai à ses fins.

§. VIII. Mais s'il arrivoit, que quelqu'un suspecta & noircit la réputation d'un autre sans avoir des raisons légitimes, & s'en vouloir en faire preuve en justice: alors celui, qui aura été ainsi décrié, sera en droit de traduire le calomniateur par devant la Chambre Impériale ou autre son juge competent, & là on lui rendra justice incessamment. Nous ordonnons de même par ces présentes à tous les Magistrats competens, de procéder & agir contre tous ceux, qui sont suspects de forfaits, selon l'observance & coutume des lieux.

XV.

De la purgation & justification de ceux, qui en aliénant leurs biens, ou en achetant ceux des autres auroient donné occasion à l'infraction de la paix.

Déclarons en outre, ordonnons, statuons & voulons pour le maintien & accomplissement de notre paix générale, que si quelqu'un, de quelle dignité, état & condition qu'il soit, par des vrais indices se trouve suspect d'avoir vendu, aliéné, échangé, engagé ou déposé entre les mains d'un tiers, de quelle maniere, ou sous prétexte quelconque, son chateau, villes, forteresses, ou autres biens meubles ou immeubles, au péril & pour faire tort aux autres, & que par là il auroit enfreint la paix générale : pourlors, Nous, ou en notre absence hors de l'Empire, notre amé frère le Roi des Romains ou notre Chambre Impériale, d'office, ou à la requête des parties lesées, ou à l'accusation de notre fiscal Impérial, en droit soient de faire requérir & ajourner le vendeur, l'acheteur, l'échangeur, preneur, garde ou déspositaire, que l'on soupçonneroit avoir connoissance d'une pareille fraude, aux fins de se purger des indices militans contre eux ; & au cas qu'ils refuseroient de comparoître personnellement ou de s'en purger, on procédera contre eux pour raison de leur désobéissance, comme il a été statué par les articles précédents.

XVI.

Du logement & sauf conduit accordé aux infracteurs de la paix.

§. I. Personne n'osera recevoir chez lui, loger, donner à boire ou à manger, retenir, ou prêter assistance aux infracteurs de la paix, ou à ceux, qui en feroient fufpects; ni fouffrir qu'on le faffe dans fon territoire, reffort ou jurisdiction; mais on les livrera à la juftice pour leur faire droit d'office, & l'on prêtera fes fecours, afin qu'à la plainte des parties on rendra justice fans délai, contre laquelle perfonne ne les défendra, ni ne follicitera pour eux, ni ne leur propofera ou promettra aucune aide, fureté, liberté ou fauf conduit, puifqu'ils ne doivent jouir d'aucune desdites chofes en aucune maniere fans l'agrément & confentement de la partie adverfe, & que nous voulons que de pareilles chofes ne foient point accordées dans les circonftances de la violation de la paix générale; & dans ces cas la partie plaignante ne fera point tenue de fe conftituer prifonniere ni de s'infcrire pour la peine du talion aux fins de pouvoir faire fes preuves, mais donnera feulement caution bourgeoife felon l'exigence des loix. Et fi elle ne pouvoit la donner, ou fi c'eft une perfonne décriée ou inconnue, elle fera felon fes qualités foigneufement mife en garde jufqu'à l'iffue du procès; à moins que l'infracteur n'ait été nommément denoncé, ou que le fait foit tellement notoire, qu'il nexige aucune preuve ultérieure, ou que la partie plaignante feroit prête à la faire fur le champ; alors la partie plaignante poffeffionnée fera déchargée de la caution, & l'autre décriée ou inconnue de la cuftode.

§. II. Nous voulons auffi, que tous les Electeurs, Princes & autres Etats d'Empire dans toutes leurs lettres aux fins de soulagement, fureté, recommandation, & de sauf conduit, excluent nommément les infracteurs de paix déclarés ou dénoncés, à l'exception des cas, ou ils seroient mandés pour se justifier, où pour s'accommoder à l'amiable avec la partie adverse & de son consentement. Dans ces cas, ceux à la réquisition desquels ils doivent se présenter personnellement, seront tenus de leur procurer un sauf-conduit, ils pourront aussi le demander de droit, tout comme s'ils n'étoient point déclarés ou dénoncés proscrits : & en cas que l'infracteur ait plusieurs parties adverses, elles consentiront toutes à sa réquisition, à ce qu'il lui soit accordé un sauf-conduit : lequel lui sera accordé pour comparoir au jour indigué & s'en retourner, quoique l'une ou l'autre des parties soit refusante d'y consentir.

§. III. Et puisqu'il arrive souvent dans l'Empire, que quelques malheureux sujets, pour s'être rendus coupables, quittent leurs seigneurs & leurs pays, afin de se soustraire aux peines : ou qu'ils se souslevent contre eux ou contre leurs voisins, ou qu'ils les menacent ainsi que leurs sujets, ou qui pour raison de leurs pretendus droits ne veulent point s'addresser au juge competent. Nous avons pour les prévenir, ordonné & statué, que dorénavant personne n'osera plus sciemment leur donner retraite, les loger ou conduire, mais que les Magistrats, dans le ressort desquels de pareils gens restent, & qui auront connoissance de leurs menaces, les fassent arrêter, pour qu'il leur ſoit fait droit par leurs Seigneurs, & qu'ils ſoient empêchés de venir au fait, & que perſonne n'intrevienne pour eux ni ne les protege: ſeront cependant tenus leurs Seigneurs de leur accorder un ſauf-conduit pour qu'ils ne ſuccombent point à la violence, & de faire enſorte qu'on leur faſſe bonne & brieve juſtice.

§. IV. Si quelque Magiſtrat contre la préſente lacheroit quelqu'un, ou lui accorderoit un ſauf-conduit, ou ne l'obligeroit point à comparoître, comme dit eſt, s'il en a été requis, ledit Magiſtrat ſera tenu enſemble avec l'accuſé élargie & conduit; pour un infracteur de paix, & comme tel on lui fera le procès & lui enjoindra les peines ſtatuées.

XVII.

Des violateurs de la teneur de la préſente paix.

Et ſi les infracteurs & violateurs de cette paix trouvent des retraites, fortereſſes, ou d'autres aides & aſſiſtances, de ſorte qu'il ſeroit néceſſaire d'employer de plus grands ſecours, ainſi que de mettre des troupes en marche: alors après que l'infracteur & ceux qui le retiennent auront été légalement déclaré proſcrits, il faudra pour parvenir à une ſérieuſe & rigoureuſe exécution de la ſentence de proſcription & autres peines, procéder & agir, comme il a été clairement pourvu & ordonné dans l'article de l'exécution, dont nous sommes convenus ici présentement avec les Etats en général: mais si quelqu'un compris dans cette paix générale, de quel état, dignité ou condition qu'il soit, ecclésiastique ou laïque, seroit séduit, accusé ou autrement lesé, par un autre non compris dans cette paix ou qui logeroit, retiendroit ou assisteroit un infracteur ou endommageur, la partie lesée ou le juge de notre Chambre Nous en donnera avis & instruction, ou en notre absence à notre amé frère le Roi des Romains, pour que Nous sachions y remédier.

XVIII.

Du pouvoir de la Chambre contre les violateurs de la paix.

§. I. Au cas que l'exécution ainsi que les voyes d'y parvenir contre les infracteurs déclarés, ou contre leurs fauteurs, deviendroient si perilleuses, que pour ce sujet il seroit nécessaire de faire une assemblée générale des Etats; alors le juge ainsi que les assesseurs de la Chambre donneront aussitôt avis à Nous étant dans l'Empire ou en notre absence hors de celui, à notre amé frère le Roi des Romains, pour delibérer & pourvoir à ce qu'un tel besoin exigera.

§. II. Cependant & cela non obstant le juge ainsi que les assesseurs de ladite Chambre ne continueront pas moins à la requête du lesé & attaqué, ou d'office, de procéder comme de droit contre l'infracteur & le violateur de la paix.

XIX.

Comment il faut ſecourir la partie plaignante contre le proſcrit retiré dans un chateau ou fortereſſe.

Et en cas que le proſcrit ait un chateau ou fortereſſe, que l'Electeur, Prince ou Etat, en la jurisdiction du quel le proſcrit eſt domicilié, ne voudroit point faire rendre, comme il a été ordonné cy-deſſus, à la partie plaignante, alors on lui prêtera des ſecours ou main forte, comme il a été ſtatué & pourvu par l'ordonnance de la Chambre au ſujet de l'exécution de la proſcription & de la ſentence.

XX.

Contre le chateau des héritiers pactices.

Après avoir reçu cy-devant & du depuis ainſi que préſentement de grandes plaintes, qu'au dehors auſſi bien qu'en dedans des chateaux communs des héritiers pactices, il ſe commettoit bien des dommages, captures, pillages, priſes & incendies contre notre paix générale, Nous avons, en conſéquence de l'avis & conſentement des Etats, ſtatué & ordonné, ordonnons par ces préſentes & déclarons que les proscrits & infracteurs de la paix ayant part & droit de retraite auxdits chateaux communs, en soient privés dorénavant, & ne pourront plus y être soufferts, à moins que préalablement ils ne se soient arrangé avec Nous & l'Empire ainsi qu'avec la partie lesée. Et telle notre déclaration & disposition soit par notre Impériale paix générale ouvertement publiée & fait savoir auxdits héritiers pactices & réciproques (Gan-Erben) & chateaux communs. Et si les cohéritiers communs laisseroient jouir après la publication de la présente leurs héritiers réciproques proscrits & infracteurs de la paix de leur part, retraites & droits communs & paroitroient par-là désobéissans, Nous déclarons, ordonnons, statuons & voulons, que par une telle désobéissance ils auront encourru la peine contenu en la présente déclaration & ordonnnance de la paix, & seront en conséquence denoncés & déclarés proscrits.

XXI.

Des proscrits, qui aliénent leurs biens, ou les mettent en garde.

Nous statuons, ordonnons & voulons de même par ces présentes, que si un déclaré proscrit ou infracteur vouloit donner ou donnoit & mettoit actuellement & réellement ses biens en garde ou sous la protection d'un Prince, d'un Magistrat ou d'une Communauté, ce Prince, Magiſtrat ou Communauté ne doivent point les recevoir, ni les prendre d'eux même pour les garder & en avoir ſoin au profit des proſcrits & infracteurs & au cas que cela arrive, Nous déclarons, reconnoiſſons, ordonnons & voulons, qu'une pareille tradition, remiſe, depôt ou reception ne ſera d'aucun avantage pour les proſcrits & infracteurs déclarés, & qu'ils n'en jouiront point, ni ne mettront par-là leurs biens en ſureté, & que ces mêmes, Princes, Magiſtrats ou Communautés auront par là & de fait encourru la proſcription & autres peines ſtatuées contre les violateurs de la paix, & ſeront en conſequence denoncés & déclarés publiquement.

XXII.

Des Eccleſiaſtiques qui agiſſent contre la préſente paix.

Si, contre toute notre attente, des perſonnes eccleſiaſtiques agiſſoient contre notre préſente paix & ordonnance, pour lors les Prelats qui les auront ſous leur juriſdiction immédiate, feront enſorte, qu'à la requête de la partie leſée ils lui donnent une entiere ſatisfaction, ſi leurs biens le permettent; & les puniront en outre ſeverement. Et en cas que leſdits Prelats ſoient négligens a ce faire, & laiſſent les violateurs impunis: Nous les mettons conjointement avec les infracteurs hors de notre garde & protection, & les regardant comme vagabonds & empecheurs de la paix, Nous ne les defenderons en aucune maniere, dans aucun revers; il leur sera cependant, ainsi qu'aux laïques, loisible & permis de se justifier. En outre personne ne pourra s'obliger ou s'engager contre la présente paix, puisque Nous de notre autorité Imperiale cassons, infirmons & déclarons nulles & de nulle valeur toutes ces obligations, écrits & engagemens: sauf d'ailleurs & en autres choses toute la force & vigueur à de pareils écrits, obligations & engagemens; & personne ne recevra, ni donnera, la présente paix au lieu & place de son obligation par écrit.

XXIII.

Des sergens & gardes.

Et comme il y a beaucoup de gardes & sergens tant à cheval qu'à pied, dont les uns ne reconnoissent point de seigneurs, & d'autres quoique engagés & en fonctions n'y vacquent point en regle, ou que leurs Seigneurs, aux quels ils sont assermentés n'étant point en état de les ranger à leurs devoirs, ils ne font que roder ça & là pour leurs propres avantages: Nous ordonnons statuons & voulons, que dorénavant de pareils gardes ou sergens ne soient plus soufferts dans l'Empire, mais que par tout ou on les trouve, ils soient arretés & sevérement interrogés, & ensuite pour cette raison

& à proportion de leur méfait serieusement puni au moins par la confiscation de leurs biens, & en outre obligés par serment & caution de ne plus recidiver.

XXIV.

Des domestiques, ou soldats licentiés qui na'yant pas de maitres, s'attroupent & molestent les pauvres gens.

§. I. S'il arrivoit à l'avenir, que dans les principautés, terres, villes ou ressorts des Electeurs, Princes ou Etats, il viendroit des troupes étrangeres & soldats à pied ou à cheval l'un après l'autre, par troupes, ou autrement en grand nombre, & qui sans l'agrément de l'Electeur, Prince, ou Seigneur respectif de chaque endroit s'arrêteroient, pourlors l'Electeur, Prince, ou Etat, dans la principauté terres ou domaines des quels une telle milice s'assembleroit, les fera interroger, sous quels auspices, & au nom & profit de quel seigneur ils sont venus. Et en cas q'uils s'annoncent sous votre nom ou le nom de notre amé frere le Roi des Romains, & en puissent justifier par des passe-ports & certificats en duë forme, on les laissera passer par obéissance & à leurs frais, mais s'ils ne savent nommer aucun seigneur & garant, ou même s'ils en indiguoient un vraiment, mais ne pourroient prouver ni justifier qu'un tel leur Seigneur auroit obtenu de Nous la permission de les faire passer, ou qu'il a des raisons solides & plausibles à Nous connues pour ce faire, alors l'Electeur, Prince ou État, dans les principautés, terres ou domaines desquels s'arrêtent ces troupes, sera tenû d'employer toutes les voyes & diligences pour détacher, détourner & chasser de pareils gens assemblés ou isolés. Et en cas que ses forces ne lui permettent point de le faire seul, il requerra aussitôt les plus prochains Electeurs, Princes & États pour lui envoyer des secours d'hommes & d'armes, selon le nombre desdites troupes, afin de les dissoudre & les faire décamper de gré ou de force, pour éviter les torts & dommages qu'ils pourroient causer: & l'on contraindra leurs Chefs & Commandans, s'ils en ont, & qu'on les tient, ou qu'on les découvre dans la suite, de dédommager ceux à qui leurs gens ont fait des torts, en outre on les punira comme auteurs & instigateurs de ces bandes; ce que les Electeurs, Princes & États feront à la prémiére réquisition, comme sus-dit est, à leurs propres frais, si mieux n'aiment encourir nôtre disgrace, ainsi que celle de l'Empire, & subir en outre la peine de quarante marcs d'or pur applicables à Nous irrémisiblement, que Nous ordonnons à notre Fiscal Impérial d'exiger & de prendre aux désobéissans par toutes les voyes convenables. Et sera néanmoins l'Electeur, Prince & État, qui aura demandé des secours en droit & autorisé de former des plaintes pardevant la Chambre Impériale contre les refusans en réparation des torts & dommages soufferts pour raison du refus, & sera la dite Chambre tenue de les lui adjuger avec la modération qu'elle avisera être juste, & les dits désobeissans d'en répondre & de les réparer conformément à la sentence.

§. II. Et quoique pour des raisons sus-mentionnées l'on souffre une milice etrangère, ses Chefs & Commandans sont obligés de garantir avec serment le payement des vivres & munitions.

XXV.

De ceux qui restent au delà d'un an & jour dans la proscription.

Nous ordonnons, statuons, estimons, & voulons en outre, que celui, de qu'elle dignité, condition ou état qu'il soit, qui par entêtement & malicieusement sera resté an & jour dans la proscription, doit en outre, pour aggraver ses peines, être par l'Archévéque, l'Evéque ou leurs vicaires & officiaux dans les Diocèses où il se trouve domicilié, être excommunié.

XXIV.

De ceux qui pour infraction de paix sont proscrits.

Et celui ou celle, qui pour méfait,

comme il à èté & sera dit, ont été proscrits, n'en seront point rélévés ou absous, ni par Nous, ni en nôtre absence hors de l'Empire, par nôtre amé frere le Roi des Romains, si ce n'est avec l'agrément de la partie lésée, ou par la voye de justice.

XXVII.

Cassation de tous Privilèges obtenus contre cette paix.

Nous post-posons à la paix présente, tous & chacuns des graces, privilèges, immunités, coutumes, observances, pactes & obligations, émanés de Nous, ou de nos prédécesseurs dans cet Empire, ou d'autres quelconques en tout ce qu'ils pourront être contraires à la présente, de quelles paroles, clauses ou manieres qu'ils soyent concus ou faits. Tous lesquels Nous de nôtre plein pouvoir Impérial les cassons & voulons, que personne de quelle dignité, état ou condition qu'il soit, ne doive ni ne puisse prætexter, se garantir ou s'excuser par une telle grace, immùnité, observance ou pacte contre la présente paix & ordonnance.

XXVIII.

Cette présente ne doit point préjudicier à d'autres loix faites à ce sujet.

Les commandements concernant cette

paix

paix générale ainsi que les peines, bien loin de préjudicier à nos droits communs & aux loix de l'Empire, ni aux autres Ordonnances & Mandemens faits cy-devant à ce sujet, en tant que par les précédents articles il n'y a point été dérogé, en augmentent la même force, & un chacun sera obligé de s'y conformer dès le moment de sa publication.

XXIX.

Maintien & garantie de cette paix, loix & Ordonnance.

§. I. Mais puisque toutes Ordonnances, Mandemens & reglemens sont inutiles & sans vigueur, à moins qu'on ne les affermisse par une constante & vigoureuse défense & maintien. Pour cette raison & afin que le St. Empire, ses États & Sujets acceptent & jouissent avec d'autant plus de plaisir de cette paix, droit, & défense. Nous comme Empereur Romain sommes convenus pour le bien-être du St. Empire & de nos terres héréditaires avec les Electeurs, Princes & États d'Empire assemblés, ainsi qu'eux sont convenus avec Nous, avons consentis & Nous Nous sommes obligez de soutenir, maintenir & observer la présente paix & loi avec tout le zéle & ferveur possible: & en outre) surtout dans nos terres & domaines) d'ordonner à nos officiers de justice & sujets sous serment, ainsi que par nos Patentes, de la maintenir, observer, & faire observer autant que besoin.

§. II. Et s'il arrivoit, que les transgresseurs de nôtre présente paix, ou ceux qui témérairement & par désobeïssance s'opposeroient aux arrêts & mandemens de nôtre Chambre ou des Arbitres convenus: auroient trouvés ou se serviroient de chateaux, forteresses, assistances ou secours pour se soutenir dans leurs procédés hardis, ou si quelqu'un compris dans cette paix de quelle dignité ou condition qu'il seroit, écclésiastique ou laïque, auroit été défié ou lésé par un autre non compris dans y-celle, ou qui donneroit retraite, logement, secours ou assistance aux endommageurs & infracteurs, de façon qu'il seroit dangereux de procéder contre eux par voye d'exécution. Alors le Juge ou les Assesseurs de nôtre Chambre, ou la partie lésée Nous en donneront avis, ou en nôtre absence à nôtre amé frère le Roi des Romains: & en conséquence, si le cas l'exige Nous devons & voulons, ou ledit nôtre amé frere, convoquer aussitôt les Electeurs, Princes, Prélats, Comtes, Barons & autres États d'Empire, pour se présenter en personne, ou pour raison de légitimes empêchements par leurs plénipotentiaires, afin de délibérer & de déterminer conjointement avec Nous les moyens & manieres, par lesquels la partie lésée seroit réstituée & dédommagée, l'infracteur puni, & de même satisfait aux jugemens, à l'exécution desquels on se seroit opposé; & enfin pour y traiter & ordonner tout ce qui peut concerner la réligion chrétienne, le bien commun du

St. Empire, le maintient de cette paix & autres choses pareilles.

§. III. Nous devons & voulons aussi observer & maintenir réciproquement, ainsi que faire observer & exécuter nôtre & du St. Empire présente paix statuée & publiée conjointement avec l'Ordonnance & autres dispositions de droit. Et si quelqu'un ou quelqu'une, quiconque sans exception, osoit faire ou agir contre, en maniere quelconque, Nous nous prêterons mutuellement tous secours, avis & assistances contre lui ou contre elle sans jamais nous abandonner les uns les autres.

§. IV. Ordonnons en conséquence à tous & chacun, aux Electeurs, Princes, écclésiastiques & laïques, Prélats, Comtes, Barons, Seigneurs, Chevaliers, Servans, Bourguemaîtres, Juges, Conseillers, Bourgeois, Communautés, & à tous autres les fideles Sujets de Nous & du St. Empire, de quelle dignité, état ou condition qu'ils soient, sérieusement & fermément à vous tous de nôtre puissance Impériale, & sous les sermens & obligations, par lesquels vous Nous êtes à cause du St. Empire particulierement attachés, ainsi que sous l'obéissance, que vousdevez a nous & au St. Empire: & encore sous peine de la perte des graces, privilèges & droits, que vous aurez obtenu par Nous & par le St. Empire ou par d'autres. Mandant a cette fin, que vous observiez à l'avenir constamment & fermément cette paix cy-dessus prescrite & que vous suiviez nôtre Ordonnance en tous ses points & articles selon toute sa teneur: & qu'en outre vous ordonniez dans vos Principautés, Comtés, Seigneuries, Ressorts & Jurisdictions que chacun pourra avoir, que vos Gouverneurs, Vice-Doms, Baillifs, Inspecteurs, ou autres préposés quel nom qu'ils aient, ainsi que vos sujets observent & accomplissent ladite paix & que vous veilliez à ce qu'ils le fassent fidélement & avec zéle, sans jamais les en empêcher, ou faire quelque chose au contraire en quelle maniere que ce soit, ouvertement ou en cachette : le tout afin de ne pas encourir notre disgrace outre les peines du droit commun & des droits de l'Empire, ainsi que celles de la réformation royale. Or cette paix & Ordonnance, ne doit en aucune maniere préjudicier au droit commun, a nos droits & ceux du St. Empire, ni aux autres Ordonnances & Mandemens cy-devant publiés, mais plutôt les affermir, & sera dès le moment de la publication de la présente, chacun tenu de l'observer inviolablement.

Souscription & Signature des Etats & Plénipotentiaires à ce presens.

§. V. Y ont été présents Nos amés Neveux, Oncles, pieux & fidèles Electeurs, Princes & États en très grand nombre, & au lieu & place des absens les Ambassadeurs & Plénipotentiaires, ainsi que les Envoyez des Villes, comme ils sont tous comparus à cette présente Diéte tenuë à Augsbourg, ainsi qu'ils sont tous & chacun designés & nommés dans le Récès d'ycelle. En foi de ces Patentes ſcellées de notre Sceau Impérial y appoſé.

§. VI. Et Nous les Electeurs, Princes, Prelats, Comtes & Seigneurs & au lieu & place des abſents Princes, Prélats, Comtes, Seigneurs, & Villes libres & Impériales abſentes, les Ambaſſadeurs, Plénipotentiaires & Envoyés, ainſi que nous ſommes comparus à la préſente Diète tenüe a Augsbourg, & déſignés par nos noms à la fin du Récès d'ycelle, Nous reconnoiſſons & confeſſons, tant pour nous, que pour nos ſucceſſeurs & héritiers, de même pour nos Commettans & ſupérieurs, deſquels nous tenons nos Pouvoirs, ou par qui nous avons été envoyés à la préſente Diète, ainſi que pour leurs Succeſſeurs & héritiers, que la cy-deſſus preſcrite paix, & Ordonnance de ſa Majeſté, nôtre très gracieux Seigneur l'Empereur des Romains, & du St. Empire, & ce qui concerne ſa maintenue, a été projettée, reſtaurée, déclarée, établie & faite, de nôtre avis, aide & conſentement, laquelle Nous avons auſſi pour l'avancement du bien commun, & pour l'entretien d'une paix ſolide, accepté très humblement & Nous nous y ſommes obligés conjointement avec ſa Majeſté Impériale, & avons, ſous nôtre foi de Prince & bonne fidélité dit, donné nôtre parole & promis: & le faiſons maintenant de notre Su, & en vertu de ces Lettres, pour nous, nos Succeſſeurs & héritiers, & pour nos Conſtituans & Supérieurs, deſquels nous tenons nos Pouvoirs, & de qui nous ſommes envoyés, & pour leurs héritiers & successeurs, d'observer en toute obéissance ladite Ordonnance & paix générale, & de concourir fidèlement à son maintien & défense ainsi que d'ordonner par nos Patentes & enjoindre incessamment selon la teneur de la présente à nos officiers & sujets de faire la même chose sous serment. Et d'exécuter tous les points & articles y contenus autant qu'ils puissent nous concerner, de nous y conformer & les suivre fidèlement & sans fraude.

En foi de quoi Nous par la grace de Dieu, Sébastien Archévêque de Mayence &c. & Frédéric Comte Palatin du Rhin &c. tous deux Electeurs, en nôtre nom, ainsi qu'au nom & de la part des autres Coélecteurs. Nous Ernest Syndic du Chapitre de Saltzbourg, & Guillaume Comte Palatin du Rhin, Duc de la Haute & Basse Bavière, tant en nôtre nom qu'au nom & place des Princes écclésiastiques & laïques; Gerwig Abbé de Weingarten & d'Ochenhausen en nôtre nom ainsi qu'au nom des Prélats: Frédéric Comte de Fürstenberg Heiligenberg & Werdenberg &c. en nôtre nom & au nom des Comtes & Seigneurs, & Nous Bourguemaître & Sénateur d'Augsbourg en nôtre nom & au nom des Villes libres & Impériales, apposons à cette présente paix générale nos sceaux & armes. Fait à Augsbourg nôtre Ville Impériale le dernier du mois de Juin, l'an depuis la naissance de notre Seigneur Jesu Christ mille cinq-cent quarante-huit, le vingt-huitieme depuis notre élévation à l'Empire, & le trentetroisième de nos règnes.

TRANSACTION *concluë & ratifiée à Passau, sous l'autorité de Charles V. Empereur toujours Auguste, entre Ferdinand le Serenissime Roi des Romains, &c. & quelques Etats d'Allemagne, dite* la Paix Publique.

Le 2. d'Août 1552.

I. Nous Ferdinand, par la grace de Dieu, Roi des Romains, &c. Reconnoissons qu'ayant appris ci-devant par quelques bruits, que l'on commençoit de toutes parts à faire diverses démarches & plusieurs préparatifs de guerre dans le St. Empire de la Nation Allemande; & ce principalement à cause de la prison & détention du Prince Philippes Landgraves de Hesse, &c. Nous aurions fraternellement, affectueusement & très-humblement prié & requis Sa Majesté Impériale, nôtre cher frère & Seigneur, par le desir naturel, la fidélité, l'amour & l'inclination que Nous portons audit St. Empire, & à tous ses États & Membres, & particulierement par le zéle que Nous avons de conserver & procurer le salut, le repos, la paix & la concorde publique, comme aussi de détourner & empêcher l'effusion du sang Chrétien, la perte des personnes innocentes, & la désolation de la Patriè, de Nous vouloir permettre & accorder, ainsi qu'il Nous l'auroit permis & accordé fraternellement, de délibérer & traiter à l'amiable de l'élargissement dudit Landgrave, & des autres choses qui pourroient dônner occasion à quelque guerre.

II. Sur quoi Nous nous serions assemblé en nôtre Ville de Lintz les Fêtes de Pâques dernieres avec le Sérénissime Maximilien Roi de Bohême &c. nôtre cher & bien aimé son fils, & les Illustrissimes Maurice Duc Electeur de Saxe, & Albert Duc de Bavière, nos très-chers & bien aimés oncle & cousin; où ayant déliberé & consulté ensemble des moyens de pacifier toutes choses, Nous serions demeurés d'accord de faire convoquer à Passau, pour le 26. Mai, les Electeurs, Princes & Etats de l'Empire; pour en traiter avec Nous à l'amiable, & prévenir les divisions & la discorde de l'Empire.

III. Ensuite de quoi Nous aurions convié & appellé par nos Lettres les Electeurs & Princes comme médiateurs & arbitres avec Nous desdits différens & mouvemens, pour venir aviser aux moyens de remédier & couper court auxdites disputes, divisions & dissentions.

IV. Et pour cet effet, Nous, & ledit Electeur de Saxe, &c. nous serions rendus ici, & y seroient aussi comparus près de nous les Envoyez ci-après nommés des autres cinq Electeurs; sçavoir, au nom de l'Archévêque de Mayence, Daniel Brendel de Honbourg, Chanoine de la Métropolitaine de Mayence, Christoph Mathieu

Licentié ès Droits ſon Chancelier, & Pierre Echter; au nom de l'Archevêque de Cologne, Henry Salz-Burger & François Burckart, tous deux Docteurs; au nom de l'Archevêque de Treves, Jean de la Leyen Archidiacre de Treves, le Baron Philippes de Winnenberg & de Beyelsſtein grand Maître d'Hôtel de l'Archevêque de Trêves, & Felix Hornung Docteur; au nom du Comte Palatin Fréderic, le Comte Loüis de Stolberg Kœnigſtein & Rutſchefort, Jean de Duchheim Bailli de Creutzenach, Melchior Dreckſel Docteur & Jean Cötnick; au nom du Marggrave Joachim de Brandebourg, Adam Trotte Maréchal, Chriſtophe de la Straſſe, Timothée Jung & Lampert Diſtelmeyer, en perſonne le Reverendiſſime & Illuſtriſſime Erneſt Archevêque de Saltzbourg, & les Reverendiſſimes & Illuſtriſſimes Evêques Maurice d'Eichſtet & Wolfgang de Paſſau, & Albert Palatin du Rhin Duc de la haute & baſſe Baviere; & encore au nom de l'Evêque de Wirtzbourg, Henry Comte de Caſtel Chanoine de la Cathedrale dudit lieu, & Jean Zobel; au nom du Marggrave Jean de Brandebourg, &c. Adrien Albin Docteur Chancelier, André Zoch Docteur & Bartel de Mandeſto; au nom du Duc Henry, Cadet de Brunſwig, Vite Grummer; au nom de Guillaume Duc de Juliers, Guillaume Ketler, Guillaume de Neuenhoff, nommé Ley Maître d'Hôtel, Theodore de Schepſtatt & Charles Harſt Docteurs, au nom du Duc Philippes de Pomeranie,

Jacques Zitzewiz Docteur & Chancelier, & au nom de Christophe Duc de Wirtemberg, Jean Theodore de Pleningen, grand Bailli de Stuttgard, Loüis de Frauenberg, grand Bailli de Lauffen, Jean-Henry Hecklin & Caspar Beer, tous deux Docteurs, avec lesquels, comme négociateurs à ce convoquez, nous aurions mis les choses sur le tapis, & d'abord reçû dudit Electeur de Saxe & consors de la même union, les demandes & griefs en deux écrits, sur lesquels aïant ensuite diligemment & mûrement déliberé de quelle maniere ils pourroient être accommodez par la douceur, & les dangers éminens de la guerre détournez de l'Empire de la Nation Allemande par une ferme paix, tranquillité, & concorde publique; on seroit à la fin, après une longue négociation agitée de bouche & par écrit, convenu des moïens & des points suivans pour être referez & laissez au bon plaisir de sa Majesté Imperiale, & au consentement & ratification de l'Electeur de Saxe & de ses confederez, le tout conclu unanimement en la maniere suivante.

CHAPITRE PREMIER.

Licentiement des gens de guerre & élargissement du Landgrave Philippes de Hesse.

I. En premier lieu l'Electeur de Saxe, & les Princes & Etats ses consors qui entrent dans cet accommodemenr, se desisteront entierement de la voïe des armes qu'ils auroient commencé à prendre, & licentieront, casseront ou feront passer à notre priere, à Nous Roi Ferdinand & à notre solde, dans le onziéme ou douziéme jour prochain d'Août leurs soldats levez & enrôlez, donnant ordre que leurs troupes ainsi licentiées & débandées ne fassent aucun tort ou dommage à Sa Majesté Imperiale, à Nous ou aux Electeurs, Princes, Etats & Villes du saint Empire; se remettront & demeureront dans l'obéïssance qu'ils doivent à Sa Majesté Imperiale & à l'Empire; déchargeront aussi par leurs Lettres Patentes, dont copie sera ici inserée, les Etats & Villes qui se sont liguez & obligez avec eux dans leurs sermens, comme ils en sont dès-à-present déchargez en vûë de ces Patentes en vertu de la presente convention.

II. Le Landgrave Philippes de Hesse signera cependant, & ratifiera de nouveau la capitulation faite à Hall en Saxe, excepté les Articles déja ci-devant résolus, concernant la Ville de Cassel, ne se vengera en aucune maniere de sa détention & de son emprisonnement; au contraire se comportera, sa vie durant, envers sa Majesté Impériale, envers Nous & le saint Empire Romain, comme un Prince soumis & obéïssant, s'obligera par écrit à toutes les clauses ici insérées, & promettra de nouveau de les faire observer par ses fils & par ses États.

III. Les deux Electeurs de Saxe & de Brandebourg, & le Duc de Wolgang Palatin renouvelleront pareillement sans délai chacun leurs promesses faites il y a long-tems. & en délivreront les actes par écrit le sixiéme jour d'Août, à l'Illustrissime Princesse Dame Marie, Reine veuve de Hongrie & de Bohème notre chère sœur, & à son Président à Malines.

IV. Et réciproquement ledit Landgrave sera délivré de sa Prison, & rendu sain & sauf sans danger à Rhinfels audit onzième ou douzième jour d'Août; & sa Majesté Impériale ne se servira point contre les États qui auront accepté cette convention, des troupes qui sont assemblées en divers lieux à leur sujet, ni ne les incommodera point par leurs logemens & plus long séjour.

V. Permettra aussi sadite Majesté par grace particuli ere audit Landgrave d'achever les fortifications commencées de la Ville de Cassel. Demeurera pareillement en suspens l'exécution de toutes les sentences renduës pendant la détension dudit

Landgrave en faveur des Comtes de Naſſau, juſques à ce qu'on puiſſe après ſon élargiſſement y employer la voye de la douceur pour accommoder les parties ; & en cas que cette voye ne ſortiſſe ſon effet, ſera permis audit Landgrave, comme il eſt juſte, de produire de nouveaux témoins, des certificats, & autres pieces neceſſaires, qui n'avoient pû être auparavant produites faute d'Avocat durant ſadite détention, & alors ſeront revûës & examinées de nouveau leſdites Sentences & exécutoires, comme auſſi les plaintes & les défenſes par les Electeurs ſeuls qui ne ſont point intereſſez dans ladite cauſe, ou par leurs Conſeillers, & de plus par ſix Princes déſintereſſés de l'Empire, tous comme Commiſſaires de ſa Majeſté Impériale. Et pour ce qui regarde leſdits ſix Princes, les parties propoſeront chacune dans un mois du jour de l'élargiſſement, ſix Princes à l'Empereur, qui en choiſira trois d'un côté & trois de l'autre, parmi leſquels ſix il y aura du moins trois ſéculiers aſſiſtans en perſonne, ou par leurs Conſeillers, à ce commis ; leſquels Commiſſaires connoîtront avant toutes choſes s'il eſt à propos de juger ſur les pieces déja produites pendant ladite détention, & de ſuſpendre les ſentence & procédures ; comme auſſi prononceront & feront droit ſur les plaintes, défenſes, & tels autres actes que l'on pourroit encore produire ; & ledit accommodement ainſi à faire à l'amiable avec entiere déciſion, ſera ſans y manquer faite & parfaite au plus tard en deux ans, à compter de la date de cette convention.

VI. Quant aux autres points & articles alléguez de la part desdits Electeurs de Saxe & Landgrave Guillaume de Hesse, ils seront differés & demeureront en suspens jusqu'à ce que les autres plaintes & difficultés soyent vuidées de part & d'autre.

VII. Pareillement à l'égard de l'Administrateur de l'Ordre Teutonique, aussi bien que du Duc Henry de Brunswig & autres, qui ont recherché ou prétendent encore de rechercher le Landgrave à cause de la guerre derniere de Smalcalden, ils surséoiront aussi toutes poursuites jusqu'à ce que les plaintes générales soient appaisées.

VII. Comme aussi les actions nouvelles ci-dessus mentionées, lesquelles ont été intentées durant la détention du Landgrave, soit dans le Conseil Aulique ou ailleurs, seront revûës comme il est convenable avec contredits & défenses par les Electeurs & les Princes arbitres à la prochaine Diete; où le Landgrave même sera oui, comme il est necessaire, & il y sera conclu ce qui est juste & équitable; & cependant ne sera fait aucune procedure au Conseil Aulique de l'Empereur.

CHAPITRE II.

Des choses qui regardent la Religion, l'affermissement de la Paix, & l'exercice de la Justice.

I. POUR ce qui regarde les autres articles qui ont été proposez en cette pacification par l'Electeur de Saxe & ses conjoints, & en premier lieu la Religion, la Paix & la Justice; sa Majesté Imperiale se conformera exactement à l'offre faite dernierement de sa part à Linz, suivant la teneur de la réponse qui fut alors donnée; & fera convoquer dans six mois une Diete générale, où on traitera encore des moïens d'un Concile général ou National, ou d'une convocation ou Assemblée générale de l'Empire, pour assoupir & conduire par une voïe facile & prompte à une concorde veritablement Chrétienne les dissentions de la Religion, & procurer par ce moïen cette union de Religion, par tel secours de la part de sa Majesté Imperiale qu'il sera jugé necessaire à tous les Etats du saint Empire.

II. Et pour préparer les voïes à cette union, sera fait choix au commencement de cette Diete de quelques personnes sages & d'un esprit doux de nombre égal de l'une & de l'autre Religion, ausquelles sera donné ordre de déliberer comment & par quels moïens on pourroit commodément entendre ou établir cette reconciliation & concorde; ce choix toutefois ſera fait ſans préjudice des Princes Electeurs.

III. Et cependant ſa Majeſté Imperiale, ni Nous, ni les Electeurs, Princes & Etats du ſaint Empire, ne ſouffrirons point que l'on violente aucuns des Etats de la Confeſſion d'Augsbourg, par voïe de fait ou autrement à cauſe de la Religion, contre ſa conſcience & volonté, ou que l'on inſulte & attaque perſonne pour ce regard par la force & la voïe des armes, & qu'on lui faſſe aucun tort, injure, ou mépris par ordre ou autrement; mais on le laiſſera vivre librement & paiſiblement en ſa foi & en ſa Religion.

IV. Et réciproquement les Etats de la Confeſſion d'Augsbourg ne moleſteront en aucune maniere, pour raiſon de la préſente guerre les autres Etats du ſaint Empire de la Religion ancienne, tant Eccléſiaſtiques que Séculiers, en leur Religion, cérémonies, conſtitutions, biens, meubles, immeubles, domaines, ſujets, revenus, cens, rentes, ſuperioritez & Juriſdictions; mais les en laiſſeront uſer & joüir paiſiblement & tranquillement ſans rien attenter de deſſein formé contr'eux par force, voïe de fait ou autrement, & ſe contenteront de la voïe de la Juſtice ordinaire les uns contre les autres, ſuivant nos Ordonnances & celles du ſaint Empire, les Conſtitutions, Edits, Decrets & Recès de la paix faite; & ce ſous la peine contenuë dans ledit Traité de paix renouvellé depuis peu.

V. Ce-

V. Ce que les Etats de l'Empire résoudront & accorderont ensemble avec sa Majesté Imperiale en la Diete prochaine, sera ensuite inviolablement observé sans que personne ose y contrevenir en aucune maniere.

VI. Ne sera fait aucune chose contraire à cette Tréve, ou qui puisse lui préjudicier ou déroger, & tout sera garanti & ratifié en bonne & dûë forme, tant par sa Majesté Imperiale que par Nous & les Electeurs, Princes & Etats en vertu de cettr presente Transaction; sera pareillement ladite suspension d'armes signifiée & notifiée à la Chambre Imperiale & à ses Assesseurs, avec ordre sur leur serment de s'y conformer, & de rendre la Justice necessaire aux parties qui la demanderont, de quelque Religion qu'elles soient, & particulierement de laisser la liberté aux Assesseurs & aux Parties qui auront à faire serment, de le faire à Dieu & à ses Saints, ou à Dieu & sur les saints Evangiles.

VII. Sera aussi l'égalité observée dans les suffrages à donner & à demander, en faisant justice, & conservant le droit à un chacun. De même il a été résolu par le present Traité, que si pour ce qui regarde la presentation des Assesseurs & les articles qui concernent la Paix & la Justice, il arrivoit quelque chose de consequence & de considération, qui regardât l'ordonnance de la Chambre Imperiale; d'autant que la dite Ordonnance faite du consentement général des Etats en une Diete de l'Empire, personne autre ne pourra par conséquent y rien changer, ou retrancher dans l'occurrence, que sa Majesté Imperiale & lesdits Etats de l'Empire, & ce par la voie ordinaire, sçavoir la visite, ou autres tels moiens.

VIII. En quoi Nous & les Ambassadeurs des Electeurs, les Princes presens, & les Députez des absens, Nous offrons & sommes prêts d'emploïer toute la diligence possible, à ce que dans les affaires de la Religion, les parties n'aïent pas sujet de rien apprehender les uns des autres par la pluralité des voix, que l'on évite la partialité; que ceux de la Confession d'Ausbourg ne soient pas exclus de la chambre Imperiale, que les autres sujets de plainte, s'il s'en trouve, soient levez, & que le tout soit terminé & décidé en la prochaine Diete.

IX. Et pour cet effet Nous, ensemble les Ambassadeurs des Electeurs, les Princes presens, & les Envoïez des absens, avons prié humblement, & avec réverence sa Majesté Imperiale, qu'elle daigne, pour l'avancement & le maintien de la paix & de l'union, résoudre au plûtôt qu'il se pourra, selon son plein pouvoir, tous les points les plus necessaires, & entre ceux-là l'article qui concerne la presentation, afin que ceux de la confession d'Ausbourg ne soient pas exclus de la Chambre Imperiale, comme il a été dit ci-dessus.

CHAPITRE III.

Concernant la liberté de la Nation Allemande.

I. QUANT aux plaintes pour les choses qui se sont glissées dans l'Empire contraires à la liberté de la Nation Germanique, desquelles on a fait une addition aux articles de l'Electeur de Saxe; Nous aurions eu sans doute bonne volonté & un prompt desir, aussi-bien que les Ambassadeurs des Electeurs, les Princes presens, & les Envoïez des absens, d'en entreprendre la décision; mais attendu, comme nous ont rapporté les Conseillers de sa Majesté Imperiale députez à ce present Traité, qu'elle n'avoit eu jusqu'à present aucune connoissance de la plûpart desdites plaintes, ce qui avoit été cause qu'elle ne leur avoit donné aucun ordre ni instruction touchant lesdites affaires, qui d'ailleurs sont fort amples & de très-grande importance; comme aussi d'autant que le tems destiné à cette Assemblée expire en peu, & que si on vouloit examiner & résoudre toutes lesdites plaintes, comme il conviendroit faire, cela tourneroit au préjudice de l'Electeur de Saxe, & de ses conjoints, aussi-bien qu'au dommage de leurs sujets qui sont chargez de loger & faire subsister leurs troupes

II. Il a été pour ces causes trouvé bon

de renvoïer & remettre à la Diete prochaine ou à quelqu'autre Assemblée de l'Empire la décision de telles affaires; & comme la convention de Lintz, & les Conseillers de sa Majesté Imperiale qui sont ici presens font esperer, à quoi même nous nous appliquerons aussi de notre part, que sa Majesté Imperiale remplira dignement son Conseil Aulique de Conseillers Allemans capables d'examiner & décider les affaires tant générales que particulieres de l'Empire & de ses Etats, & que son intention étoit de faire traiter par des Allemans les affaires d'Allemangne, & de donner contentement à un chacun, étant si fort portée pour la Nation Allemande, qui est sa Nation, qu'elle aimeroit bien mieux augmenter & conserver autant qu'il est possible, que diminuer en aucune maniere son ancienne liberté, cette promesse a été par toute l'Assemblée reçûë avec actions de graces.

III. Et afin que l'Electeur de Saxe & ses adherans n'aïent pas sujet de craindre que ce qui est ici promis soit negligé ou differé, Nous, notre trés-cher fils le Roi Maximilien, les Electeurs & Etats du saint Empire, mettrons sur le tapis les plaintes alleguées, les representerons à sa Majesté Imperiale, & ferons en sorte qu'aprés avoir vû sur ce la Bulle d'Or, les autres Constitutions & Ordonnances du saint Empire, & les loüables & anciennes coûtumes de la Nation Allemande, toutes choses soient traitées & terminées en toute équité: Traiterons aussi & déciderons, par l'avis toutefois de ſa Majeſté Imperiale, au commencement de ladite Diete prochaine, des autres affaires, qui ne la regardent pas proprement, mais qui touchent les Etats particuliers & membres du ſaint Empire, à l'égard d'autres membres, ou que les particuliers peuvent avoir les uns contre les autres, ſoit pour la forme & maniere de conſulter ou de traiter, ſoit pour autre raiſon. Surquoi ſa Majeſté Imperiale a bien voulu promettre, qu'en ce qui la concernoit en particulier, elle agiroit avec des ſentimens ſi pleins de bonne volonté, que les Etats en général connoîtront évidemment, qu'elle n'a pas de plus grand deſir que de regler toutes choſes ſelon l'équité, préferant en tout l'utilité publique à ſes propres interêts, & traitant toutes ces affaires d'une maniere que tous les Etats auront ſujet d'en être ſatisfaits.

IV. Quant à l'article concernant le Roi de France, comme on a remarqué par la négociation de ſon Ambaſſadeur, que l'on y a allegué quelques moïens & points, tant pour la paix génerale, que pour ſes interêts particuliers; & d'autant que les points & les affaires qui regardent la paix generale de la Nation Allemande, ne touchent perſonne autre, que ſa Majeſté Imperiale, Nous, & les Electeurs, Princes & Etats du ſaint Empire, & que cette Aſſemblée n'eſt convoquée à autre fin, que pour procurer & maintenir la paix génerale, auſſi-bien que pour lever les plaintes dont il eſt queſtion, il a été eſtimé inutile d'en faire d'autre traité que le present.

V. Mais pour ce qui regarde les interêts particuliers dudit Roi de France, l'Electeur de Saxe, en vertu de la convention de Linz, peut s'informer (si déja ce n'a été fait) de son Ambassadeur ce que le Roi a à dire, desirer & demander à sa Majesté Imperiale pour le regard de ses affaires particulieres, & Nous en proposer ensuite les demandes, pour par Nous en être fait rapport à sa Majesté Imperiale, & sçavoir quelles sont sur ce ses intentions.

CHAPITRE IV.

Concernant la sureté & le retour de ceux qui ont été mis au Ban de l'Empire, à cause de la presente guerre.

I. QUANT à ceux qui à cause de la guerre derniere ont été mis au Ban, & ont encouru la disgrace de sa Majesté Imperiale, & ont encore part aux preparatifs de la guerre presente : Nous, ensemble les Ambassadeurs des Electeurs, les Princes presens, & les Envoïez des absens, n'avons pas manqué de faire nos sollicitations pour eux prés de sa Majesté Imperiale, de laquelle nous avons enfin obtenu que le Comte Albert de Mansfeld, avec son fils, le Rhingrave, le Comte Christophe d'Altenbourg, le Baron Jean de Heydeck, Friderick de Reiffenberg, Georges de Reckenroth, Sebastien Schertic, &c. & autres, qui à cause de ladite guerre sont tombez dans la disgrace de sa Majesté, & ont perdu leurs païs, Sujets & biens, entre lesquels se trouvent le Duc Othon Henry Comte Palatin, le Prince Wolff d'Anhalt, comme aussi les Barons, Seigneurs & Gentilshommes de Brunswic, & généralement tous autres de haute ou basse condition, nommez ou non nommez, qui à cause de la guerre presente sont tombez en la disgrace de sadite Majesté, & sont encore mêlez dans la presente guerre, seront reconciliez & reçûs en grace par sa Majesté Imperiale, sans aucune crainte pour le passé, comme dès-à-present ils sont reconciliez en vertu de la presente Transaction; bien entendu toutefois qu'ils rendront à l'avenir l'obéissance qu'ils doivent à sa Majesté Imperiale & à l'Empire, aussi-tôt que le present article qui sera inseré dans le cahier des plaintes générales sera résolu & défini, pour aprés s'y conformer & s'en tenir à ladite résolution & définition.

II. Ceux qui seront reconciliez & reçûs en grace, comme il a été dit, & qui cependant se tiennent hors de l'Empire & de la Nation Allemande, en France ou ailleurs, & servent contre sa Majesté Imperiale, seront tenus de se déclarer dans six semaines du jour de la presente Transaction, & ne serviront plus aprés ce tems-là contre sa Majesté Imperiale, ni contres les Etats de l'Empire, & seront de plus obligez, ledit tems expiré, de revenir en Allemagne dans deux mois au plus; à faute de quoi seront tout à fait frustrez & déchus de la presente grace & réconciliation.

CHAPITRE V.

Abrogation de toutes pour actions injures faites pendant cette guerre.

I. ET d'autant que dans les présens mouvemens de guerre, il est arrivé qu'on a exercé toutes sortes de nouveautés de fait & de conduite, & que quelques Electeurs, Etats & Villes ont été spoliez de leurs biens ou endommagez en autres choses, les Princes, & tous autres adherans à ladite guerre, restitueront toutes les Seigneuries, Villes, Bourgs, païs, sujets & biens qu'ils ont occupez, appartenans ci-devant à d'autres Etats, & les déchargeront des sermens & des engagemens par lesquels ils s'étoient obligez à eux, & seront les Villes Imperiales conservées en leurs anciens privileges & franchises.

II. Pareillement Sa Majesté Imperiale, pour laffection qu'elle a à la paix generale, & pour éviter de plus grands inconveniens, casse & abolit entierement de ſa pleine puiſſance & autorité Imperiale, toutes les actions & demandes que les Etats, Villes ou perſonnes particulieres lezées auroient à intenter à cauſe du dommage qu'ils ont ſouffert, contre les Princes auteurs de ladite guerre, & contre leurs adherans, & réciproquement celles de ſes adhérans contre les autres Etats: Veut toutefois Sa Majeſté Imperiale penſer avec Nous & les Etats de l'Empire aux voïes & moïens équitables par leſquels les Etats & Villes leſées, puiſſent être récompenſées & dédommagées de leurs pertes, ſans y intereſſer les Etats auteurs de cette guerre, & ce afin d'ôter toute occaſion à d'autres plus grands remuëmens, & maintenir inviolablement la paix.

CHAPITRE VI.

Touchant le Comte Palatin Otton Henry.

SUIVANT la ſupplication à Nous faite de la part du Duc Otton Henry Comte Palatin par ſes Envoïez: Nous, enſemble les Ambaſſadeurs des Electeurs, les Princes preſens & les Envoïez des abſens, avons employé nos offices près de ſa Majeſté Imperiale en ſa faveur, & obtenu d'elle que ſon païs du Duché de Neubourg avec ſes appartenances demeureront audit Palatin.

CHAPITRE VII.

Sûreté generale pour tous les gens de guerre.

I. Les Electeurs, Princes, Etats & Villes participans à cette guerre, tous Officiers, soit Maréchaux de Camp, Colonels, Capitaines, Commandans, soit généralement tous autres gens de guerre, quelque nom qu'ils puissent avoir, ensemble leurs adherans & participans à cette guerre, de haute ou basse condition, nommez ou non nommez, seront sans aucune difficulté reçûs en grace, & toutes hostilitez faites contr'eux, ou par eux contre d'autres en général ou en particulier, justement ou injustement, secretement ou publiquement, seront assoupies & abolies de part & d'autre, seront toutefois obligez de faire à l'avenir leur devoir, & d'étre obéissans & fideles à sa Majesté Imperiale, à Nous & au saint Empire.

II. Le Comte Rheinhard de Solms, après avoir donné caution, & tous les autres prisonniers de part & d'autre seront remis en liberté sans rançon ledit onze ou douze d'Août.

III. Que si le Marggrave Albert de Brandebourg veut pareillement renoncer à la guerre, licentier ses troupes dans ledit tems, & accepter la presente Transaction, & y consentir de sa part, observant cependant la ſuſpenſion d'armes, ſans endomager ou moleſter perſonne par lui ou par ſes troupes, il ſera pareillement compris dans cette convention.

IV. Pour ce qui concerne la reſtitution, que demande la Nobleſſe de Brunſwic, de leurs maiſons & des biens dont ils ont été dépoüillez par le Duc Henry Cadet de Brunſwic; comme auſſi le paîement de quelques dettes: Sa Majeſté, pour éviter des ſuites plus dangereuſes, procurer le repos & l'union dans l'Empire, & en faveur de la paix & du bien public, établira pour ſes Commiſſaires les deux Electeurs de Saxe & de Brandebourg; comme auſſi le Marggrave Jean de Brandebourg & le Duc Philippes de Pomeranie, leur donnant de ſa pleine puiſſance & autorité Imperiale, ordre & plein pouvoir de convoquer & faire aſſembler ladite Nobleſſe en lieu commode, écouter leurs plaintes & demandes touchant ladite reſtitution & ledit paîement, & enſuite accommoder leur differend à l'amiable, s'il eſt poſſible; & même s'ils trouvent que ledit Henry Duc Cadet leur doive quelque choſe, en vertu de promeſſes, & obligations inconteſtables, de le convier ſelon, ce qui eſt juſte à les acquiter; ſinon & en cas que la voïe de la douceur n'ait aucun effet par la faute de l'une ou de l'autre partie, de faire enſorte de la part de ſadite Majeſté, que leſdits Gentilhommes ſoient rétablis & remis en la poſſeſſion de leurs maiſons & deſdits biens dont ils ont été chaſſez, & qu'ils y puiſſent être protegez

& maintenus ; & se fera & achevera ledit accommodement à l'amiable, ou la restitution réelle, sans manquer dans trois mois au plus-tard, à compter de la date de la presente convention ; sauf à chaque partie, après la restitution faite, à poursuivre en tems & lieu, ainsi qu'il convient & qu'il est juste, les pretentions & demandes qu'elles peuvent avoir & faire les unes contre les autres.

V. Seront pour ce sujet Sa Majesté Imperiale Nous & les Electeurs requis, tenus d'aider, défendre : proteger & maintenir sans contradiction ni retardement aucun lesdits Commissaires en ce qu'ils auront traité & décidé en consequence de ladite commission.

VI. Fera de plus Sa Majesté Imperiale publier un Mandement précis & formel, portant défenses sous peine du ban au Duc Henry d'inquieter à l'avenir & endommager lesdits Seigneurs & Gentilshommes du païs de Brunswic en leurs personnes, terres, biens, & principalement en leurs bois, jusqu'à ce que les Commissaires en aïent pris connoissance & terminé leur differend à l'amiable, ou par la voïe de la Justice.

CHAPITRE VIII.

Concernant les Villes de Coslar & de Brunswic.

MANDERA pareillement & ordonnera Sa Majesté Imperiale ausdits quatre Electeurs & Princes, comme ses Commissaires, d'écouter & accommoder à l'amiable, selon l'équité, les plaintes & demandes que le Duc Henry de Brunswic; & les deux Villes de Brunswic & de Coslar ont à faire les uns contre les autres, & de leur faire publier pareil Mandement de Sa Majesté à ce qu'ils aïent sous peine du ban, à cesser de part & d'autre leur armement & apprêt de guerre, de s'abstenir de toutes voïes de fait, & de se soûmettre à l'accommodement amiable desdits Commissaires Imperiaux, ou bien de terminer leurs differens par la voïe ordinaire de la Justice, suivant les Constitutions de l'Empire.

CHAPITRE IX.

Que Sa Majesté Imperiale s'obligera de garder la presente Transaction.

I. TOUTES lesquelles choses ci-dessus écrites & spécifiés dans chaque article, seront par sa Majesté, en ce qui la concerne elle-même, observées & executées fermement; inviolablement & sans contradiction aucune, en vertu de la ratification qu'elle en fera expedier pour elle & pour ses successeurs, sans attenter ou faire publier, permettre à présent ou à l'avenir, que l'on attente, fasse ou publie aucune chose au contraire, sous son autorité ou sous quelqu'autre prétexte ou nom que ce puisse être, & ce nonobstant tous autres Decrets faits ou publiez contraires à cette convention, voulant préferablement à toutes choses maintenir, défendre & proteger tous les Etats du saint Empire, compris dans la présente Convention & Tréve, & dans ses Articles.

II. Que si quelque ou quelques Etats entreprenoient, en quelque maniere ou sous quelque prétexte que ce soit, de violenter, attaquer, offenser & troubler quelque autre ou quelques autres Etats (ce qu'on n'espere pourtant pas qu'il arrive) Sa Majesté Imperiale se joindra à la partie lesée pour par son assistance Imperiale & son Conseil, ainsi qu'il est du devoir de Sa Majesté & de la justice, les chasser & en détourner tout attentat & toute injure.

CHAPITRE X.

Consentement des Princes auteurs de la presente guerre à la presente Transaction.

Et de notre part Nous, Electeur de Saxe, Othon Henry Comte Palatin, Jean Albert Duc de Mecklenbourg, & Guillaume Landgrave de Hesse, &c Confessons publiquement que tous & chacuns les points & Articles cydessus écrits ont été traitez, decidez & conclus de notre science & volonté; que Nous y consentons & promettons en général & en particulier, en notre nom & au nom de nos héritiers & successeurs, & de tous ceux qui Nous ont adhéré ou adhérent en cette affaire ou expédition militaire, qui ratifieront cette Transaction, de maintenir & exécuter lesdits Articles en conséquence de la présente Transaction, &c. sur notre honneur & qualité de Princes, de bonne foi & parole de vérité, vraïement, fermément, effectivement, entiérement, & inviolablement en ce qui touche chacun de Nous; que pour cet effet Nous ne molesterons, attaquerons, violenterons, offenserons ou troublerons par voïe de fait, sous quelque prétexte ou en quelque maniére que ce soit, publiquement ou clandestinement, par Nous ou par d'autres, aucun Etat compris en ladite préſente pacification, ou qui l'acceptera ci-après; bien au contraire Nous donnerons en conformité de la paix générale ci-devant faite, des Conſtitutions de l'Empire & de cette Tréve & convention, toute ſincere aſſiſtance & conſeil à ceux qui obſervent & obſerveront le préſent accord contre ceux qui ne l'obſerveront pas; ou qui agiront, traiteront & entreprendront quelque choſe qui y ſera contraire, ou moleſteront ceux qui l'obſerveront, les offenſeront, endommageront leur feront injure, ou permettront qu'elle leur ſoit faite par voïe de fait, engagement ou autrement, ſans que Nous prétendions Nous en diſpenſer par aucune choſe, quelle qu'elle puiſſe être inventée ou entrepriſe à l'avenir au contraire, annullans & aboliſſans pour cet effet tout ce qui pourroit être entendu ou expliqué en un ſens contraire aux préſentes, quelque nom que cela ait, & que Nous voulons tenir ici comme expreſſément ſpécifié, pour y renoncer & déroger, comme dès-à préſent Nous y renonçons & dérogeons; Nous déportans entiérement, en vertu du préſent Acte, & en toute la meilleure & plus autentique forme, de tout ce qui pourroit être contraire ou s'entendre & s'imaginer contraire à cet accord, & aux préſens engagemens.

CHAPITRE XI.

Consentement réciproque du Roi des Romains & des Electeurs Arbitres.

I.

Et afin de lever tout doute ou sujet de méfiance de part & d'autre, Nous, Roi Ferdinand, &c. & Nous, Roi Maximilien, &c. Comme aussi Nous Electeurs & Princes, tant Ecclesiastiques que Séculiers, Nous déclarons, & sommes demeurés d'accord, qu'en vertu de la Transaction & décision présente; sçavoir, Nous, deux Rois, pour Nous, nos héritiers & successeurs, & Nous, Electeurs & Princes Séculiers, & pour Nous & nos héritiers & successeurs irrévocablement, que Nous tous, tant pour Nous-mêmes, & pour nos successeurs, que pour nos Roïaumes, Archevêchés & Evêchés, hommes, païs, sujets, serviteurs & adhérans, autant qu'en Nous est, & à chacun en droit soi, n'agirons en aucune maniére contre cet accord, & que si quelque partie, contre toute esperance, vouloit proceder à l'encontre présentement ou à l'avenir, & inquiéter, insulter & maltraiter quelque autre partie par voïe de fait, publiquement ou clandestinement, & non pas s'en abstenir, quand elle en sera avertie; alors Nous

& eux, & nos successeurs donnerons secours & assistance, conformément à la paix générale, aux Constitutions de l'Empire, & à cette convention & Tréve, à la partie qui seroit, au préjudice de la présente convention, grevée, molestée, attaquée & lesée, autant que le requereront les remontrances & pieces justificatives produites devant Nous tous & nos successeurs, contre l'autre partie qui n'auroit pas voulu acquiescer à ce que dessus, mais auroit voulu continuer la voïe de fait.

II.

Et pour proceder à ce que dessus, la partie qui croira que quelque autre partie aura enfreint cette Tréve, ou y aura contrevenu, elle ne préviendra point l'autre par la force ou la voïe de fait; mais elle renvoïera avant toutes choses l'affaire à Nous, ou ausdits Electeurs & Princes comme Entremetteurs, lesquels se mettront sans délai à la négocier & accommoder à l'amiable, & ce qui sera par Nous ou par eux décidé & conclu, tiendra lieu de Sentence, à laquelle les Parties se soumettront sans aucune difficulté de part ni d'autre, & si elles refusent d'y acquiescer, alors on y emploïra toute sorte de secours & d'assistances, comme il a été dit.

III.

Lesdits Médiateurs transigeront l'affaire avec la même fidelité qu'ils sont obligés à Sa Majesté Imperiale, & donneront assiſtance à l'acquiſçant contre le refuſant, ceque l'Empereur ne déſapprouvera pas.

La conclusion du Traité eſt ainſi énoncée.

Er d'autant que l'Electeur de Saxe, ſes adhérans & confederés ont volontairement accepté & promis de tenir cette Capitulation, & tous & chacuns ſes points & articles, Sa Majeſté les a auſſi favorablement approuvés & ratifiés pour le plus grand bien & avantage de l'Empire, & Nation Allemande ſa patrie. En témoignade & foi de quoi trois Expeditions ont été dreſſées de même ſens & teneur, & ſignées de Nous, Roi Ferdinand, & des Electeurs de Mayence & Palatin Frideric; comme auſſi de l'Evêque de Salzbourg, du Duc Albert de Baviere, & des autres Electeurs & Princes, comme Arbitres & Médiateurs, & de l'Electeur de Saxe & du Landgrave Guillaume de Heſſe, tant pour eux que pour leurs adhérans, avec les Sceaux d'un chacun; & de ceſdites Expeditions, l'une ſera délivrée à Sa Majeſté Imperiale, la ſeconde aux Etats généraux de l'Empire, & la troiſiéme à l'Electeur de Saxe & à ſes adherans. Fait à Paſſau le ſecond jour du mois d'Août, l'an de grace 1552. & de nos Regnes, ſçavoir des Romains le vingt-deuxiéme, & des autres le vingt-ſixiéme.

EXTRAIT DU RECES ou Resultat conclu entre Ferdinand Roi des Romains, & les Etats de l'Empire, en la Diete d'Ausbourg - l'an mil cinq cents cinquante, cinq, que l'on appelle communément la Paix de Religion.

NOUS Ferdinand, par la grace de Dieu, Roi des Romains, Auguste, Roi d'Allemagne, Hongrie, Boheme, Dalmatie, Croatie, Esclavonie, &c Infant d'Espagne, Archiduc d'Autriche, Duc de Bourgogne, Brabant, Stirie, Carinthie, Carniole, Luxembourg, Wirtemberg, haute & basse Silesie, Prince de Suabe, Marggrave du saint Empire Romain en Burgau, de Moravie, de la haute & basse Lusace, Comte Prince de Habsbourg, Tirol, Ferrete, Kybourg & Gortz, &c. Landgrave d'Alsace, Seigneur de la Marck, de Sclavonie, du Port de Naon & de Salins. Certifions & sçavoir faisons à tous & un chacun qu'il appartiendra, que diverses déliberations de Paix aïant occupé longtems les Conseillers des Electeurs, les Princes & Etats présens, & les Députés des absens, lesquels ont appris par experience, & par ce qui est déja arrivé, que dans toutes les Dietes & Assemblées convoquées depuis plus de trente ans, on a fait & tenu en vain plusieurs négociations & conferences sur les moïens d'établir une Paix générale, ferme & constante entre les Etats du saint Empire, principalement touchant le point de la Religion; & que l'on n'en a jamais trouvé d'assés efficaces pour ôter sa mésintelligence & la méfiance des uns à l'égard des autres. Ce qui auroit produit de grandes contestations, & de grands désordres dans l'Empire; en sorte que si on ne stâchoit d'y apporter du remede par quelque Traité, qui pût accorder la diversité des Religions, & faire voir à quoi les Etats de l'une & faire voir à quoi les Etats de l'une & de l'autre Communion ont à s'en tenir, il n'y en auroit aucune parmi eux, & ils seroient perpetuellement exposés aux insultes les uns des autres. A ces causes pour lever cette incertitude dangereuse, remetre les esprits des Etats & sujets de l'Empire en repos, & dans une confiance mutuelle, & pour garantir en même tems l'Allemaane notre très-chere Patrie, de sa ruine & désolation totale, Nous nous sommes assemblés & avons déliberé avec les Conseillers des Electeurs, les Princes & Etats comparans, & les Envoïez & Députez des absens, & eux avec Nous.

I.

Et en conséquence de ce, Nous statuons, ordonnons, voulons & mandons, qu'à l'avenir personne, de quelque dignité, qualité & état qu'il le soit, pour aucune raison, quelque nom qu'elle puisse avoir, & sous quelque prétexte qu'on puisse trouver, n'ose à attaquer qui que ce soit, ou lui faire la guerre ou aucun tort, dommage, invasion, siege, soit par soi-même, soit en se servant pour cela d'autres personnes, à occuper ou prendre par force & voïe de fait, ou endommager par incendie ou aucune autre maniere, au préjudice d'autrui, Château, Ville, Bourg, Forteresse, Village, Métairie, & Hameau. Défendons pareillement de donner secours, logemens, retraites ou vivres à tels destructeurs & usurpateurs; Voulans au contraire que chacun soit traité avec amitié & charité Chrétienne.

II.

Et pour cet effet nul Etat ou membre de l'Empire n'interrompra ni ne coupera à quelqu'autre le libre passage des vivres, le commerce & le trafic, ni saisira ses rentes, cens & revenus; mais Sa Majesté Imperiale & Nous laisserons joüir tous les autres Etats; & les Etats pareillement laisseront joüir Sa Majesté Imperiale & Nous, & les Etats les uns les autres, de toute la teneur & étenduë de la pacification suivante de Religion & des Constitutions générales de Paix établies dans l'Empire.

III.

Et afin que cette Paix puisse être faite, établie & observée plus fermement & exactement entre Sa Majesté Imperiale, Nous, & les Electeurs, Princes & Etats de l'Empire & Nation Allemande (ainsi que la nécessité extrême de l'Empire le requiert, tant à cause de ces disputes de Religion, que pour d'autres raisons très-importantes) il a été convenu que ni Sa Majesté Imperiale, ni Nous, ni les Electeurs, Princes & Etats du saint Empire, n'attaquerons, ni endommagerons, ni ne violenterons en aucune maniere par voïe de fait ou hostilité, aucuns Etats de l'Empire pour raison de la Confession d'Ausbourg, de sa doctrine, Religion & foi, ne les déporterons contre leur conscience & volonté de cette Religion, foi, usages, regles & céremonies d'Eglise, tant celles qui sont déja instituées, que celles qu'ils pourroient encore instituer suivant la Confession d'Augsbourg.

IV.

Que Nous ne les troublerons en leurs Principautez, païs & Seigneuries, ne les molesterons ou mépriserons par Mandemens ou autres tels Actes; mais les laisserons joüir tranquillement & paisiblement de l'exercice de cette Religion, foi, usages, regles & céremonies d'Eglise, aussi-bien que de leurs facultez, biens meubles, immeubles, Provinces, hommes, Domaines, superioritez, dignitez & Juridictions. Et cette Religion differente ne sera ramenée à un sentiment & accord unanime que par des moïens doux & paisibles; le tout sur la foi de la dignité Imperiale & Roïale, sur l'honneur

& parole véritable de Prince, & ſous la peine contenuë en la Paix générale.

V.

Pareillement les Etats de la Confeſſion d'Ausbourg, laiſſeront réciproquement Sa Majeſté Imperiale & Nous, auſſi-bien que les Electeurs, Princes & Etats de l'Empire qui profeſſent la Religion ancienne, Eccleſiaſtiques & Séculiers, leurs Chapitres & Etats Eccléſiaſtiques, quelque part où ils puiſſent avoir tranferé leur réſidence; (bien entendu toutefois que l'on adminiſtrera ces Charges & fonctions comme il en ſera diſpoſé ci-après par un article particulier) dans le libre, paiſible & tranquille exercice de leur Religion-foi, uſages, regles & céremonies d'Egliſe, & dans la poſſeſſion de leurs facultez, biens meubles & immeubles, païs, hommes, Domaines, ſuperioritez, dignitez & Juriſdictions, rentes, cens, dixmes, ſans y attenter par voïe de fait ou autrement, ſe contentans de la voie convenable & ordinaire de la Juſtice les uns envers les autres, conformément aux Loix, Ordonnances, & Conſtitutions du ſaint Empire, & à la paix générale qui y eſt etablie, le tout ſur l'honneur & qualité de Prince, ſous leur ſerment, & ſous la peine contenuë en la Paix générale.

VI.

Et pour les autres qui ne profeſſent ni l'une ni l'autre de ces deux Religions, ils ne sont pas compris en cette Paix ; mais en sont totalement exclus.

VII.

Et comme sur la contestation qui s'est émuë pendant la négociation de cette Paix, où on a agité si un ou plusieurs venoient à se séparer de la Religion ancienne, ce que l'on feroit de leurs Archevêchez, Evêchez, Prélatures ou Bénéfices, les Etats de l'une & de l'autre Religion n'ont pû rien regler. Nous, en vertu du pouvoir & de la permission de Sa Majesté Imperiale, avons déclaré & ordonné, comme Nous le déclarons & ordonnons par ces présentes de notre certaine science, que si quelque Archevêque, Evêque, Prélat ou autre Ecclesiastique venoit à se séparer de ladite Religion ancienne il sera tenu d'abandonner en même tems, sans répugnance ni délai son Archevêché, Evêché, Prélature, ou autre Bénéfice avec tous les fruits, & revenus qu'il y possedoit, sans préjudice toutefois de son honneur ; & il sera permis aux Chapitres, ou à ceux à qui il appartient de droit ou de coûtume d'Eglise, d'élire ou d'ordonner une personne de la Religion ancienne, laquelle demeurera de même paisiblement & sans empéchement avec les Chapitres & autres Eglises dans leurs fondations Ecclésiastiques, Elections, présentations, confirmations, anciennetez, Jurisdictions, & biens meubles & immeubles, toutefois sans préjudice de l'accommodement à l'avenir qui pourra se faire finalement touchant la Religion à l'amiable, & comme il appartient à des Chrétiens.

VIII.

D'autant que quelques Princes, Etats de l'Empire, & leurs prédeceſſeurs ont uſurpé & appliqué aux Egliſes, Ecoles, & à autres uſages, quelqué fondations, Monaſteres & autres biens d'Egliſe, leſquelles n'appartiennent point à ceux qui ſont immédiatement ſujets de l'Empire, & ſont cependant Etats de l'Empire, & dont les Eccléſiaſtiques n'avoient pas la poſſeſſion du tems de la Tranſaction de Paſſau, ni ne l'ont pas euë depuis, leſdits biens ſeront compris dans la préſente pacification. Et on en demeurera pour ce regard à la diſpoſition que chaque Etat ſe trouve avoir faite deſdits biens uſurpez & alienez; & leſdits Etats qui s'en ſont emparez, ne ſeront point recherchez ni pourſuivis en Juſtice, ni hors de la Juſtice, pour raiſon de ceſdits biens; & ce en vûë de maintenir une Paix conſtante & perpetuelle; défendons pour cet effet par cette préſente Conſtitution, aux Juges & Aſſeſſeurs de la Chambre Imperiale d'en connoître, ni de décerner aucune ſommation ou citation, Mandement ou autre procedure, pour raiſon deſdits biens uſurpez & alienez.

IX.

Et afin qu'un chacun de l'une & de l'autre Religion puiſſe être, & demeurer enſemble en une parfaite Paix, concorde & ſûreté, la Juriſdiction Eccleſiaſtique ne s'étendra point, ni n'aura aucun lieu contre ceux de la Confeſſion d'Ausbourg, leur Religion & foi, conventions, pactions, uſages, regles & céremonies d'Egliſe déja établies, ou qui pourroient encore s'établir juſqu'à la réconciliation finale des Religions : ce qui ſe doit entendre toutefois, ſans préjudice des Eccleſiaſtiques Electeurs, Princes & Etats, Colleges, Monaſteres & Religieux, à l'égard de leurs rentes, cens, revenus & dixmes, des Fiefs ſéculiers, & des autres droits & Juriſdictions ; mais à cette Religion & foi, ſes uſages, régles & céremonies d'Egliſe, ſes exercices & fonctions, ſera laiſſé leur cours ordinaire, comme il ſera ſpecifié ci-après par un article particulier, ſans qu'il leur ſoit apporté aucun trouble ou empêchement ; au moïen de quoi cette Juriſdiction Ecléſiaſtique demeurera, comme il a été dit, ſur ce interdite & ſuſpenduë, juſqu'à la réunion finale des Religions ; mais en toutes les autres affaires & rencontres qui ne touchent pas la Confeſſion d'Auſbourg, ſa Religion & foi, ſes uſages, regles, céremonies d'Egliſe, ni les fonctions des Miniſteres, ladite Juriſdiction Eccléſiaſtique ſera & pourra être à l'avenir, comme elle eſt à préſent exercée ſans empêchement par les Archevêques, Evêques, & autres Prélats, ainſi que l'exercice en a été introduit en chaque lieu, & qu'il ſe trouve en uſage, joüiſſance & poſſeſſion.

X.

Comme aussi aux Etats qui sont de la Religion ancienne, demeureront toutes leurs rentes, cens, censives, revenus & dixmes, ainsi qu'il a été dit, réservant toutefois à chaque Etat, sous la Justice duquel sont situez lesdites rentes, cens, revenus, dixmes ou biens, sa superiorité, rentes, & Jurisdiction sur cesdits biens, en la même maniere qu'il l'avoit avant le commencement de cette division de Religion, & qu'elle étoit en usage, sans qu'il lui soit fait aucun tort; & ceux qui sont obligez d'administrer les fonctions des Eglises, Paroisses & Ecoles, les aumônes & les Hôpitaux, retiréront desdits biens ce qu'il convient pour y pourvoir; & de même qu'ils faisoient auparavant, ils le feront encore, de quelque Religion qu'ils soient.

XI.

Que si on venoit à avoir quelque different ou mésintelligence au sujet de cette administration, les Parties nommeront, pour accommoder leurs demêlez, une ou deux personnes pour arbitres; lesquelles, cas avenant qu'elles ne puissent pas convenir entr'elles, choisiront un troisiéme qui ne sera point partial, & aprés avoir écouté sommairement les deux parties, déclareront dans six semaines, combien ce qui sera fourni pour l'entretenement desdites Charges; & cependant ceux qui seront recherchez pour ladite administration, ne pourront être dépossedez de ces biens qu'ils se trouveront occuper, & ces biens ne pourront être saisis ni arrêtez avant que les arbitres aïent prononcé leur Sentence, pour la décision du differend, & ceux qui d'ancienneté y ont pourvû, seront aussi tenus d'y pourvoir pendant ce tems-là, & jusques à ladite décision.

XII.

Les Etats de l'Empire ne porteront entr'eux par force ni par adresse à leur Religion aucun Etat ni ses Sujets, ni ne les prendront en leur protection, ou défendront en aucune maniere contre leurs Seigneurs, ce qui toutefois ne doit point préjudicier ni rien retrancher à ceux qui ont auparavant accepté des Protecteurs.

XIII.

Que si nos Sujets, ou ceux des Electeurs, Princes & Etats de l'une ou de l'autre Religion, vouloient à cause de leur Religion, sortir de nos païs, Principautez, Villes & Bourgs, ou de ceux des Electeurs, Princes & Etats du S. Empire, & se retirer & demeurer avec leurs femmes & enfans en quelqu'autre lieu; cela leur sera permis & accordé à tous; comme aussi la vente de leurs biens & facultez sans empêchement, & sans préjudice de leur honneur & de leur serment, moïennant un dédommagement raisonnable pour la proprieté de leurs personnes, comme il a été partiqué & observé d'ancienneté en chaque lieu: Ne derogera toutefois la présente disposition, ni ne préjudiciera en rien à la Jurisdiction, que les Seigneurs ont d'ancienneté sur leurs Sujets ou gens propres, pour en avoir déclaré quelques uns libres ou non libres.

XIV.

Et d'autant que l'on doit rechercher par voïes raisonnables & équitables, une réconciliation parfaite dans ce qui concerne la Religion, & qu'il n'est pas bien facile d'y parvenir sans une paix ferme & constante, Nous, ensemble les Conseillers des Electeurs, en la place des Electeurs mêmes, les Princes & Etats présens, & les Députez & Envoïez des absens, tant Ecclésiastiques que Séculiers, avons stipulé cette suspension d'hostilitez en faveur de cette chere Paix, pour ôter la méfiance qui regne parmi les peuples, à la ruine de l'Empire, garantir cette louable Nation de la désolation dont elle est menacée, & pouvoir d'autant plûtôt parvenir à une réünion Chrétienne, paisible & finale des differentes Religions: observerons inviolablement la présente pacification, & l'exécuterons fidelement en tous les articles, jusqu'à la réünion Chrétienne paisible & finale des Religions; & arrivant que cette union ne s'ensuivit pas par la voïe du Concile général, ni par celles des Assemblées Nationales, & négociations qui s'en feront dans l'Empire, cette suspension néanmoins ne laissera pas de subsister & de demeurer dans sa force & vertu en tous ses points & articles jusqu'à ladite réconciliation finale de Religion ; & pour cet effet non seulement elle demeurera établie & concluë en la maniere susdite, mais passera même en tout évenement pour une Paix ferme, constante & perpetuelle, en vertu des présentes.

XV.

La Noblesse libre, qui est immédiatement soumise à Sa Majesté & à Nous, sera pareillement comprise en cette Paix ; en sorte qu'elle ne soit en aucune maniere violentée, molestée, ou grevée par qui que ce soit pour le sujet de la Religion.

XVI.

Dans les Villes libres Imperiales, où la Religion ancienne a eu cours & usage, aussi bien que celle de la Confession d'Ausbourg depuis quelque tems ; les Bourgeois & autres habitans, tant Ecclésiastiques que Séculiers, demeureront ensemble paisiblement & tranquillement, ainsi que lesdits Etats superieurs immédiats de l'Empire, en la possession & joüissance de leur Religion & foi, de leurs usages, regles & cérémonies d'église, de leurs facultez, biens & autres choses, sans s'y troubler, inquiéter, & donner aucun obstacle les uns aux autres.

XVII.

Tout ce qui se trouvera, ou se pourroit alleguer contraire à cette réserve, & à tous ses points & articles dans les précedentes Conſtitutions, n'y préjudiciera ni dérogera en aucune maniere; & on ne pourra proceder contre la préſente convention, ni par la voïe de la juſtice ni par aucune autre voïe.

XVIII.

Ce qui étant ainſi convenu & accordé, Sa Majeſté Imperiale & Nous, promettons ſur nos dignitez & paroles Imperiales & Roïales, de l'obſerver & exécuter inviolablement, fermement & ſincerement pour Nous & nos ſucceſſeurs, à l'égard de chaque article concernant Sa Majeſté Imperiale & Nous, ſans y contrevenir par nos propres autoritez, ou ſous quelqu'autre prétexte ou nom que ce puiſſe être, ni permettre qu'on y contrevienne, ou que l'on entreprenne, traitte, ou publie quelque choſe au contraire de la part de Sa Majeſté Imperiale ou de la nôtre.

XIX.

Pareillement Nous Conſeillers Députez des Electeurs, au lieu & place de leurs Alteſſes Electorales, & pour leurs ſucceſſeurs & héritiers; & Nous comparans Princes, Prélats, Comtes & Barons; & de même, Nous Envoïez, Députez, & Plénipotentiaires des abſens Princes, Prélats, Comtes & Barons, & des Villes libres Imperiales, au nom & de la part de nos Seigneurs & Superieurs pour leurs ſucceſſeurs & héritiers, conſentons & promettons ſur l'honneur & la dignité de Prince, en toute bonne conſcience & parole de verité, & auſſi ſur notre foi & fidelité autant que cela touche, ou pourroit toucher un chacun, comme il eſt dit ci-deſſus, de l'obſerver conſtamment, ſincerement, inviolablement, & de l'accomplir fidellement.

XX.

De plus, Nous nous engageons & obligeons réciproquement tous à toutes les Parties ſtipulantes, que ni Sa Majeſté Imperiale, ni Nous, ni aucun Etat, ſous quelque prétexte que ce puiſſe être, ne foulerons, uſurperons, violenterons, attaquerons, preſſerons, léſerons, ou moleſterons qui que ce ſoit, de fait ou autrement, en aucune maniere, ſecretement ou publiquement par Nous même, ou par d'autres en notre nom; & ſi quelque Partie & Etat venoit préſentement ou à l'avenir à faire la guerre à un autre, ou à la violenter ou moleſter de fait, ſecretement ou publiquement au préjudice de cette Paix faite, (ce que toutefois on n'eſpere pas) Sa Majeſté, Nous & eux, auſſi Nous & leurs ſucceſſeurs & héritiers, ne donnerons à cet uſurpateur, ou à cette action violente ainſi attentée, ni conſeil, ni aſſiſtance; mais au contraire aſſiſterons fidellement la Partie ou l'Etat violenté & léſé au préjudice de cette Paix, contre celui qui fait & exerce cette guerre & cette violence.

XXI.

Mandons & ordonnons auſſi par ces

présentes, & en vertu de ce notre recès & résultat Imperial aux Juges & Assesseurs de la Chambre Imperiale, de se tenir & conformer à cette présente suspension, & de rendre la justice aux Parties qui reclameront cette pacification, de quelque Religion qu'elles puissent être; comme aussi de ne décerner ni action, ni Mandement, & de ne faire ni traiter quoi que ce soit en aucune maniere qui pût être contraire aux présentes.

Les autres Articles concernent les affaires séculieres de l'Empire, dont quelques-unes furent renvoïés à la Diete suivante, pour y être reglées, & entr'autres l'Article touchant la réünion finale des deux Religions. pour y être par leurs Majestez Imperiale & Roïale, ensemble les Electeurs, Princes & Etats de l'Empire avisé aux moïens convenabbles de les réconcilier; & toutes ces choses résolües; ledit Traité finit par la conclusion suivante.

En foi de ce que dessus Nous avons fait apposer à ce recès de l'Empire notre sceau Roïal, & l'ont pareillement tous les Conseillers des Electeurs, les Princes & Etats, & les Députez des absens, signé. Sçavoir, Marquart de Stein, grand Prevôt des Eglises de Mayence, Bamberg, & Ausbourg; Everhard de Groenrod, Bailli d'Openheim, Conseillers, Députez à cette Diete, de la part des Electeurs de Mayence, & Palatin, au nom de leurs Maîtres & des autres Electeurs; Michel Archevéque de Salzbourg, Légat du Siege de Rome, & Albert Comte Palatin du Rhin, Duc de la haute & basse Baviere en leur nom; & de la part des autres Princes tant Ecclésiastiques que Séculiers, Christophe de Hausen, Docteur au nom des Prélats; Pierre Audesgut de la part des Comtes & Barons, & le Bourguemestre & Conseiller d'Ausbourg, tant de sa part que de celles des autres Villes libres de l'Empire. FAIT en notre Ville Imperiale d'Ausbourg le vingt-cinquéme jour du mois de Septembre l'an 1555. de notre Regne des Romains le vingt-cinquiéme, & de nos autres Regnes le vingt-neuviéme.

Signé, FERDINAND.

DECLARATION DU ROI *Ferdinand, faite aux Etats de l'Empire en la Diete d'Ausbourg le 14. Septembre l'an 1555. par laquelle il regle la maniere dont les Prelats Catholiques ont à user envers leurs Sujets qui sont adherans à la Confession d'Ausbourg pour le fait de la Religion,*

NOUS, Ferdinand par la grace de Dieu, Roi de Romains, Auguste, Roi des Allemagnes, de Hongrie, de Boheme, de Croatie, de Slavonie & Infant d'Espagne,

Archiduc d'Autriche, Duc de Bourgogne, de Stirie de Carinthie, de Carniole, de Wirtemberg, & Comte de Tirol. Reconnoissons & faisons sçavoir par ces présentes à tous ceux qu'il appartiendra, que comme en cette présente Diete, les Etats & Députez qui sont adonnez à la Confession d'Ausbourg Nous auroient très-humblement remontré au sujet du recès fait pour la pacification de la Religion, que si la Noblesse, les Villes & les Communautez de la Confession d'Ausbourg appartenant à quelques Archevêques, Evêques ou autres Prélats Ecclésiastiques, ètoient violentez en leur Religion, laquelle ils ont reçuë & professée long-tems avant ladite pacification; on en pourroit rien apprehender de plus certain que des sujets & occasions dangereuses, & que pour les prévenir, leur tres-humble priere étoit que Nous voulussions disposer & porter les Ecclésiastiques à ce que pour la conservation & le maintien de la Paix & de la tranquillité générale dont le saint Empire a tant de besoin en Allemagne, ils eussent non seulement à laisser en repos leurs sujets à légard de leur Religion, sans les troubler dans l'exercice qu'ils ont eu depuis long-tems, mais au contraire de leur permettre & consentir qu'il y fût pourvû par une Constitution de paix de Religion jusqu'à l'accommodement final de la Religion. Sur quoi les Etats & Députez de notre Religion Orthodoxe auroient allegué plusieurs raisons & prieres au contraire; en sorte que les deux Parties n'en aïant pû convenir enſemble : Nous, en vertu du pouvoir & de la permiſſion que Sa Majeſté Imperiale notre chere frere & Seigneur Nous a donnée, avons déclaré, ordonné, & arrêté, ainſi que de notre ſcience certaine, Nous déclarons, ordonnons & arrêtons par ces préſentes, que la Nobleſſe immédiate, les Villes & Communautez qui ont depuis longues années adheré à la Religion de la Confeſſion d'Ausbourg, en ont tenu & obſervé l'uſage, les ſtatuts & les cérémonies, & qui les tiennent & obſervent encore aujourd'hui, ne ſeront à l'avenir contraints par qui que ce ſoit d'abandonner ladite Confeſſion; mais qu'ils en joüiront ſans trouble & ſans violence juſqu'à la finale union de Religion. Et afin que l'on puiſſe d'autant moins donner atteinte à cette notre Déclaration, les Etats Eccléſiaſtiques en commun avec les Conſeillers & Députez des abſens, ont conſenti pour Nous faire honneur & plaſir que cette dérogation à la paix générale de Religion, concluë en cette Diete Imperiale, & dont les termes ſont : *Qu'il ne ſera accordé, obtenu & reçu aucune Déclaration ou aucune autre choſe contraire à la paix de Religion, & en cas qu'on l'accordât, obtînt ou reçût, elle ne ſera d'aucune valeur* (*ainſi qu'elle eſt plus amplement conçûë*) non ſeulement demeurera inviolable, mais qu'elle ſubſiſtera toûjours en toute ſa force, dignité & vertu. En foi, & pour plus grande ſûreté de quoi, Nous avons ſouſſigné le tout de notre propre main,

& y avons fait appoſer notre Sceau Roïal. DONNE' en notre Ville Imperiale d'Ausbourg le 24. Septembre 1555.

Signé, FERDINAND.

Fin du quatrieme Tome

ERRATA

du quatrieme Tome.

Page 5. ligne 11. lisez *biens.*
p. 81. ligne 11. au lieu d'en donna lis. *qui en donna.*
p. 207. ligne 5. lis. *Charles II.*
p. 228. ligne 4. lis. *permettant.*
p. 241. ligne 2. lis. *réunit.*
p. 254. ligne 23. lis. *Nassau-Dietz.*
item ligne 27. lis. *Gelnhausen.*
p. 288. ligne 8. lis. *Pfalburger.*
p. 291. ligne 12. lis. *sous les peines.*
p. 297. ligne 11. lis. *à observer.*
p. 310. ligne 10. lis. *ou.*
p. 315. ligne 16. lis. *s'il est présent.*
p. 324. ligne 24. lis. *il y ait.*
p. 327. ligne 15. lis. *d'enfreindre.*
p. 332. ligne 13. lis. *enfreindre.*
p. 336. ligne 21. lis. *ou laïques.*
p. 339. ligne 6. lis. *sur les personnes.*
item ligne 14. lis. *déduction faite.*
p. 344. ligne 23. lis. *on peut.*
p. 350. ligne 24. lis. *competent.*
p. 351. ligne 29. lis. *enquête* aulieu *d'angoise.*
p. 365. ligne 22. lis. *notre nom.*
p. 369. ligne 7. lis. *même la force.*
p. 380. ligne 13. lis. *Wolfgang.*
item en la derniere ligne lis. *détention.*
p. 392. le titre du chapitre V. doit être rendu ainsi . . . *Abrogation de toutes actions pour injures faites pendant cette guerre.*

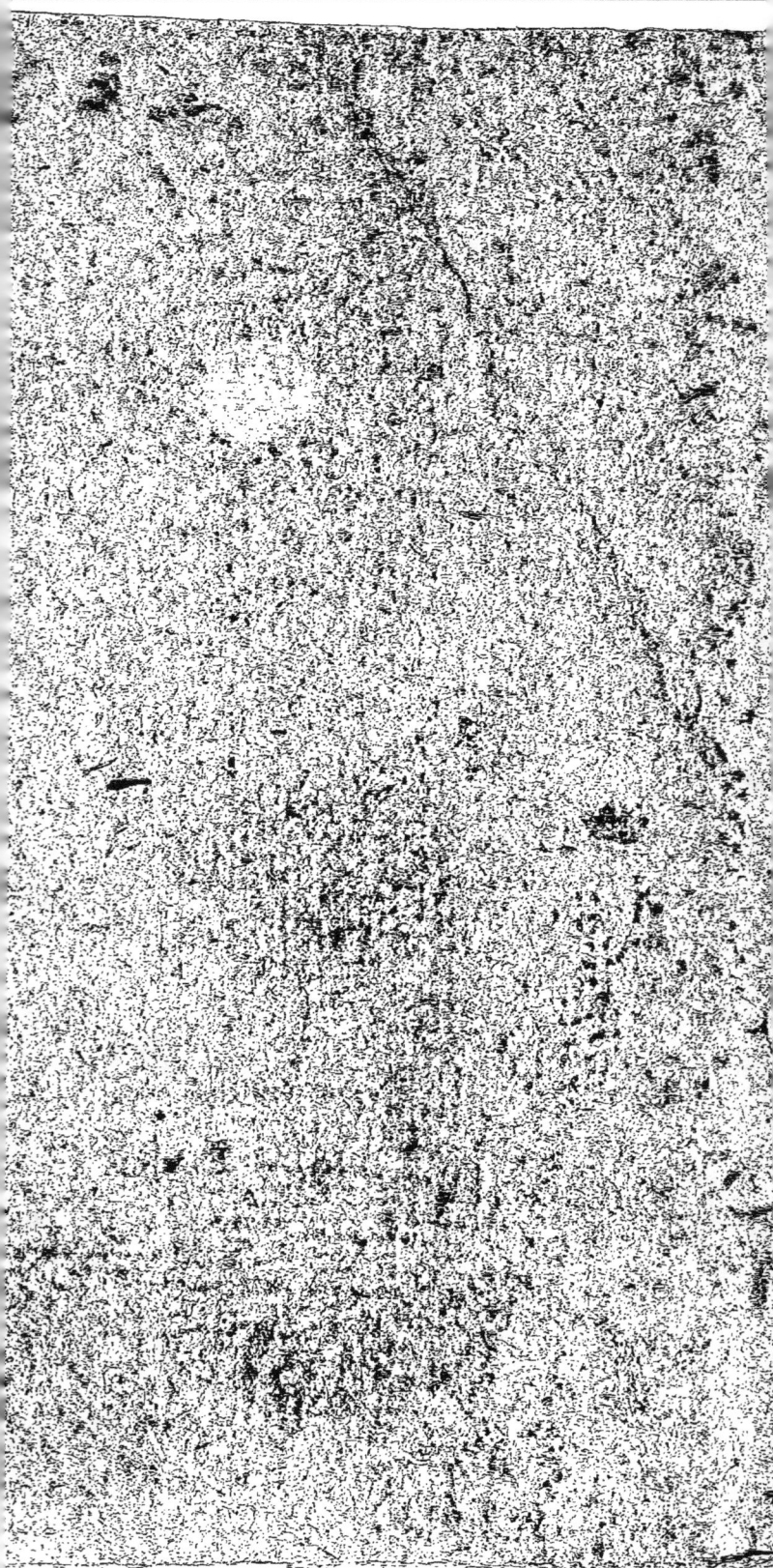

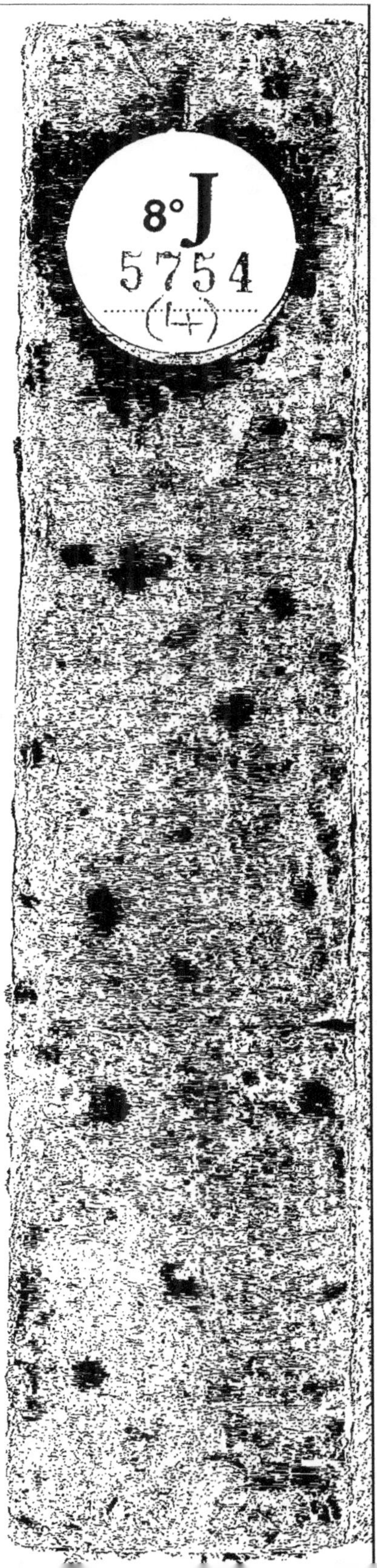
8° J
5754

ı/pod-product-compliance

3581